周易 마음학 ❶

한자, 주역으로 풀다 2

임병학 역해

도서출판 中道

| 목차 |

제1부 한자와 천·인·지(天人地)

ㄱ

ㄴ

ㄷ

제2부 한자와 사상의학

한자(漢子)와 『주역(周易)』은 떨어질 수 없는 음양(陰陽)의 관계이다. 단순히 『주역』이 한자로 되어 있어서가 아니다. 역(易)의 진리는 한자(漢子)를 통해 드러나게 되고, 한자의 뜻은 역(易)의 진리에 의해서 풀어지기 때문이다.

『한자, 주역으로 풀다 2』(이하 한자 2)는 『주역』에서 사용하는 주요 한자를 풀이한 것이다. 2016년 한자의 부수 214자를 풀이한 『하늘을 품은 한자, 주역으로 풀다』를 출간하였다. 그 동안 한자에 대한 이해가 성숙되어지고, 『주역』의 학문에 한 걸음 더 다가가게 되었다. 『한자 2』는 『주역』을 공부하면서 새롭게 정리된 내용을 담고 있다.

본 저서는 2부로 구성되어 있다. 제1부는 한자와 천·인·지(天人地)로 『주역』의 한자 208자를 풀이하였고, 제2부는 한자와 사상의학으로 『동의수세보원』의 한자 20자를 풀이하였다.

『한자, 주역으로 풀다 2』는 다음과 같은 특징이 있다.

첫째, 역도(易道)의 내용인 천·인·지(天人地) 삼재지도(三才之道)에 근거하여, 한자 228자를 풀이하였다. 하늘의 소리인 『주역』의 진리를 통해 한자의 형이상학적 의미를 밝힌 것이다.

둘째, 『주역』에서 사용된 주요 한자 208자를 통해 역도의 표상체계와 내용을 서술하였다. 한자 속에 들어 있는 하도(河圖)·낙서(洛書)와 팔괘(八卦)의 의미, 그리고 태극(太極)·음양(陰陽)·사상(四象)·팔괘(八卦)와 천·인·지(天人地)의 내용을 서술한 것이다.

셋째, 한자를 통해 『주역』이 성인지학(聖人之學)임을 서술하였다. 『주역』은 성인(聖人)이 지은 것으로, 한자(漢子)를 통해 말씀하고 있다. 성인의 말씀이 아니면 진리는 세상에 드러나지 않는다.

넷째, 『정역(正易)』의 학문적 내용을 통해 한자를 풀이하였다. 『정역』은 공맹지도(孔孟之道)를 계승하여, 정역팔괘도(正易八卦圖)와 하도(河圖)·낙서(洛書) 등 『주역』에 소중하게 간직된 역도(易道)를 밝힌 책이다.

다섯째, 사상의학의 핵심적 용어에 대한 철학적 의미를 서술하였다. 사상의학은 철학이 있는 의학으로, 마음학이자 기(氣)철학이다. 한자의 뜻을 통해 사상의학(사상철학)의 본래적 의미를 밝힌 것이다.

여섯째, 우리의 의식의 차원을 높이는 한자의 뜻을 풀이하였다. 한자는 하늘의 뜻을 담고 있기 때문 한자를 배우면 의식이 높아지고, 하늘의 성품인 창의성(創意性)이 길러지는 것이다.

우리가 한자를 배우는 궁극적 목적은 자신의 삶(의식)의 차원을 높이기 위함이다. 나는 첫 강의시간에 천·인·지(天人地)의 차원을 '밝을 명(明)'으로 설명한다. 땅의(일상적) 입장에서 명(明)은 밝음·밝다·밝히다·세상이 밝아졌다 등으로 해석하지만, 사람의 입장에서는 『대학(大學)』의 '명명덕(明明德)'을 근거로, 마음의 밝음 내지 본성인 밝은 덕(明德)이고, 하늘의 입장에서는 『주역』의 '신명지덕(神明之德)'을 근거로, 신명(神明) 내지 일월지덕(日月之德)인 것이다. 하늘의 신명한 덕이 사람의 마음에 내재화되어 명덕(明德)이 되고, 명덕이 세상에 펼쳐지는 것이 밝음이다.

『주역』을 공부하면 할수록 어리석은 자신을 알아가게 된다. 책을 출간하는 것은 아둔한 자신을 일깨우는 공부의 과정이지만, 함께 나누고자 하는 마음도 있다. 이 책에 이어서 『주역, 괘 이름으로 풀다』(가칭)를 준비하고 있다. 64괘의 괘 이름(卦名)은 괘의 전체적 뜻을 담고 있기 때문에 64괘를 이해하는 기초가 될 것이다.

나와 인연이 된 모든 분(것)들에 감사를 드리며, 불초(不肖)한 자식을 한결같은 믿음으로 격려해주시는 부모님, 『주역』과 『정역』을 가르쳐주신 고(故) 관중(觀中) 류남상(柳南相) 교수님, 학문의 길에 매진할 수 있게 해주신 우산(佑山) 김도종(金道宗) 총장님의 은혜에 이 책을 올린다. 아울러 도학(道學) 공부의 기쁨을 함께하는 원광대 동양학대학원 선생님과 마음학연구회 연구원들, 도서출판 中道의 신원식 대표님께도 고마운 마음을 전한다.

2022. 10. 26.
道安書室에서 和正 삼가쓰다.

형이상학(形而上學)인 『주역』

『주역』은 도학(道學)이자 형이상학(形而上學)이다. 「계사상」에서는 '형이상자(形而上者)를 도(道)라 하고'(形而上者를 謂之道오)라 하여, 『주역』이 형이상학임을 밝히고 있다.

최근에 개별 과학 분야에서 『주역』을 다양하게 연구하고 있지만, 근본(형이상의 원리)을 외면하고 대상세계(對象世界)의 법칙을 밝히는데 머무르고 있다. 형이하(形而下)의 학문들은 『주역』의 형이상학(形而上學)에 근본을 두고 이루어져야 한다.

일반적으로 과학(科學)과 철학(哲學), 종교(宗敎)를 분리해서 이해하지만, 『주역』은 통합된 하나의 관점이다. 과학은 '나'와 대상세계에 대한 문제이며, 철학은 '나'의 몸과 마음(身心)의 문제이며, 종교는 '나'와 존재(뜻)의 문제인 것이다. 여기서 과학은 다시 나와 물리적 세계에 대한 자연과학과 나와 다른 사람들의 관계에 대한 사회과학으로 나누어진다.

『주역』의 통합적 관점은 『대학(大學)』 팔조목(八條目)을 통해 설명할 수 있다. 먼저 나와 존재의 문제는 격물·치지(格物致知)이고, 나의 몸과 마음은 성의·정심·수신(誠意正心修身)이며, 나와 대상세계는 제가·치국·평천하(齊家治國平天下)라 할 수 있다. 제가(齊家)와 치국(治國)은 사람 관계가 중심이라면, 평천하(平天下)는 물리적 세계에까지 확장하는 것이다.

『주역』이 밝히는 형이상의 진리(宗敎性)를 바탕으로, 인간 삶의 길을 밝히는 철학과 대상세계를 다스리는 과학이 하나로 이해되어야 한다.

『주역』과 지인(知人)

『서경(書經)』에서는 '사람을 아는 것이 곧 밝음이다'(知人則哲)라 하여, 철학(哲學)은 지인(知人)임을 밝히고 있다. 소크라테스도 '너 자신을 알라'고 하였다.

사람의 무엇을 아는 것인가? 몸이나 육신을 알고자 하는 것은 과학이고, 사람의 혼백(魂魄)을 알고자 하는 것은 철학(인문학)이고, 신명(神明)과 영(靈)을 알고자 하는 것은 종교(철학)이다.

플라톤은 누스(Nus, 영혼)를 이야기하고 있는데, 이 후에 2천년 동안 이것을 대상적 종교의 영역으로 두는 우를 범하고 있다. 하이데거가 '존재 망각의 역사'라고 규정한 것이 바로 이것이다. 철학이 진리성이자 사람의 근본인 신명(神明) 내지 영성(靈性)을 놓쳐버리고, 이성적 사유(관념적 사유)에 빠진 것이다.

『주역』에서는 사람을 **신명(神明) · 혼(魂, 魄) · 신(身)**을 가진 존재로 밝히고 있다. 『성경』에서는 **영(靈, spirit) · 혼(魂, soul) · 신(身, 肉, body)**으로, 도가(道家)에서는 정(精) · 기(氣) · 신(神)으로, 원불교에서는 **영혼(靈魂) · 기식(氣息) · 육신(肉身)**으로 사람을 논하고 있다.

이제마는 천 · 인 · 성 · 명(天人性命)의 사상(四象)에 근거하여, 사람을 심(心)·기(氣)·신(身)으로 밝히고 있다. 또 신·령·혼·백(神靈魂魄), 신·기·혈·정(神氣血精)으로 논하고 있다.

사람에 대한 삼원적(三元的) 구조는『주역』의 천·인·지(天人地)의 삼재지도(三才之道)로 풀어지게 된다.

역도(易道)의 표상

『주역』의 학문체계에서 역도(易道)의 표상은 크게 4가지로 정리할 수 있다.

첫째는 상수(象數)인 하도(河圖)와 낙서(洛書)이다. 일(一)에서 십(十)까지의 수(數)를 통해 음양, 사상, 오행의 원리를 표상하는 것이다.

하도는 네 정방과 중앙에서 일(一)과 육(六)·이(二)와 칠(七)·삼(三)과 팔(八)·사(四)와 구(九)·오(五)와·십(十)이 각각 만나는 음양합덕(陰陽合德)의 오행(五行)원리를 표상하고 있다. 또 하도는 5를 본체로 6(1) → 7(2) → 8(3) → 9(4) → 10(5)으로 작용하는 체오용육(體五用六)을 표상하고 있다.

낙서는 가운데 오(五)를 제외한 네 정방의 구(九)와 일(一)은 태양(太陽, ⚌), 칠(七)과 삼(三)은 소양(少陽, ⚎)이고, 네 모퉁이의 팔(八)과 이(二)는 소음(少陰, ⚍), 육(六)과 사(四)는 태음(太陰, ⚏)으로, 음양이 분리된 사상(四象)원리를 표상하고 있다. 또 낙서는 10을 본체로 9(1) → 8(2) → 7(3) → 6(4) → (5)로 작용하는 체십용구(體十用九)를 표상하고 있다.

둘째는 삼효단괘(三爻單卦)인 팔괘(八卦)이다. 팔괘는 건(乾 ☰)·곤(坤 ☷)·진(震 ☳)·손(巽 ☴)·감(坎 ☵)·이(離 ☲)·간(艮 ☶)·태(兌 ☱)이다.

이 팔괘가 배열된 복희팔괘도·문왕팔괘도·정역팔괘도는 지도(地道)·천도 (天道)·인도(人道)의 세계를 표상하고 있다.

셋째는 육효중괘(六爻重卦)인 64괘이다. 육효중괘는 삼효(三爻)의 팔괘(八卦)가 중첩된 것으로, 음양(陰陽)합덕의 원리를 표상하고 있다. 육효(六爻)는 효(爻)로 표현되는데, 삼재지도(三才之道)의 음양 작용을 표상하고, 변화(變化)의 이치를 담고 있다.

64괘는 상경(上經) 30괘와 하경 34괘로, 상경(上經)은 건괘(乾卦)·곤괘(坤卦)로 시작해서 감괘(坎卦)·이괘(離卦)로 마치고, 하경(下經)은 함괘(咸卦)·항괘(恒卦)로 시작해서 기제괘(旣濟卦)·미제괘(未濟卦)로 마치고 있다.

넷째는 말씀인 계사(繫辭)이다. 계사(繫辭)는 말씀을 매어 놓은 것이다. 64괘 괘사(卦辭), 384효 효사(爻辭) 그리고 십익(十翼)이 모두 포함된다. 이 말씀 속에는 하도와 낙서에 관한 말씀도 있고, 팔괘도(八卦圖)에 대한 말씀도 있고, 64괘에 대한 말씀도 있다. 특히 말씀은 한자(漢子)로 되어 있다. 따라서 한자를 만나는 것은『주역』을 온전히 만나는 것이다.

역도(易道)의 내용

『주역』의 학문체계에서 역도(易道)의 내용을 2가지로 정리하면 다음과 같다.

첫째는 천도(天道)·인도(人道)·지도(地道)의 삼재지도(三才之道)이다.
(易之爲書也ㅣ廣大悉備하야 有天道焉하며 有人道焉하며 有地道焉하니 兼三才而兩之라 故로 六이니 六者는 非他也라 三才之道也니)

『주역』에서 밝힌 역도(易道)의 핵심 내용인 천·인·지(天人地) 삼재지도(三才之道)는 「계사하」 제10장에서 딱 한 번 말씀하고 있다. 「설괘」 제2장에는 삼재(三才)라는 말이 등장한다.

천도(天道)는 하늘의 길이고, 형이상(形而上)의 진리이다. 하늘 뜻이 전개되는 원리를 말하는 것이다. 인도(人道)는 사람의 길이고, 인격성(人格性)의 세계를 말한다. 사람이 살아가야 할 이치를 말하는 것이다. 지도(地道)는 땅의 길이고, 형이하(形而下)의 법칙이다. 대상세계에서 펼쳐지는 이치를 말하는 것이다.

사람의 입장에서 보면, 천도(天道)는 나의 존재 근거가 되는 진리이자, 본성(本性)의 세계이다. 인도(人道)는 사람이 사람답게 살아가기 위해서 마땅히 지켜야할 윤리와 도덕의 세계이다. 지도(地道)는 대상세계를 살아가는 욕망과 나의 관념적 사유 세계이다.

천·인·지(天人地) 삼재지도(三才之道)는 본 저술의 바탕이 되는 것이다. 한자(漢子)가 가진 형이상(形而上)의 뜻을 드러내는 것이다. 지(地)의 입장은 대상세계를 이해하는 일반적인 사유(思惟)이다. 우리가 태어나면서부터 지금까지 배우고 익혀온 것이라 어렵지 않다. 또 인(人)의 입장은 마음의 세계로, 자신의 마음을 조금만 헤아리면 다가 갈 수 있다.

천(天)의 입장은 한자의 본질적인 뜻을 밝힌 것으로, 마음을 바꾸지 않으면 이해하기가 어렵다. 『주역』의 한자는 근본적으로 하늘의 입장에서 전개된 것이다. 『주역』은 하늘의 뜻을 담고 있는 하늘의 소리이기 때문에 우리의 일상적 사유로 이해하는 것은 불가능하다. 하늘의 소리는 성인(聖人)의 말씀을 통해 드러나게 된다.

하늘의 소리를 듣고 알기 위해서는 먼저 자기 본성(本性)의 소리를 들어야 한다. 우리의 본성은 하늘이 그대로 내재화(주체화)된 것이다. 즉, 양심(良心)의 소리와 순수한 어린 아이의 마음을(赤子之心) 통해서 알 수 있다. 다음은 성인의 말씀을 기록한 경전(經典)을 배우고 익혀서 자신의 차원을 높이는 것이다. 한자(漢子)를 배우는 궁극적 목적도 여기에 있다.

둘째는 태극(太極)·음양(陰陽)·사상(四象)·팔괘(八卦)이다.(易有太極하니 是生兩儀하고 兩儀ㅣ 生四象하고 四象이 生八卦하니)

태극(太極)은 일태극(一太極)으로 작용의 근원이다. 무극(无極)이 본체라면 태극은 작용을 표상하는 것이다.

양의(兩儀)는 음양(陰陽)으로, 일태극(一太極)이 일음일양(一陰一陽)으로 작용하는 것을 상징한다. 음양은 음수(陰數)이자 지수(地數)인 2·4·6·8·10과 양수(陽數)이자 천수(天數)인 1·3·5·7·9이고, 양효(陽爻, ━)와 음효(陰爻, ╴ ╴)이다. 양효는 양수인 9를 쓰기 때문에 용구(用九)라 하고, 음효는 음수인 6을 쓰기 때문에 용육(用六)이라고 한다.

사상(四象)은 원·형·이·정(元亨利貞)으로 하늘의 사상(四象)작용이고, 구체적으로 태음(太陰)·태양(太陽)·소음(少陰)·소양(少陽)이다. 음양(陰陽)의 기본 작용이 다시 태소(太少)로 나누어지는 것이다.

팔괘(八卦)는 앞의 표상체계에서 정리한 바와 같다. 팔괘는 삼효(三爻)로 천·인·지(天人地) 삼지재도의 구조를 표상하며, 또 팔괘의 배열을 통해 드러난 팔괘도(八卦圖)는 기(氣)철학을 표상하고 있다.

태극·음양·사상·팔괘는 모두 상즉(相卽)의 관계로, 하늘의 작용을 상(象)으로 밝힌 것이다.

다음은 한자의 이해를 위해 필수적인 팔괘(八卦)의 상징은 다음과 같다.

팔괘(八卦)	도(道)	자연	성격	신체	동물	가족	기타	64괘
☰ (乾)	天道	天	剛, 健	首	馬	父	玉, 金	陽, 君子
☷ (坤)	地道	地	柔, 順	腹	牛	母	輿, 文	陰, 小人
☳ (震)	聖人	雷	動	足	龍	長男	竹	震, 侯
☴ (巽)	神道	風	入	股	鷄	長女	木, 白, 工	木道, 巽
☵ (坎)	天의 中精之氣	月	陷	耳	豕	中男	水, 赤, 心病	險, 雲, 雨, 泉
☲ (離)	地의 中精之氣	日	麗	目	雉	中女	火, 電, 戈兵	明, 文明
☶ (艮)	君子	山	止	手	狗	少男	小石, 閽寺, 鼠	時
☱ (兌)	百姓	澤	說	口	羊	少女	巫, 姜	澤

ㄱ   가(家), 가(可), 각(各), 각(角), 간(間), 간(幹), 감(感), 강(剛), 개(開),
견(見), 경(敬), 경(經), 경(慶), 계(繫), 고(孤), 공(工), 공(空), 광(光),
광(廣), 교(交), 교(敎), 구(口), 국(國), 권(權), 귀(鬼), 귀(龜), 귀(貴),
기(氣), 기(器), 길(吉)

ㄴ   남(男), 남(南), 내(內), 녀(女)

ㄷ   대(大), 덕(德), 도(道), 도(度), 도(盜), 도(圖), 동(同), 동(東), 동(童),
등(登)

ㄹ   락(樂), 래(來), 령(靈), 례(禮), 리(理), 리(利), 립(立)

ㅁ   만(萬), 명(明), 명(命), 목(木), 무(无), 문(文), 문(門), 물(物), 미(美),
미(迷),민(民)

ㅂ   반(反), 발(發), 방(方), 백(白), 백(百), 법(法), 변(變), 병(病), 보(保),
복(福), 부(父), 부(夫), 부(富), 부(膚), 분(分), 빈(貧)

ㅅ   사(四), 사(事), 사(士), 상(象), 상(上), 색(色), 생(生), 서(西), 서(書),
석(石), 선(善), 선(先), 성(性), 성(成), 성(誠), 성(聖), 수(水), 수(數),
수(修), 수(手), 순(順), 순(純), 시(時), 시(始), 시(是), 시(施), 식(食),
신(神), 신(信), 신(身), 신(新), 신(臣), 실(失), 실(實), 심(心), 십(十)

한자와 천·인·지(天人地)

ㅇ 아(我), 양(陽), 양(羊), 양(養), 어(魚), 언(言), 여(如), 역(逆), 연(然), 열(說), 오(五), 옥(玉), 우(憂), 우(雨), 원(圓), 월(月), 위(爲), 위(位), 유(有), 유(幽), 음(音), 읍(邑), 의(衣), 의(義), 이(二), 이(而), 인(人), 인(因), 일(日), 일(一)

ㅈ 자(自), 자(子), 작(作), 잡(雜), 장(章), 장(長), 재(財), 재(在), 재(災), 적(赤), 전(田), 전(典), 점(占), 정(正), 정(貞), 정(情), 정(精), 제(祭), 조(助), 족(足), 종(終), 종(宗), 주(主), 중(中), 중(重), 지(知), 지(至), 직(直), 진(進)

ㅊ 찰(察), 천(天), 초(草), 출(出), 충(忠), 치(治), 칙(則), 친(親)

ㅌ 토(土), 통(通)

ㅍ 팔(八), 패(貝), 평(平), 풍(風)

ㅎ 하(下), 하(河), 학(學), 한(寒), 한(閑), 합(合), 행(行), 현(玄), 혈(血), 형(形), 화(化), 화(火), 황(黃), 회(會), 효(文), 효(孝), 후(後), 후(厚), 휴(休)

집 가

天	천국(天國), 사랑이 가득한 곳
人	가족(家族), 겨레
地	집, 가정(家庭)

집 가(家)는 집 면(宀)과 돼지 시(豕)로, 집·가정·가족 등의 의미를 가지고 있다.

면(宀)은 점 주(丶)와 덮을 멱(冖)으로, 하늘이 내려와 덮은 곳이다. 시(豕)는 하늘의 뜻이 드러나는 감괘(坎卦)를 상징한다. 감괘(坎卦)는 건괘(乾卦)의 가운데 효(爻)를 받은 중남(中男)으로, 하늘의 뜻을 대행하는 중정지기(中正之氣)이다.

땅의 입장에서 가(家)는 우리가 살아가는 가정(家庭)이나 집을 의미하며, 사람의 입장에서는 사람의 공동체인 가족(家族), 겨레의 의미이다. 하늘의 입장에서는 하늘의 뜻이 드러나는 것이기 때문에 그대로 천국(天國)의 뜻을 가지고 있다.

실제적으로 우리가 살아가는 집은 천국(天國)이다. 아침에 대문을 열고 나가는 것은 천국의 문을 열고 세상(세속)에 나가는 것이며, 저녁에 퇴근해서 집으로 들어오는 것은 천국으로 돌아오는 것이다.

가(家)의 형이상적 의미는 가인괘(家人卦)에서 밝히고 있다. 「단사(彖辭)」에서 '가인(家人)의 의미는 여자가 안에서 바르게 하고, 남자가 밖에서 바르게 하는 것으로, 이것은 천지(天地)의 위대한 뜻이다'(家人은 女正位乎內하고 男正位乎外하니 男女正이 天地之大義也라), '가정이 바르면 세상이

정해지는 것이다'(正家而天下ㅣ 定矣니라)라 하여, 가정이 우리 삶의 근본이고 하늘의 뜻이 온전히 드러나는 곳이다.

곤괘(坤卦)에서는 '선을 쌓은 집에는 반드시 나머지 경사가 있고, 불선(不善)을 쌓은 집에는 반드시 나머지 재앙이 있으니'(積善之家는 必有餘慶하고 積不善之家는 必有餘殃하나니)라 하여, 선(善)과 불선(不善)에 따른 여경(餘慶)과 여앙(餘殃)의 인과(因果)를 밝히고 있다. 남을 여(餘)는 지금 여기가 아니라 '다음'을 말하는 것으로, 다음에 반드시 있다는 것이다.

이 때 가(家)는 집이나 가정의 의미도 있지만, 나의 몸과 마음의 집으로 이해할 수 있다. 나의 집은 나의 몸과 마음이고, 이 몸과 마음이 어떻게 하느냐에 따라 과보(果報)를 받게 되는 것이다.

가할 가

天	음양(陰陽)합덕, 하도(河圖)
人	합하다, 통과하다
地	옳다, 가능하다, 가부(可否)

　가할 가(可)는 넷째 천간 정(丁)과 입 구(口)로, 옳다·합하다의 뜻이다. 정(丁)은 하늘이 갈고리질하는 것이고, 구(口)는 사람을 의미한다. 즉, 하늘의 뜻이 사람에 합(合)하여 드러나면 '옳다'는 것이다.

　땅의 입장에서 가(可)는 옳다, 가능하다, 가부(可否)의 의미이고, 어떤 일이 좋다는 것과 긍정이나 단정적으로 판단하는 말 등으로 사용하고 있다. 사람의 입장에서는 마음과 마음이 합하고, 그 일의 옳고 그름을 정확하게 이해하는 것이다.

　하늘의 입장에서는 가(可)는 음양이 합덕(合德)하는 것이고, 하도(河圖)의 의미를 담고 있다. 하(河)는 수(氵)와 가(可)로, 음양합덕의 이치를 담고 있는 하도를 통해 가(可)를 확인할 수 있다.

　『주역』에서 가(可)는 여러 곳에서 사용하고 있다.

　건괘(乾卦)에서는 '군자는 덕을 이루어 행하는 것이니, 날마다 가(可)함을 보고 행하는 것이다'(君子ㅣ 以成德爲行하나니 日可見之ㅣ 行也라)라 하고, 곤괘(坤卦)에서는 '빛을 머금으니 가히 곧은 것이다'(含章可貞)라 하고, 「계사상」에서는 '오래 할 수 있으면 현인(賢人)의 덕이고, 크게 할 수 있으면 현인의 사업이니'(可久則賢人之德이오 可大則賢人之業이니)라 하였다.

각각 각

天	음양(陰陽) 분리, 낙서(洛書)
人	나누어지다, 각립(各立), 각심(各心)
地	다르다, 각각이다, 제각기, 따로따로

　각각 각(各)은 뒤져서 올 치(夂)와 입 구(口)로, 음(陰)과 양(陽)이 나누어지는 것이다.

　땅의 입장에서 각(各)은 서로 다르다, 각각이다, 제각기, 따로따로의 의미이고, 사람의 입장에서는 마음이 다르다, 나누어지다, 각립(各立)하다, 각심(各心) 등으로 이해된다. 하늘의 입장에서는 음(陰)과 양(陽)이 나누어지고, 음으로 작용하고 양으로 작용하는 뜻을 가지고 있다.

　『주역』에서 음양이 분리된 사상(四象)작용을 표상하는 그림은 낙서(洛書)이다. 낙서에서 낙(洛)은 수(氵)와 각(各)으로, 하늘의 작용을 상징하는 물이 각각 나누어진다는 것이다. 1·9, 2·8, 3·7, 4·6으로 음양이 서로 나누어진 낙서의 이치이다. 또 괘 그림에서는 태양(太陽 ☰), 소음(少陰 ☱), 소양(少陽 ☳), 태음(太陰 ☷)의 사상이 나누어진다.

　건괘(乾卦)에서는 '건도(乾道)가 변화함에 각각 성명(性命)을 바르게 하니'(乾道變化에 各正性命하나니)라 하여, 사람들이 각각 자기의 본성을 바르게 하며, 또 '하늘에 근본을 둔 사람은 위와 친하고, 땅에 근본을 둔 사람은 아래와 친하니, 각각 그 류(類)를 좇는 것이다'(本乎天者는 親上하고 本乎地者는 親下하나니 則各從其類也니라)라 하여, 위로 하늘과 친한 사람과 아래로 땅과 친한 사람으로 각각 나누어진다.

角

뿔 각

天	각성(角星), 28수(宿)
人	뛰어난 재주
地	뿔, 모나다, 줄 그릇

　뿔 각(角)은 쌀 포(勹)와 쓸 용(用)으로, 하늘의 작용을 감싸는 것이다. 포(勹)는 사람이 감싸는 것이고, 용(用)은 경(冂)과 십일(十一)로 하늘과 땅의 작용을 의미한다. 뿔은 짐승의 머리에 나는 것으로, 동물을 상징하는 것이다.

　땅의 입장에서 각(角)은 동물의 뿔, 모난 곳, 한 모퉁이, 줄 그릇 등의 다양한 의미로 사용된다. 사람의 입장에서는 뛰어난 재주를 가진 사람의 의미이다.

　『논어』에서는 '공자께서는 제자인 중궁(仲弓)을 일러 검은 소의 자식이지만 붉은 빛이 나고, 뿔이 있으면 비록 세상은 쓰지 않고자 하지만 산천(山川)은 버리겠는가?'(子ㅣ 謂仲弓曰犁牛之子ㅣ 騂且角이면 雖欲勿用이나 山川은 其舍諸아)라 하여, 중궁(仲弓)의 재주가 뛰어남을 각(角)에 빗대고 있다. 여기서 검은 소는 일반 백성을 의미하고, 붉은 말 성(騂)은 말의 갈기가 붉은 색으로 뛰어난 말을 의미하고, 또 각(角)도 동물의 뿔의 의미 보다는 28수(宿)의 각성(角星)으로 천문(天文)의 이치를 아는 사람으로 해석된다.

　하늘의 입장에서는 28수(宿) 가운데 동방의 각성(角星)을 의미한다. 『주역』에서는 '숫양이 울타리에 부딪쳐서 자신의 뿔을 약하게 하는 것이다'(羝羊이 觸藩하야 羸其角이로다)라 하여, 각(角)이 대상적인 뿔이 아니라 상징적 의미임을 알 수 있다. 성인지도를 익히는데 자신의 관념을 버리지 못하고 자꾸 부딪치기 때문에 자신의 하늘성이 상하는 것이다.

또 진괘(晉卦) 등에서는 '그 뿔에 나아가니(晉其角이니)라 하고, '그 뿔에서 만나는 것이라 인색하나 허물이 없는 것이다(姤其角이라 吝이나 无咎니라)'라 하여, 각(角)의 상징적인 뜻을 논하고 있다.

사이 간

天	하늘과 사람의 사이
人	마음과 마음 사이, 시간(時間), 공간(空間), 인간(人間)
地	사이, 틈

　사이 간(間)은 문 문(門)과 날 일(日)로, 내 마음의 문에 진리의 빛이 들어오는 것이다. 틈 사이로 들어오는 빛이 환하게 비치는 것이다. 문(門)은 마음의 문이고, 일(日)은 하늘의 빛이다.

　성인지학(聖人之學)을 공부하면 마음의 문을 통해 빛이 비치게 된다. 어느 순간 환하게 밝게 비치는 것이 자각(自覺)이다. 빛이 들어오는 틈(사이)을 막지 않아야 하는데, 어둠에서 방황하는 우리는 욕망(慾望)으로 살아가는 것이다.

　간(間)이 대상적으로는 물건과 물건의 사이, 사람과 물건의 사이, 또는 관계로 이해할 수 있지만, 인간의 입장에서는 마음과 마음의 사이, 시간(時間), 공간(空間) 그리고 인간(人間)으로 삼간(三間)이 된다. 시간과 공간은 세상을 인식하는 범주이고, 그 시간과 공간을 인식하는 존재가 인간이다. 무엇보다 사이는 마음과 마음의 틈을 말한다. 마음의 문을 열어야 서로의 틈이 생기고, 그 틈으로 서로가 소통하는 것이다.

　하늘의 입장에서는 하늘과 사람의 사이이다. 『주역』에서는 하늘과 땅의 사이인 천지지간(天地之間)이라 하여, 하늘과 땅 사이에 살아가는 인간의 삶을 논하고 있다. 여기서 땅을 대표하는 존재가 사람이기 때문에 하늘과 사람의 사이이다. 하늘과 땅의 사이에 가득 차 있는 것은 오직 만물인데, 이 만물 가운데 만물의 의미를 살리고 다스리는 존재가 사람이다.

『주역』에서는 '하늘과 땅의 사이에 가득 찬 것이 오직 만물이다'(盈天地之間者ㅣ 唯萬物이라), '무릇 역도(易道)는 넓고 위대한 것이라, 하늘과 땅의 사이에서 말하면 갖추어져 있다'(夫易이 廣矣大矣라 以言乎天地之間則 備矣라)라 하여, 간(間)의 의미를 알 수 있다.

줄기 간

天	간사(幹事)
人	일의 근간(勤幹), 마음의 줄기
地	줄기, 기둥, 뼈대

줄기 간(幹)은 십(十) 2개와 일(日), 인(人)과 간(干)으로, 빛이 하늘과 땅 그리고 사람의 줄기가 되는 것이다. 십(十)과 일(日)은 하늘이고, 인(人)은 사람이고, 간(干)은 땅이다.

땅의 입장에서 간(幹)은 줄기, 기둥, 뼈대 등의 의미이고, 사람의 입장에서는 일의 근간이나 마음의 중심이 되는 것이다. 하늘의 입장에서는 하늘의 일을 주관하는 간사(幹事)로 사용하고 있다.

건괘(乾卦)에서는 '곧음이라는 것은 일의 줄기이니, … 곧고 굳음은 족히 일을 주관하니'(貞者는 事之幹也니 … 貞固ㅣ 足以幹事니)라 하여, 정도(貞道)는 바로 하늘의 일을 주관하는 것이다.

또 고괘(蠱卦)에서는 '아버지의 일을 주관한다'(幹父之蠱)와 '어머니의 일을 주관한다'(幹母之蠱)라 하여, 천지부모(天地父母)의 일을 주관하는 것이다.

느낄 감

天	천지감응(天地感應), 성인감응(聖人感應)
人	마음이 감응하다, 감통(感通)하다
地	느끼다, 감응하다, 몸과 몸이 감응하다

느낄 감(感)은 다 함(咸)과 마음 심(心)으로, 마음을 다하는 것이다. 함(咸)은 『주역』 31번째 괘인 택산함괘(澤山咸卦)의 이름으로, 함(咸)은 감(感)이다. 심(心)이 있는 것과 없는 것이 모두 같은 뜻이다. 함(咸)은 별(丿)과 과(戈), 일(一)과 구(口)로, 별(丿)은 하늘의 작용이고, 과(戈)와 일(一), 구(口)는 땅이고, 심(心)은 사람이다.

땅의 입장에서 감(感)은 몸으로 느끼다, 감응(感應)하다 등의 뜻이고, 사람의 입장에서는 마음이 느끼고 통하는 것이다. 하늘의 입장에서는 하늘과 땅이 감응하고, 성인(聖人)과 사람이 감응하는 것이다.

함괘(咸卦)에서는 직접 '함(咸)은 감(感)이다'라 하여, 천지(天地)가 감응하고, 성인(聖人)과 사람이 감응하는 이치를 밝히고 있다.

「계사상」에서는 '역(易)의 진리는 생각이 없고, 함이 없어 고요해서 움직임이 없다가 감응(感應)하고 드디어 세상의 이치에 통하는 것이니'(易은 无思也하며 无爲也하야 寂然不動이라가 感而遂通天下之故하나니)라 하여, 하늘과의 감응은 자신의 관념이 없어야 하며, 작위적(作爲的) 행동도 없이 적연(寂然)하여 부동(不動)할 때 이루어진다.

「계사하」에서는 다른 입장에서 서로 감응해서 이로움과 해로움이 생기는 이치를 밝히고 있다.

굳셀 강

天	건도(乾道), 천행(天行)
人	지조가 굳다, 강직하다, 강의(剛毅)하다
地	강하다, 굳세다

굳셀 강(剛)은 산등성이 강(岡)과 칼 도(刂, 선 도 방)로, 산등성이와 칼 같이 날카롭고 강인함을 뜻한다. 강(岡)은 멀 경(冂)과 팔(丷), 일(一)과 산(山)으로, 경(冂)은 하늘, 일(一)은 땅, 산(山)은 간군자(艮君子)를 각각 상징한다.

땅의 입장에서 강(剛)은 강하다, 굳세다의 의미이고, 사람의 입장에서는 지조가 굳다, 강직(剛直)하다, 강의(剛毅)하다 등이다. 하늘의 입장에서는 건도(乾道)를 상징하고, 또 강건(剛健)한 하늘의 운행을 의미한다.

강(剛)은 부드러울 유(柔)와 짝이 된다. 유(柔)는 창 모(矛)와 나무 목(木)으로, 나무에 싹이 나는 것이다. 유(柔)에서 위의 모(矛)는 이괘(離卦), 아래의 목(木)은 손괘(巽卦)가 되기 때문에 화풍정괘(火風鼎卦)가 된다. 정괘(鼎卦)는 성인(聖人)이 솥에 음식을 삶아서 하늘에 올리고, 현인(賢人)을 기르는 뜻을 가지고 있다. 부드러움은 밖으로 강함을 쓰는 근거가 되고, 자신의 내면을 기르는 힘이 된다.

「잡괘(雜卦)」에서는 '건도(乾道)는 강(剛)이고, 곤도(坤道)는 유(柔)이다'(乾剛坤柔오)라 하여, 직접 강(剛)과 유(柔)를 건괘(乾卦)와 곤괘(坤卦)로 밝히고 있다.

건괘(乾卦)에서는 '건(乾)이여! 강건(剛健)하고 중정(中正)하며 순수(純

粹)한 정(精)이니'(乾乎여 剛健中正純粹ㅣ 精也)라 하고, '강건(剛健)하여 구덩이에 빠지지 않는다'(剛健而不陷하니)고 하여, 하늘의 작용을 강(剛)으로 표현하고 있다.

반면에 곤괘(坤卦)에서는 '곤(坤)은 지극히 부드러워서 움직이면 강(剛)하고 … 유순(柔順)하고 곧음의 이로움이 군자가 행하는 것이다'(坤은 至柔而動也 剛하고, … 柔順利貞이 君子攸行이니라)라 하여, 곤도(坤道)의 작용은 지극히 유순하지만 하늘의 강(剛)이 작용하는 것이다.

건곤(乾坤)은 음양(陰陽)으로 일체적인 관계이다. 즉, 강함과 부드러움은 마음 작용의 양면으로, 내면은 강하지만 겉으로 드러나는 것은 부드러워야 한다. 강함이나 부드러움만 강조하는 것은 어리석은 것이다.

「계사하」에서는 '음양(陰陽)이 합덕(合德)하여 강유(剛柔)의 본체가 있는 것이다'(陰陽이 合德하야 而剛柔ㅣ 有體라)라 하고, 「설괘」에서는 '지도(地道)를 세워서 유(柔)와 강(剛)이라 하고'(立地之道曰柔與剛이오)라 하여, 음양(陰陽)이 천도(天道)를 말하는 것이라면, 강유(剛柔)는 지도(地道)의 입장인 것이다.

열 개

天	개벽(開闢), 개물성무(開物成務)
人	마음을 열다, 문명이 열리다, 문화가 열리다, 개안(開眼)
地	문을 열다, 입을 열다

열 개(開)는 문 문(門)에 한 일(一) 그리고 밑 스물 입(卄)이 있는 것으로, 마음의 문에 이십일(二十一)의 진리를 여는 것이다. 문(門)은 마음의 문이고, 일(一)은 일태극(一太極)의 하늘이고, 이십(二十)은 하늘과 땅의 십(十)이다.

땅의 입장에서 개(開)는 문을 여는 것이고, 입을 여는 것이다. 사람의 입장에서는 마음의 문을 여는 것이고, 인문(人文)의 문화가 열리는 것이다. 또 사람의 안목(眼目)이 열리는 것이다.

하늘의 입장에서는 개벽(開闢)이고, 개물(開物)하는 것이다. 또 하늘의 진리가 열리는 것으로 문명(文明)이 열리는 것이다. 하늘이 열리고 땅이 열린 개벽(開闢)은 우리의 마음이 진리에 열리는 것으로 완성된다.

『주역』에서는 '무릇 역도(易道)는 물(物)을 열고 일을 이루는 것이니' (夫易은 開物成務하야)라 하여, '개물성무'(開物成務)를 밝히고 있다. 개물(開物)에서 물(物)은 단순히 만물(萬物)이 아니라, 신물(神物)과 시물(時物)로 역(易)의 진리를 표상하는 하도낙서(河圖洛書)와 육효중괘(六爻重卦), 그리고 팔괘(八卦)를 의미한다.

볼 견

天	견성(見性), 깨우치다, 나타나다
人	견위치명(見危致命)
地	보다, 발견하다, 견문(見聞)

볼 견(見)은 눈 목(目)과 걷는 사람 인(儿)으로, 목(目)은 넉 사(四)이고, 인(儿)은 땅에서 걷는 사람이니, 하늘의 진리인 사상(四象)이 사람에 의해서 드러나는 것이다. 견(見)에서 목(目)은 하늘의 사상(四象)이고, 인(儿)은 땅의 사람이다.

땅의 입장에서 견(見)은 보다, 발견하다, 견문(見聞)의 뜻이고, 사람의 입장에서는 세상의 이치를 보는 것, 견성(見性)이다. 『논어』에서는 '위태로움을 보면 천명을 생각한다'(見危致命)라 하였다.

하늘의 입장에서는 견(見)이 나타날 현(現)의 의미가 되어, 하늘의 진리가 세상에 드러나게 된다는 뜻이다.

건괘(乾卦)에서는 '대인을 봄이 이롭다'(利見大人)라 하고, '무리의 용을 본다'(見群龍)라 하여, 성인의 말씀을 통해 하늘의 뜻을 깨우친다는 뜻이다.

복괘(復卦)에서는 '돌아옴에 천지(天地)의 마음을 보는 것이구나'(復에 其見天地之心乎져)라 하고, 함괘에서는 '그 감응하는 것을 보고 천지와 만물의 뜻을 가히 볼 수 있다'(觀其所感而天地萬物之情을 可見矣리라)라 하여, 천지(天地)의 마음과 만물의 실정(實情)을 깨우치는 것이다.

또 「계사상」에서는 사람의 본성인 인성(仁性)과 지성(知性)을 보는 입장에 따라 다르게 표상되는 것이다.

敬 공경할 경

天	견성(見性), 깨우치다, 나타나다
人地	공경(恭敬), 존경, 삼가다, 경계

공경할 경(敬)은 풀 초(艹)에 글귀 구(句), 칠 복(夂, 등글월 문)으로, 하늘의 진리로 나를 소중하게 감싸고 세상을 다스리는 것이다. 풀 초(艸)는 하늘과 땅이고, 포(勹)와 구(口)는 사람을 감싸는 것이고, 복(夂)은 다스린다는 의미이다.

사람의 입장에서 경(敬)은 공경, 존경, 삼가다(조심하다), 경계 등이고, 하늘의 입장에서는 하늘을 공경하는 경천(敬天), 경신(敬愼), 경외(敬畏) 등의 의미를 가지고 있다.

곤괘(坤卦)에서는 '군자가 경(敬)으로써 내면을 곧게 하고, 의(義)로써 밖을 방정하게 하여, 경의(敬義)가 바로 서면 덕(德)이 외롭지 않으니'(君子ㅣ 敬以直內하고 義以方外하야 敬義立而德不孤하나니)라 하여, 자신의 내면을 다스리는 이치가 경(敬)이다.

수괘(需卦)에서는 '나로부터 도적이 이르게 하는 것이니, 공경하고 삼가면 패하지 않는 것이다'(自我致寇하니 敬愼이면 不敗也리라)라 하여, 자신의 욕망이 하늘의 심판을 부르는 것이지만, 하늘을 공경하고 두려워하면 패하지는 않는다고 하였다. 또 '빠르지 않은 손님 3명이 오는 것이니 공경하면 마침내 길한 것이다'(有不速之客三人이 來하리니 敬之면 終吉이리라)라 하여, 손님을 공경히 모시면 길한 것이라 하였다.

날 경

天	경문(經文), 경학(經學), 경전(經典), 하늘의 소리
人	경영(經營), 경력(經歷), 경륜(經綸), 경세(經世)
地	날줄, 세로, 날실, 경계(經界), 길

날 경(經)은 실 사(糸)와 지하수 경(巠)인데, 사(糸)는 작을 요(幺)와 작을 소(小)로 하늘의 작용이 작게 작게 드러나는 것이고, 경(巠)은 한 일(一)과 내 천(巛) 그리고 장인 공(工)으로, 진리가 드러난다는 의미를 가지고 있다. 따라서 경(經)은 하늘의 진리, 하늘의 말씀을 엮어 놓았다는 뜻이다.

경전(經典)과 관련해서 주희(朱熹, 1130~1200)는 「대학장구서(大學章句序)」에서 '옛날『대학』을 사람들에게 가르치던 법과 성경현전(聖經賢傳)의 요지가 찬란히 세상에 다시 밝을 것이니'(古者大學敎人之法과 聖經賢傳之指ㅣ粲然復明於世하니)라 하여, 성인이 지은 것은 경(經)이고 현인이 지은 것은 전(傳)이라 구분하고 있다.

그런데『주역』에서는 모순이 발견된다.『주역』의 십익(十翼)을 지은 분은 공자(孔子)로 이야기하면서, 「계사전(繫辭傳)」이라 하고, 「설괘전(說卦傳)」, 「문언전(文言傳)」 등으로 부르는 것은 스스로를 부정하는 것이다. 주희가『주역본의(周易本義)』에서 「계사상전(繫辭上傳)」, 「계사하전(繫辭下傳)」이라 한 이후에 통상적으로 「계사전」으로 불리고 있다.

물론 64괘 괘사(卦辭)와 384효 효사(爻辭)도 말씀을 엮어 놓은 '계사'(繫辭)이기 때문에 구분하는 의미도 있다. 참고로 공영달(孔穎達, 574~648)은 『주역정의(周易正義)』에서 「계사상(繫辭上)」, 「계사하(繫辭下)」로 이름하였고, 그 서문에서도 십익은 공자가 지은 것으로 「계사상」, 「계사하」라고 하였다.

땅의 입장에서 경(經)은 날줄, 세로, 날실, 경계(經界), 길 등의 의미이고, 사람의 입장에서는 회사나 국가를 경영(經營)하는 것이고, 나의 삶이 지나온 경력(經歷), 세상을 살아가는 지혜인 경륜(經綸)이고, 세상을 다스리는 경세(經世) 등의 뜻이다. 하늘의 입장에서는 하늘의 소리를 담고 있다는 의미로, 경문(經文), 경학(經學), 경전(經典)으로 사용하고 있다.

둔괘(屯卦)에서는 '군자가 둔괘의 원리로써 경륜(經綸)하는 것이다'(君子ㅣ 以하야 經綸하나니라)라 하여, 육효중괘의 이치로써 군자가 살아감을 밝히고 있다. 또 이괘(頤卦)에서는 '경(經)을 거스르다'(拂經)라 하여, 경전(經典)을 거스르면 자신의 본성을 잃어버린다고 하였다.

『맹자』에서는 직접 '군자는 경전으로 돌아갈 뿐이니, 경전이 바르면 사람들이 흥기하고 사람들이 흥기하면 간사하고 사특함이 없는 것이다'(君子는 反經而已矣니 經正이면 則庶民興하고 庶民興이면 斯無邪慝矣리라)라 하여, 우리의 삶은 성인의 말씀인 경전에 근거해야 함을 가르친다.

'경전으로 돌아가라'는 반경(反經)은 『주역』의 학문을 배우는 기본이 된다. 『주역』은 하늘의 소리이고, 성인의 말씀이기 때문에 경전(經典)이 아니면 열리지 않는다. 진리 공부는 경전으로써 경전을 해석하는 '이경해경'(以經解經)의 학문 방법을 통해 성인의 가르침에 나아가게 된다.

경사 경

天	여경(餘慶), 영생(永生)을 얻음
人	마음의 경사, 경축(慶祝), 선행(善行)
地	경사(慶事) 축하할 만한 일(생신, 입학, 졸업, 취업 등)

경사 경(慶)은 해태 치(廌)와 마음 심(心) 그리고 뒤져 올 치(夊)로, 마음에 따라 오는 경사이다.

땅의 입장에서 경(慶)은 경사(慶事), 축하할 만한 일(생신, 입학, 졸업, 취업 등) 등의 의미이다. 사람의 입장에서는 마음의 경사이고, 마음으로 경축(慶祝)하고, 선행(善行)하는 것이다.

우리의 인생사에서 4가지 큰 일인 관례(冠禮)·혼례(婚禮)·상례(喪禮)·제례(祭禮)는 모두 경사이다. 관례는 성인(成人)으로 들어가는 예이고, 혼례는 인륜의 위대한 일이고, 상례(喪禮)는 슬픈 일이지만, 슬픔 속에 재생하는 경사이다. 또 제례는 사람의 고유한 행위로 하늘과 사람의 만남의 근본이 된다.

하늘의 입장에서는 나머지 경사로 여경(餘慶)이며, 종교적으로는 영생(永生)을 얻는 것이다. 우리 삶의 궁극적인 경사는 여경(餘慶)이다.

곤괘(坤卦)에서는 '선을 쌓는 집안에는 반드시 나머지 경사가 있고, 불선(不善)을 쌓는 집안에는 반드시 나머지 재앙이 있으니'(積善之家는 必有餘慶하고 積不善之家는 必有餘殃하나니)라 하여, 여경(餘慶)을 밝히고 있다.

또 '서남(西南)이 벗을 얻음은 이에 더불어 무리로 행하는 것이고, 동북(東北)이 벗을 잃음은 이에 마침내 경사가 있으니'(西南得朋은 乃與類行이오 東北喪朋이나 乃終有慶하리니)라 하여, 하늘의 벗을 잃었지만 아직 마음 속에는 양심이 남아 있기 때문에 마침내 경사가 있는 것이다.

태괘(兌卦)에서는 '옴이 빛나면 경사와 명예가 있어서 길할 것이다. 상에서 말하기를 육오(六五)의 길함은 경사가 있기 때문이다'(來章이면 有慶譽하야 吉하리라 象曰六五之吉은 有慶也((새라))라 하고, 여러 괘에서는 '큰 경사가 있다'(大有慶也), '경사가 있다'(有慶也), '실천하면 경사가 있다'(往有慶也)고 하였다.

맬 계

天	계사(繫辭), 하늘의 말씀을 매다, 진리를 엮다
人	마음을 매다, 관계가 되다
地	매다, 잡아매다, 매달다, 이어지다

맬 계(繫)는 수레 거(車)와 입 벌릴 감(凵), 몽둥이 수(殳)와 실 사(糸)인데, 사(糸)는 하늘의 작용이 작게 작게 드러나는 것이고, 거(車)는 땅에서 구르고, 감(凵)은 사람이 입을 벌리고 있으며, 수(殳)는 사람이 창을 잡고 있는 것이다.

땅의 입장에서 계(繫)는 물건을 매다, 잡아매다, 매달다, 이어지다 등의 의미이고, 사람의 입장에서는 마음을 매다, 다른 사람과 서로 관계가 되다의 뜻이고, 하늘의 입장에서는 하늘의 말씀을 매다, 진리를 엮다, 계사(繫辭)의 의미가 있다.

「계사상」에서는 '성인이 괘를 베풀어 상을 보고 말씀을 매어서 길과 흉을 밝히며'(聖人이 設卦하야 觀象繫辭焉하야 而明吉凶하며)라 하고, '말씀을 매어서 길과 흉을 결단한 것이다'(繫辭焉하야 以斷其吉凶이라)라 하였고, 「계사하」에서는 '말씀을 매어서 명령하니 행동이 그 가운데 있다'(繫辭焉而命之하니 動在其中矣라)라 하여, 성인이 하늘의 진리를 말씀으로 맨 것이 계사(繫辭)이다.

비괘(否卦)에서는 '거의거의 망할 것이라 뽕나무 뿌리에 매는 것이다'(其亡其亡이라야 繫于苞桑이니라)라 하여 마음은 진리에 매어서 살아가는 것이다.

외로울 고

天	존재로부터의 외로움
人	사람으로부터의 외로움, 사람 속의 소외, 고아(孤兒), 고독(孤獨)
地	탐욕으로부터의 외로움

외로울 고(孤)는 외로울 혈(子)과 오이 과(瓜)로, 오이 같이 외롭게 달려 있는 우리의 모습을 담고 있다.

외로움 속에서 우리는 하늘을 찾는다. 외로움 속에서 우리는 삶의 본질을 찾게 된다. 왜 살아야 하는가? 이 외로움(허전함)은 어디서 왔는가?

규괘(睽卦)에서는 '어긋나고 외로움에서 건원(乾元)의 지아비를 만나니'(睽孤하야 遇元夫니)라 하여, 어긋남과 외로움은 건원(乾元, 하나님)을 만나는 길이라 하였다. 외로움을 밝게 보아야 건원을 만나게 된다. 즉, 우리에게 주어진 고독(외로움)은 하늘의 뜻을 열어주는 길이 된다. 외로움은 바로 구원(救援)의 길이 되는 것이다.

땅의 입장에서 고(孤)는 세상의 탐욕으로부터의 외로움이다. 돈이 떨어지면 외롭고, 명예가 없으면 외롭고, 이성(異姓)이 없으면 외롭고, 세상의 이로움이 없으면 외롭다. 또 술이 없으면 외롭고, 권세가 없으면 외롭다.

사람의 입장에서는 사람으로부터의 외로움으로, 사람 속의 소외이고, 부모 없이 자라는 고아(孤兒)이고, 홀로 삶을 살아가는 고독(孤獨)인 것이다. 하늘의 입장에서는 하늘로부터의 외로움이다. 진리를 알지 못하면 외롭고, 존재로부터 떨어지면 외롭다. 이 외로움을 극복하는 길은 성인의 말씀을 통해 하늘과 합일(合一)하는 데 있다.

규괘(睽卦)에서는 '어긋나고 외로우니 돼지가 진흙을 이는 것을 보고, 귀신이 한 수레에 싣는 것이다'(睽孤니 見豕負塗오 載鬼一車라)라 하여, 외로움에 하늘의 진리를 보게 되는 것이다. 여기서 견시부도(見豕負塗)와 재귀일거(載鬼一車)는 모두 상징적인 의미이다.

견시부도(見豕負塗)에서 시(豕)는 돼지로 감괘(坎卦)이고, 도(塗)는 진흙으로 진괘(震卦)가 되어, 돼지가 진흙을 쓰고 있으니, 뇌수해괘(雷水解卦)가 된다. 만물의 어려움이 풀어지는 해괘(解卦)의 이치를 알게 된다. 또 재귀일거(載鬼一車)에서 귀(鬼)는 손괘(巽卦)이고, 거(車)는 곤괘(坤卦)가 되어, 귀신이 수레에 타고 있으니, 풍지관괘(風地觀卦)가 된다. 신도(神道)를 깨우치는 관괘(觀卦)를 싣는 것이다. 즉, 어긋남과 외로움 속에서 어려움이 풀어지고, 신도(神道)를 깨우치게 되는 것이다.

『주역』에서는 왜 이렇게 어렵게 말씀하는 것일까? 그 길을 찾아가는 것이 곧 깨우침의 길이기 때문이다. 또 진리는 말이 끊어진 자리이고, 유무(有無)를 초월한 것으로, 상징(象徵)과 비유(比喩)가 아니면 드러낼 수 없기 때문이다. 『성경』에서는 '예수께서 이 모든 것을 무리에게 비유로 말씀하셨으며, 비유를 들지 않고서는 그들에게 말씀하지 아니하시더라'라 하였다.

곤괘(坤卦)에서는 '군자가 경(敬)으로써 내면을 곧게 하고, 의(義)로써 밖을 방정하게 하여, 경의(敬義)가 바로 서면 덕(德)이 외롭지 않으니'(君子ㅣ 敬以直內하고 義以方外하야 敬義立而德不孤하나니)라 하여, 하늘의 마음인 경의(敬義)를 바르게 세워야 나의 덕(德)이 외롭지 않은 것이다.

한편 외로움은 단순한 고독(孤獨)이 아니다.『역과 기독교 사상』에서 이정용 교수는 '외로움은 진리를 발견하는 길이다'라 하였다. 외로움은 진리의 신비를 찾는 수단이고, 외로움은 그의 마음의 깊이를 열어준다. 외로움은 인간이 만들어 낸 전통주의에서 자기를 분리시킬 때 생긴다. 외로움은 성자 됨과 예언자 됨의 자질이다. 외로움은 자기의 진정한 자아의 본래의 집으로 돌아가는 회귀의 감정이다. 외로운 인간 안에 있는 가장 깊은 되어감 즉, 자기 안에 있는 진리 자체에 대한 향수(鄉愁)이다. 외로움 속에서 인간은 자연의 동정을 받는다. 외로움 속에서는 자기 자신의 자아를 볼 수가 있다. 외로움 속에서 예수님은 유혹의 힘을 극복하였다. 외로움 속에서 부처님은 깨달음을 얻었다.

장인 공

天	천공(天工), 하늘의 일
人	하늘과 땅을 연결시키는 사람, 마음 공사(工事)
地	장인, 물건을 만드는 사람, 기술인

장인 공(工)은 두 이(二)와 뚫을 곤(ㅣ)으로, 하늘과 땅을 연결시키는 사람이고, 일이다. 이(二)는 음양(陰陽), 천지(天地)이며, 곤(ㅣ)은 하나의 진리로 꿰뚫는 것이다.

땅의 입장에서 공(工)은 물건을 만드는 사람, 장인(匠人), 기술인 등의 의미이고, 사람의 입장에서는 하늘과 땅을 연결시키는 사람, 마음 공사(工事)의 의미이다. 하늘의 입장에서는 하늘의 일이고, 하늘이 백성을 다스리는 천공(天工)의 뜻이다.

「설괘(說卦)」에서는 '손괘(巽卦)는 나무가 되고, 바람이 되고, 장녀가 되고, 먹줄의 곧음이 되고, 장인이 되고'(巽은 爲木 爲風 爲長女 爲繩直 爲工)라 하여, 공(工)은 손괘(巽卦)를 상징한다. 하늘의 신도(神道)가 땅에 바람으로 드러나듯이, 장인은 하늘의 뜻을 대상 도구를 만들어 땅에 드러내는 것이다.

『서경(書經)』에서는 '하늘의 일을 사람이 그 대신하는 것이다'(天工을 人其代之하나니이다)라 하여, 사람이 하늘의 공사(工事)를 대신한다고 하였다. 『정역』에서도 '누가 하늘의 일을 사람이 대신 이루는 것을 알겠는가?'(誰識天工待人成가)라 하였다.

빌 공

天	하늘의 본성, 공성(空性), 공적(空寂)
人	마음 비움, 공심(空心), 쓸데없다, 어리석음, 미련함
地	비다, 공하다, 공허(空虛)

빌 공(空)은 구멍 혈(穴)과 장인 공(工)으로, 일정한 집에서 하늘의 일이 전개되는 것이다. 혈(穴)은 집 면(宀)과 여덟 팔(八)로, 마음의 집에서 팔괘(八卦)가 펼쳐지는 것이다.

땅의 입장에서 공(空)은 비다, 공하다, 공허(空虛), 공수(空手) 등 아무 것도 없음이나 속을 비운다는 의미이고, 사람의 입장에서는 마음을 비우다, 공심(空心) 등의 욕심을 부리지 않고 분수에 맞게 살아가는 의미이고, 쓸데없다, 어리석음, 미련함, 공론(空論) 등 부정적인 의미도 있다. 하늘의 입장에서는 하늘의 본성이 텅 비어 있다는 공성(空性), 텅 비어서 고요한 공적(空寂)의 뜻이다.

공(空)은 일반적으로 반야부(般若部) 계열 대승불교의 공(空)사상으로 연계할 수 있다. 『반야심경』의 '색즉시공'(色卽是空)과 '공즉시색'(空卽是色), 선불교의 '공적영지'(空寂靈知) 등이 있다.

참고로 사찰(寺刹)에서 사(寺)는 '절 사'로 쓰지만, 『주역』과 『예기』에서는 문지기 시(寺, 관청 시)라는 사실을 아는 사람은 드물다. 시(寺)는 대문을 지키는 문지기나 관청의 뜻을 가지고 있다. 불교는 한 대(漢代) 이후에 동북아로 전파되었다.

『논어』에서는 '안회는 거의거의 가깝구나! 자주 공(空)하였다'(子ㅣ 曰 回也는 其庶乎오 屢空이니라)라 하여, 수제자인 안회(顔回)의 마음자리는 공(空)에 있다고 하였다. 즉, 공(空)을 진리의 자리로 밝힌 것이다.

『맹자』에서는 '하늘이 장차 이 사람에 큰 임무를 내리신데, 반드시 먼저 그 마음과 뜻을 괴롭게 하며 그 근골을 수고롭게 하며 그 몸과 피부를 굶주리며 그 몸을 비우고 고달프게 하여, 행동에 그 하는 것을 거슬리고 어지럽게 하니, 마음을 움직이고 성품을 참게 하여 그 능하지 못한 것을 더하여 늘게 하는 것이다'(天將降大任於是人也신댄 必先苦其心志하며 勞其筋骨하며 餓其體膚하며 空乏其身하여 行拂亂其所爲하나니 所以動心忍性하여 曾(增)益其所不能이니라)라 하여, 공핍(空乏)을 밝히고 있다.

여기서 공핍(空乏)은 부정적인 의미로 몸과 마음을 비우고 고달프게 하는 것은 바로 '동심인성'(動心忍性)을 하기 위한 것이다.

빛 광

天	진리의 빛, 생명의 빛, 광명(光明), 관광(觀光)
人	마음의 빛, 영예(榮譽), 은택, 광음(光陰)
地	세상의 빛, 광선, 크다

빛 광(光)은 돼지머리 두(亠)와 여덟 팔(八), 걷는 사람 인(儿)으로, 하늘의 진리가 하나로 모여서 사람에게 드러나는 의미이다.

땅의 입장에서 광(光)은 세상의 빛, 광선(光線), 크다는 의미이고, 사람의 입장에서는 마음의 빛, 영예(榮譽), 은택, 세월을 뜻하는 광음(光陰) 등으로 사용하고 있다. 하늘의 입장에서는 진리의 빛, 생명의 빛, 광명(光明), 관광(觀光)으로, 광명(光明)은 진리의 빛이 밝게 빛나는 것이다.

관광(觀光)은 지방이나 다른 나라의 경치나 명소를 구경하는 것이 아니라, 진리의 빛을 깨우치는 구도(求道)의 여행(旅行)이다. 여행(旅行)의 나그네 려(旅)는 『주역』의 56번째 화산여괘(火山旅卦)로 성인지도(聖人之道)를 찾아 떠나는 나그네이다.

시인(詩人)은 우리의 인생을 '시간 여행', '나그네', '소풍', '연극 무대' 등으로 이야기하고 있다. 모두 지금 여기에 주어진 삶의 의미를 찾고자 하는 것이다. 관광(觀光)에서 삶의 궁극적 지향이 진리의 빛을 깨우치는데 있음을 알게 된다.

우리의 8월 15일, 광복절(光復節)은 일본 제국주의의 식민지 지배에서 해방된 날이지만, 광복(光復)은 말 그대로 욕망의 식민지에서 빛을 회복하는 것이다. 몸에 갇혀진 암울한 식민지의 욕망을 벗어 버리고, 진리의 빛을 향한 마음을 회복하는 것이다.

곤괘(坤卦)에서는 '곤괘의 두터움이 만물을 싣고 덕(德)에 합하여 한계가 없으며, 넓게 머금어서 큼을 빛나게 하여 품물(品物)이 모두 형통한 것이다'(坤厚載物이 德合无疆하며 含弘光大하야 品物이 咸亨하나니라)라 하여, 자신의 덕(德)을 깨우쳐 실천하는 것이 하늘의 진리가 빛나는 것이다.

또 겸괘(謙卦)에서는 '천도는 아래로 건너고 밝음이 빛나고'(天道ㅣ 下濟而光明하고)라 하고, 익괘(益卦)와 간괘(艮卦)에서는 '위로부터 아래로 내리니 그 도가 크게 빛나는 것이다'(自上下下하니 其道大光이라)·'움직이고 고요함에 그 천시를 잃지 않으니 그 도가 밝게 빛나니'(動靜不失其時ㅣ 其道ㅣ 光明이니)라 하여, 광명(光明), 광대(光大), 대광(大光) 등으로 하늘의 빛이 이 땅에 밝게 빛나고 밝아짐으로 논하고 있다.

넓을 광

天	곤도(坤道), 광대(廣大)
人	마음이 넓다, 편안함, 광제(廣濟), 광거(廣居)
地	넓다, 세상이 넓다, 넓게 하다

넓을 광(廣)은 집 엄(广)과 누를 황(黃)으로, 엄(广)은 일정한 공간을 의미하는 집이고, 황(黃)은 땅에서 하늘의 작용이 온전히 펼쳐지는 것이다. 광(廣)은 이 땅에서 하늘의 작용이 전개되는 것이다.

땅의 입장에서 광(廣)은 넓다, 세상이 넓다, 넓게 하다 등의 의미고, 사람의 입장에서는 마음이 넓다, 편안함, 광제(廣濟), 광거(廣居)의 뜻이다.

광제(廣濟)는 널리 구제하는 것으로 백성들을 진리로 건너게 하는 것이고, 마음이 넓은 심광(心廣)은 『대학』의 '부는 집을 윤택하게 하고 덕은 몸을 윤택하게 하는 것이라 마음이 넓어지고 몸이 펴지는 것이니 군자는 반드시 그 뜻을 정성스럽게 하는 것이다'(富潤屋이오 德潤身이라 心廣體胖하나니 故로 君子는 必誠其意니라)에 나오는 '심광체반'(心廣體胖)의 의미이다.

또 광거(廣居)는 『맹자』에서 '세상의 넓은 거처에 거하며 세상의 바른 자리에 서며 세상의 위대한 도를 행하여 뜻을 얻어서는 백성들과 더불어 말미암고 뜻을 얻지 못하여서는 홀로 그 도를 행하여 부귀에 능히 음란하지 않고 빈천(貧賤)에 능히 옮기지 않으며 위협과 무력에 능히 굴복하지 않는 것이 대장부 (大丈夫)이다'(居天下之廣居하며 立天下之正位하며 行天下之大道하여 得志하여는 與民由之하고 不得志하여는 獨行其道하여 富

貴不能淫하며 貧賤不能移하며 威武不能屈이 此之謂大丈夫니라)라 하였다. 인격적 존재인 군자가 살아가는 길이 광거(廣居)이다.

하늘의 입장에서는 곤도(坤道), 광대(廣大)의 뜻으로 풀이된다. 「계사상」에서는 '무릇 역도(易道)는 넓고 위대한 것이다'(夫易이 廣矣大矣라)라 하고, 또 '무릇 곤괘는 그 고요함에는 합하고, 그 움직임에는 열리는 것이라 이로써 광(廣)이 생하는 것이니'(夫坤은 其靜也 翕하고 其動也 闢이라 是以廣이 生焉하나니) · '넓고 위대함은 천지와 짝하고'(廣大는 配天地하고)라 하여, 광(廣)은 곤괘(坤卦)의 작용이자, 역도(易道)의 작용임을 밝히고 있다.

「계사하」에서는 『주역』의 책됨이 넓고 위대하여 다 갖추니 천도(天道)가 있고 인도(人道)가 있고, 지도(地道)가 있으니'(易之爲書也 廣大悉備하야 有天道焉하며 有人道焉하며 有地道焉하니)라 하여, 광대(廣大)한 역도(易道)에는 천 · 인 · 지(天人地) 삼재지도(三才之道)가 모두 있는 것이다.

사귈 교

天	음양(陰陽)합덕, 체오용육(體五用六), 천지교(天地交), 교태(交泰)
人	사귀다, 마음이 하나가 되다, 교유(交遊), 합하다, 심교(心交)
地	만나다, 교차하다, 섞여지다, 교배(交配), 교역(交易)

사귈 교(交)는 여섯 육(六)과 다섯 오(五, ✕)로, 하늘 아래에서 서로 만나는 것이다.

육(六)은 열 십(十)에서 아래의 획이 갈라진 것이고, 오(五, ✕)의 ✕는 五의 고자(古字)이다. 갑골문(甲骨文)이나 금문(金文)에서도 오(五)는 ✕로 기록되어 있다. 오(五)가 ✕인 것은 하늘은 십(十)이지만, 하늘의 작용은 움직이기 때문에 오(✕)가 되는 것이다.

기독교에서 십자가(十字架)는 하나님을 상징하지만, 하나님의 뜻을 대행하는 예수는 ✕로 상징하는 것과 같다. 한자에서도 하늘은 십(十)이지만, 사람은 오(五)이고 구체적으로 나 오(吾)가 되는 것이다. 십(十)은 네 정방(正方)으로 본체가 되고, 오(✕)는 네 모퉁이 방위로 작용을 의미한다.

땅의 입장에서 교(交)는 만나다, 교차하다, 섞여지다, 교배(交配), 교역(交易)의 뜻이고, 사람의 입장에서는 사귀다, 마음이 하나가 되다, 교유(交遊), 합하다, 심교(心交)의 의미이다.

하늘의 입장에서는 음양(陰陽) 합덕, 체오용육(體五用六), 천지교(天地

交), 교태(交泰)의 뜻을 담고 있다.

교(交)의 육(六)과 오(×)는 체오용육(體五用六)의 하도(河圖)원리이다. 하도는 음양(陰陽)이 합덕된 것으로 오행(五行)의 이치이다. 또 교태(交泰)는 음양이 합덕하는 의미로, 왕과 왕비가 잠자리를 하는 집이 교태전(交泰殿)이다.

태괘(泰卦)에서는 '하늘과 땅이 사귀고 만물이 통하며, 위와 아래가 사귀고 그 뜻이 같은 것이다'(天地ㅣ 交而萬物이 通也며 上下ㅣ 交而其志ㅣ 同也라)라 하여, 지천태(地天泰)의 태(泰)는 천지(天地)가 사귀고, 상하(上下)가 사귀는 이치이다.

둔괘(屯卦)에서는 '강유(剛柔)가 비로소 사귀어 어렵게 탄생하며'(剛柔ㅣ 始交而難生하며)라 하고, 수괘(隨卦)에서는 '문을 나아가 사귀면 공이 있는 것이다'(出門交면 有功하리라) 등으로 교(交)를 밝히고 있다.

가르칠 교

天	진리를 가르치다, 종교
人	마음의 가르침, 철학
地	지식을 가르치다, 교육, 훈계, 지도, 교양, 과학

가르칠 교(敎)는 괘효 효(爻)와 외로울 혈(孑), 칠 복(攵)으로, 외로운 인간의 마음을 진리로 가르치는 것이다.

땅의 입장에서 교(敎)는 지식을 가르치다, 교육, 훈계, 지도, 교양 등의 뜻이고, 학문에 있어서는 현상 세계에 대해 탐구하는 과학이다. 사람의 입장에서는 마음의 지혜를 가르치는 것이고, 사람의 본성을 가르치는 철학(哲學)이라 하겠다.

하늘의 입장에서는 진리를 가르치는 것으로, 하늘의 뜻과 이치를 가르치는 종교(宗敎)이다. 종교(宗敎)는 으뜸 종(宗, 마루)과 교(敎)로 으뜸된 가르침, 최고의 가르침이라는 뜻이다.

관괘(觀卦)에서는 '성인이 신도(神道)로써 가르침을 베푸니 세상이 감복하는 것이다'(聖人이 以神道設敎而天下ㅣ服矣니라)라 하여, 성인이 진리를 설교(設敎)한 것이다. 또 '군자가 관괘(觀卦)를 써서 가르치는 생각이 다함이 없고, 백성을 포용하고 보호함이 한계가 없는 것이다'(君子ㅣ 以하야 敎思ㅣ 无窮하며 容保民이 无疆하나니라)라 하여, 군자는 백성들을 포용하고 가르쳐 인도하는 것이다.

『논어』에서는 '공자께서 말씀하시기를 묵묵히 알며 배움에 싫어함이 없으며 다른 사람을 가르치는데 게으름이 없으니, 무엇이 나에게 있겠는가?'(子ㅣ 曰黙而識之하며 學而不厭하며 誨人不倦이 何有於我哉오)라 하고, 『맹자』에서는 '나는 배움에 싫어함이 없고 가르침에 게으르지 않았다'(我는 學不厭而敎不倦也로라)라 하여, 성인의 천명은 '학불염이교불권'(學不厭而敎不倦)에 있음을 알 수 있다.

『서경』에서는 성인의 가르침에 대하여, '순임금이 말씀하시기를 '설'아 백성들이 친하지 않고 오품이 겸손하지 않으니, 너는 사도가 되어 오교(五敎)를 공경히 펴고 관대함이 있게 하라'(帝曰契, 百姓不親, 五品不遜, 汝作司徒, 敬敷五敎, 在寬.) · '오형(五刑)을 밝히고 오교(五敎)를 도와서 나의 다스림을 기약해라'(明于五刑, 以弼五敎, 期于予治.)라 하여, 순임금께서 설을 사도(현재의 교육부장관)로 임명하여 다섯 가지 가르침을 베풀게 하였다.

『맹자』에서는 '후직이 백성에게 농사법을 가르쳐서 오곡을 심어서 가꾸신대, 오곡이 익어서 백성이 자라니, 사람의 도가 있음에 배불리 먹고 옷을 따뜻하게 입혀 편안하게 거처하고, 가르침이 없으면 짐승에 가까운 것이니, 성인이 근심하여 설(契)로 하여금 사도로 하여 인륜을 가르치시니, 부자유친이며, 군신유의며, 부부유별이며, 장유유서며, 붕우유신인 것이다'(后稷이 敎民稼穡하며 樹藝五穀한대 五穀熟而民人育하니 人之有道也에 飽食煖衣하여 逸居而無敎면 則近於禽獸일새 聖人이 有憂之하사 使契爲司徒하여 敎以人倫하시니 父子有親하며 君臣有義하며 夫婦有別하며 長幼有序하며 朋友有信이니라)라 하여, 『서경』의 오교(五敎)를 구체화한 오륜을 밝히고 있다.

입 구

天	땅, 천원지방(天圓地方), 태괘(兌卦)
人	사람, 호구(戶口), 구론(口論), 구업(口業)
地	입 구(口), 말하다, 먹다, 출입구(出入口)

입 구(口)는 네모난 그림으로, 하나 뿐인 사람의 입이자, 한 사람을 상징한다. 입은 형이하의 대상 사물을 먹고 마시면서, 동시에 형이상의 진리를 말하는 기관이다.

땅의 입장에서 구(口)는 입, 말하다, 먹다, 출입구(出入口) 등의 의미이고, 사람의 입장에서는 사람, 집과 사람의 숫자인 호구(戶口), 입으로만 논하는 구론(口論), 입으로 짓는 업인 구업(口業) 등의 뜻이 있다.

하늘의 입장에서는 천원지방(天圓地方)으로 땅의 의미를 담고 있다. 천원지방에서 방(方)이 사방(四方)으로 구(口)와 서로 통하는 개념이다.

「설괘」에서는 '태괘(兌卦)가 입이 된다'(兌爲口)라 하여, 구(口)는 태괘를 상징한다.

이괘(頤卦)에서는 '스스로 입에 실한 것을 구함은 스스로 기르는 것을 보는 것이다'(自求口實은 觀其自養也라)라 하여, 구실(口實)은 좋은 음식이 아니라, 바로 하늘의 음식인 성인지도(聖人之道)를 스스로 구해서 자신을 기르는 것이다.

혁괘(革卦)에서는 '말씀이 있으나 믿지 못함은 입을 숭상하여 이에 궁한 것이다'(有言不信은 尙口ㅣ 乃窮也라)라 하여, 말씀 언(言)과 대비되는 구(口)의 왜곡된 모습을 그리고 있다. 하늘의 말씀, 성인의 말씀인 언(

言)을 믿지 않고, 사람의 말만 높이는 것은 어리석은 것이다.

『성경』에서는 '입으로 들어가는 것이 사람을 더럽히는 것이 아니라 입에서 나오는 것이 사람을 더럽히느니라'하고, '입으로 들어가는 모든 것은 배를 통해 뒤로 나가는 줄 아직 알지 못하느냐? 그러나 입에서 나오는 것들은 마음으로부터 나오나니, 이것들이 사람을 더럽히느니라. 마음에서는 악한 생각과 살인과 간음과 음행과 도둑질과 거짓 증언과 모독이 나오느니라. 이런 것들이 사람을 더럽히는 것이며 씻지 않은 손으로 음식을 먹는 것은 사람을 더럽히지 아니하느니라'하였다.

또 입 조심하라는 것은 말을 삼가라는 것으로, 대상 사물을 통해 에너지를 얻었으면, 그 생명의 값을 하는 말을 하라는 것이다. 입으로 짓는 대표적인 악업(惡業)은 거짓말, 이간질하는 말, 남을 괴롭히는 나쁜 말, 교묘하게 꾸미는 말이다.

나라 국

天 뜻의 세계, 하늘의 나라, 천국(天國)

人 본성의 세계, 내 마음의 나라, 심전(心田)

地 세상의 나라, 대한민국(大韓民國)

나라 국(國)은 큰 입 구(口)와 창 과(戈), 한 일(一), 입 구(口)로, 한 사람이 창을 들고 지키는 영토라고 해석할 수 있지만, 국(國)에서 중요한 것은 과(戈)의 의미이다. 과(戈)는 「설괘」에서 곤괘(坤卦)의 중정지기인 이괘(離卦)를 상징한다.

국(國)은 이괘(離卦)의 뜻이 펼쳐지는 곳이다. 국(國)과 짝이 되는 가(家)에서 시(豕)가 감괘(坎卦)를 상징하는 것과 서로 대응된다. 감괘(坎卦)와 이괘(離卦)는 각각 건괘(乾卦)와 곤괘(坤卦)를 대표하는 괘이다. 우리나라 태극기(太極旗)에 그려진 건·곤·감·리(乾坤坎離)이다.

국(國)의 고자(古字)는 국(囗)이고, 속자(俗子)는 국(国)이다.

땅의 입장에서 국(國)은 세상의 나라이고, 대한민국(大韓民國), 국가(國家)의 의미이며, 사람의 입장에서는 내 마음의 나라, 내 몸의 나라이다. 우리의 몸과 마음도 올바로 다스리고 지켜가야 할 또 다른 국가이다.

하늘의 입장에서는 뜻의 세계, 하나님의 나라, 천국(天國)이다.

『대학』에서는 팔조목(八條目)으로 격물·치지(格物致知)와 성의·정심(誠意正心)을 논하고, 이어서 수신(修身)·제가(齊家)·치국(治國)·평천하(平天下)를 밝히고 있다. 여기서 국(國)의 의미를 찾을 수 있다. 동양철학에서 국가는 사람이 자신의 본성을 자각하고 실천하는 인격적 삶의 장(場)이다. 『성경』에서 천국(天國)의 의미도 여기서 찾아지게 된다. 죽어서 가는 하나님의 나라가 아니라 지금 여기에서 사랑을 실천하며 살아가는 실존의 천국(天國)인 것이다.

국가(國家)가 지배와 피지배의 계약과 합의에 의한 집단이 아니라, 사람이 하늘의 뜻에 맞게 살아가기 위해서는 반드시 필요한 터전인 것이다. 이것이 『대학』 팔조목에서 밝힌 근본이다. 서양철학에서 국가는 근대 계몽주의 관념에 근거한 자연법사상과 사회계약론에 의해서 형성된 것으로 이야기하고 있다.

특히 국가(國家)에 대한 형이상적 의미를 망각한 사회사상인 무정부주의(無政府主義, anarchism)는 공산주의 이데올로기에 경도된 것이다. 『대학』에서 밝힌 수신·제가(修身齊家)·치국·평천하(治國平天下)를 버리고, 사람이 사람답게 살 수 있는 길을 찾을 수 없다.

건괘(乾卦)에서는 '머리가 뭇 만물에 나옴에 만국(萬國)이 모두 안녕한 것이다'(首出庶物에 萬國이 咸寧하나니라)라 하여, 하늘의 진리가 세상에 나온 것이 국가이다.

사괘(師卦)에서는 '위대한 임금이 천명이 있으니, 국가(國家)를 열고 계승함에 소인은 쓰지 않는 것이다'(大君이 有命이니 開國承家에 小人勿用이니라)라 하여, 나라를 열고 지키기 위해 군자지도(君子之道)를 쓰지, 소인지도(小人之道)는 쓰지 않는다.

감괘(坎卦)에서는 '왕공(王公)이 험난을 베풀어 그 나라를 지키니'(王公이 設險하야 以守其國하나니)라 하여, 우리 삶의 어려움과 고난은 그 사람의 마음과 몸을 지키는 것이다.

권세 권, 저울대 권

天	하나님의 권능, 권도(權道)
人	마음의 권능(權能), 인권(人權), 권위(權威)
地	저울추, 저울, 권력(權力), 권세(權勢), 권리(權利)

　권세 권(權)은 나무 목(木)과 올빼미 관(雚)으로, 목도(木道)를 꿰뚫어서 사용하는 것이다. 목(木)은 십(十)과 팔(八)로 하늘의 작용이고, 관(雚)은 두 눈을 부릅뜨고 사물의 본질을 꿰뚫어 보는 것이다.

　「계사하」에서는 '손괘(巽卦)로써 권(權)을 행한다'(巽以行權)라 하여, 손괘(巽卦)를 상징한다. 손괘(巽卦)는 목도(木道), 신도(神道), 풍도(風道)를 표상한다.

　땅의 입장에서 권(權)은 저울추, 저울, 권력(權力), 권세(權勢), 권리(權利) 등의 의미이고, 사람의 입장에서는 마음의 권능(權能), 인권(人權), 권위(權威) 등으로 사용된다. 인권은 사람의 권리를 하늘이 부여했다는 '천부인권'(天賦人權)에 근거를 두고 있는데, 그 의미를 다시 생각하게 한다.

　인권의 근본을 이해하기 위해서는 사람에 대한 이해가 선행되어야 한다. 본 저서는 『주역』의 형이상학에 근거를 두고, 천 · 인 · 지(天人地) 삼재지도(三才之道)의 존재 원리로 한자를 풀어가고 있다. 마찬가지로 사람도 천 · 지 · 인에 맞게 풀이할 수 있다.

　땅의 사람은 육신(肉身) 즉, 사람의 형상을 가진 사람이고, 사람의 입장에서는 혼(魂)과 백(魄)을 가진 사람이고, 하늘이 입장에서는 영(靈)을 가진 사람이다. 음양(陰陽)의 이치로 보면, 몸과 마음의 구조로 이해할 수 있다.

사람의 근본은 육신에 있지 않고, 영(靈)과 혼(魂)에 있다. 영과 혼을 합해서 마음이라고 한다. 인권은 사람됨의 영혼(靈魂) 내지 마음에 있는 것이다. 즉, 사람은 영과 혼과 육(肉)이 하나가 된 존재이지만, 근본은 영혼에 있다.

하늘의 입장에서 권(權)은 하나님의 권능, 권도(權道) 등으로 풀이할 수 있다. 인간의 권능은 그 근거가 되는 하늘로부터 나오는 것이고, 하나님의 권능이라 할 수 있다. 또 권도(權道)는 『맹자』에서 유래된 것이다.

『맹자』에서는 '순우곤이 말하기를 남녀가 직접 손을 잡지 않는 것이 예입니까? 맹자께서 말씀하시기를 예이다. 말하기를 형수가 물에 빠지면 손으로 구해야 합니까? 형수가 빠졌는데 구하지 않으면 이것은 이리인 것이니, 남녀가 직접 손을 잡지 않는 것은 예이고, 형수가 빠지면 손으로 구해주는 것은 권(權)인 것이다'(淳于髡曰 男女授受不親이 禮與잇가 孟子曰 禮也니라 曰嫂溺則援之以手乎잇가 曰嫂溺不援이면 是는 豺狼也니 男女授受不親은 禮也요 嫂溺이어든 援之以手者는 權也니라)라 하여, 예도(禮道)와 권도(權道)를 밝히고 있다. 예(禮)가 사람이 지켜야 할 보편적인 질서라면, 권도(權道)는 그 때에 맞게 예를 실천하는 것이다.

또 '자막은 중을 잡으니 집중(執中)은 가까우나 중만 잡고 권도(權道)가 없으면 오히려 하나만 잡은 것이다'(子莫은 執中하니 執中이 爲近之나 執中無權이 猶執一也니라)라 하여, 집중(執中)에는 권도(權道)가 있어야 한다.

귀신 귀

天	영(靈), 신명(神明), 성인지도(聖人之道), 천사(天使)
人	혼(魂), 백(魄), 기(氣)
地	마귀(魔鬼), 잡귀(雜鬼), 루시퍼

　귀신 귀(鬼)는 점 주(丶)와 밭 전(田), 걷는 사람 인(儿), 나 사(厶)로, 하늘이 사람의 마음 밭에 내려와 작용하는 것이다. 귀(鬼)는 보통 신(神)과 합해서 귀신(鬼神)으로 많이 사용하고 있다.

　『예기』에서는 '기(氣)라는 것은 신(神)의 성한 것이고, 백(魄)이라는 것은 귀(鬼)의 성한 것이니, 귀(鬼)와 신(神)을 합하면 가르침의 지극한 것이다'(子曰, 氣也者, 神之盛也, 魄也者, 鬼之盛也. 合鬼與神, 敎之至也.)라 하여, 귀(鬼)와 신(神)을 구분하고 있다.

　땅의 입장에서 귀(鬼)는 마귀(魔鬼), 잡귀(雜鬼), 루시퍼(사탄)로 부르는 것들이고, 사람의 입장에서는 혼(魂), 백(魄), 기(氣) 등의 의미이다. 하늘의 입장에서는 영(靈), 신명(神明), 성인지도(聖人之道), 천사(天使)로 이해할 수 있다.

　우리는 일반적으로 귀신(鬼神)하면, 신비적이고 대상적인 어떠한 존재이거나, 죽은 사람의 혼령(魂靈)이라 이해하고 있다. 이는 현상적 입장에서 생각하는 것으로, 『주역』을 비롯한 선진유학에서는 근본적 의미를 가지고 있다.

　「계사상」에서는 '정수한 기운은 물(物)이 되고, 흐르는 혼(魂)은 변화가 되는 것이라. 이러한 까닭으로 귀신(鬼神)의 뜻과 상태를 아는 것이다'(精氣爲物이오 游魂爲變이라 是故로 知鬼神之情狀하나니라)라 하여, 정기(精氣)와 유혼(遊魂)이 귀신의 뜻과 상태를 보여주는 것이다.

또 '천수(天數)가 다섯이고 지수(地數)가 다섯이니, 다섯 위에서 서로 얻어서 각각 합하니, 천수는 25이고, 지수는 30이다. 무릇 천지(天地)의 수는 55이니, 이것이 변화를 이루고 귀신을 행하는 까닭이다'(天數ㅣ 五오 地數ㅣ 五니 五位相得하며 而各有合하니 天數ㅣ 二十有五오 地數ㅣ 三十이라 凡天地之數ㅣ 五十有五니 此ㅣ 所以成變化하며 而行鬼神也라)라 하여, 귀신이 대상적 존재가 아니라 천수(天數)와 지수(地數)로 표상된다고 하였다.

『예기』에서는 '귀신은 음양이다'(鬼神 陰陽也), '음양에서 행하고 귀신에서 통하는 것이다'(行乎陰陽而通乎鬼神)라 하여, 귀신은 음양의 이치이다. 음양(陰陽)은 수리(數理)에서는 지수(地數, 陰數)와 천수(天數, 陽數)이고, 하도(河圖)의 체오용육(體五用六)과 낙서(洛書)의 체십용구(體十用九)의 이치이기 때문에, 신물(神物)인 하도낙서(河圖洛書)가 곧 귀신지도(鬼神之道)이다. 「계사상」 제9장 마지막에서 '변화의 이치를 아는 사람은 신(神)이 하는 것을 안다'(子ㅣ 日知變化之道者ㅣ 其知神之所爲乎ㄴ뎌)고 하였다.

『중용』에서는 '공자께서 말씀하시기를 귀신의 덕 됨이 그 성대한 것이구나! 보아도 보이지 않으며, 들어도 들리지 않되 만물의 본체가 되니 버릴 수 없다'(子ㅣ 日鬼神之爲德이 其盛矣乎ㄴ뎌. 視之而弗見하며 聽之而弗聞이로대 體物而不可遺니라)라 하여, 귀신이 대상적 존재가 아니라 덕을 가진 인격적 존재로 '귀신지위덕'(鬼神之爲德)으로 밝히고 있다.

또한 『논어』에서는 '계로가 귀신 섬기는 것을 묻는데, 공자께서 말씀하시기를 아직 사람도 섬길 수 없는데 어떻게 귀신을 섬기겠는가?'

(季路ㅣ 問事鬼神한대 子ㅣ 曰未能事人이면 焉能事鬼리오)라 하여, 사람 섬기는 것이 곧 귀신 섬기는 것이다.

제자 자로(子路)는 일상적인 입장에서 제사를 모시는 의미를 물었는데, 공자께서는 형이상적으로 사람과 귀신이 둘이 아니고, 사람의 영혼(靈魂)을 올바로 하는 것이 귀신을 섬기는 것이라 하였다.

따라서 귀신(鬼神)은 하늘의 뜻이 드러나는 신령(神靈), 성령(聖靈), 천사(天使), 성인지도(聖人之道)를 의미함을 알 수 있다. 또 귀(鬼)와 신(神)을 구분하면, 귀(鬼)는 기운(氣運)으로 혼백(魂魄)이고, 신(神)은 신명(神明)으로 영(靈)이라 하겠다.

『주역』에서도 '천지(天地)가 자리를 세움에 성인이 이루어 능하니, 사람이 도모하고 귀신이 도모함에 백성이 함께 능한 것이다'(天地設位에 聖人이 成能하니 人謀鬼謀에 百姓이 與能하나니라)라 하고, '천지(天地)가 차고 비는 것도 천시와 더불어 사라지고 불어나는데, 하물며 사람이며 하물며 귀신이겠는가'(天地盈虛도 與時消息이온 而況於人乎며 況於鬼神乎여)라 하여, 사람과 귀(鬼)가 함께 도모하고, 함께 하는 것이다.

우리가 정신적으로 문제가 있거나 이상한 행동을 하면, '귀신 들었다'라고 하는데, 이는 근본을 알지 못하는 잘못된 표현이다. '마귀 들었다', '영혼이 더러워졌다', '영혼이 타락했다'로 정확하게 말해야 한다.

유튜브 「주역과 마음학」에서 『주역』과 귀신'을 검색하면 자세하게 공부할 수 있다.

거북 귀

天	복(卜), 낙서(洛書), 귀서(龜書), 신귀(神龜)
人	장수, 귀문(龜文)
地	거북, 신비한 것, 신령한 동물

거북 귀(龜)는 쌀 포(勹)와 돼지머리 계(彐) 2개, 다섯 오(乂)와 추가된 획으로 구성되어 있다. 글자의 가운데 열 십(十)의 작용인 乂가 들어 있어서 체십용구(體十用九)로 작용하는 낙서(洛書)를 상징한다.

땅의 입장에서 귀(龜)는 거북, 신비한 것, 신령한 동물 등의 뜻이고, 사람의 입장에서는 장수, 귀문(龜文) 등의 의미이다. 하늘의 입장에서는 복(卜), 낙서(洛書), 귀서(龜書), 신귀(神龜) 등으로 사용되고 있다.

「계사상」에서는 직접 성인지도(聖人之道)가 네 가지가 있는데, 그 가운데 하나가 바로 '복서(卜筮)를 쓰는 사람은 점(占)을 숭상하니'(以卜筮者는 尙其占하나니)라 하여, 거북으로 대표되는 복(卜)은 낙서(洛書)임을 밝히고 있다. 서(筮)는 시초 (蓍草)로 하도(河圖)이다.

또 '깊고 숨은 것을 탐색하며 깊고 먼 곳에 이르러서 세상의 길흉을 정하며, 세상의 아름다움을 완성하는 것이 시초와 거북보다 큰 것이 없다'(探賾索隱하며 鉤深致遠하야 以定天下之吉凶하며 成天下之亹亹者ㅣ 莫大乎 蓍龜하니라)라 하여, 거북과 시초를 밝히고 있다.

거북(龜)은 복(卜)의 방법에 이용된 동물이기에 복점(卜占)을 의미하는 것으로 이해하고 있으나, 한대(漢代)의 공안국(孔安國)이 낙서와 거북을 관련시켜 말한 이래 여러 학자들이 거북을 낙서로 논하고 있다.

성인(聖人)이 신명(神明)의 덕을 자각하여 표상한 시초와 수(參天兩地)는 바로 신물(神物)인 하도와 낙서이며, 『주역』에서 복서(卜筮)는 시귀(蓍龜)를 통해 표상되는 점(占)이며, 점(占)은 수를 지극히 하여 옴(來)을 아는 것이니, 수리(數理)로 역도(易道)를 표상하는 하도와 낙서를 헤아리는 것이다. 즉, 점(占)의 방법인 복(卜)은 거북(龜)을 통해 상징되는 낙서를, 서(筮)는 시초(蓍)를 통해 상징되는 하도를 말한 것이다.

이괘(頤卦)에서는 '너의 신령한 거북을 버리고 나를 보고 턱을 늘어뜨리니 흉한 것이다'(舍爾靈龜하고 觀我하야 朶頤니 凶하니라)라 하여, 하늘의 진리를 표상하는 낙서(洛書)를 버리고 대상적인 사람을 좇아가는 것은 흉한 것이다.

또 손괘(損卦)와 익괘(益卦)에서는 동일하게 '혹이 더함은 십(十)이 벗하는 것이라 거북도 능히 어기지 않으니'(六五는 或益之는 十朋之라 龜도 弗克違하리니, 六二는 或益之는 十朋之라 龜도 弗克違나)라 하여, 하늘이 도와서 짝하는 것이기 때문에 천도를 표상하는 낙서(洛書)도 절대로 어기지 않는 것이다.

귀할 귀

天	진리(眞理), 각(覺)
人	덕(德), 심(心)
地	귀한 보물, 부귀(富貴), 높은 사람

귀할 귀(貴)는 가운데 중(中)과 한 일(一), 그리고 조개 패(貝)로, 하나의 진리에 적중하여 세상에 쓰는 것이다.

땅의 입장에서 귀(貴)는 귀한 보물, 부귀(富貴), 높은 사람 등으로 지위나 신분이 높은 것을 의미하고, 사람의 입장에서는 덕(德)이나 마음으로 이해할 수 있다. 하늘의 입장에서는 진리(眞理)나 그것을 깨우치는 자각(自覺)이 귀한 것이다.

건괘(乾卦)에서는 '귀하지만 자리가 없고, 높지만 백성이 없으며, 어진 사람이 아래 자리에 있지만 도움이 없는 것이라, 이로써 행동하면 후회가 있다'(子ㅣ 曰貴而无位하며 高而无民하며 賢人이 在下位而无輔라 是以動而有悔也니라)라 하여, 덕위(德位)가 없는 세상의 높은 사람은 행동하면 할수록 후회만 있는 것이다.

둔괘(屯卦)에서는 '귀함으로써 천한 아래에 하니 크게 백성을 얻는 것이다'(以貴下賤하니 大得民也로다)라 하고, 하늘이 진리를 깨우친 성인이 백성들과 함께하는 것이다. 공자(孔子)가 그러했고, 예수가 그러했고, 부처가 그러했다.

또 '대인을 봄이 이로운 것은 귀함을 좇는 것이다'(利見大人은 以從貴也라)라 하고, '막힌 것을 내보내는 것이 이로운 것은 귀함을 좇는 것이다'(利出否는 以從貴也라)라 하여, 성인의 말씀을 깨우치는 것이 바로 귀함을 따르는 것이다.

이괘(頤卦)에서는 '나를 보고 턱을 늘어뜨리니 또한 귀함이 넉넉하지 못한 것이다'(觀我朵頤하니 亦不足貴也로다)라 하여, 대상적인 욕심에 매이는 것은 귀한 것이 아니다.

귀(貴)는 천(賤)과 서로 상대적인 개념으로, 귀하고 천함의 의미가 드러나게 된다. 진리와 성인의 말씀을 따르는 것이 귀한 것이고, 자신의 탐욕과 세상의 욕망을 쫓아가면 천한 것이다.

「계사상」등에서는 '낮은 곳에서 높은 곳을 진열하니 귀천(貴賤)이 자리하고'(卑高以陳하니 貴賤이 位矣오), '귀천을 배열하는 것은 자리에 있고'(列貴賤者는 存乎位하고), '삼효(三爻)는 흉이 많고 오효(五爻)는 공이 많음은 귀천(貴賤)의 차등이니'(三多凶코 五多功은 貴賤之等니)라 하여, 자신이 덕위(德位)에 있으면 귀한 것이고, 욕망의 자리에 있으면 천한 것이다.

기운 기

天	영기(靈氣), 호연지기(浩然之氣), 원기(元氣)
人	심기(心氣), 혼기(魂氣), 의기(義氣)
地	생기(生氣), 파장, 정기(精氣), 공기(空氣), 감기(感氣), 호흡, 육기(六氣)

기운 기(氣)에서 기(气)는 인(亻)과 이(二), 별(丿)로 사람과 천지(天地)의 작용이다. 쌀 미(米)는 팔십팔(八十八)의 수리(數理)로 풀이된다. 기(氣)는 만물 생성의 근원이다.

땅의 입장에서 기(氣)는 생기(生氣), 파장, 정기(精氣), 공기(空氣), 감기(感氣), 호흡, 육기(六氣) 등 이다. 육기(六氣)는 여섯 가지 기운인데, 『좌전(左傳)』에서는 '음·양·풍·우·회·명'(陰陽風雨晦明)으로 논하고, 『황제내경(黃帝內經)』에서는 '육기(六氣)는 시(時)를 말하는 것인데, 주해(註解)에서는 풍·한·서·습·조·화'(風寒暑濕燥火)로 논하고 있다.

사람의 입장에서는 심기(心氣), 혼기(魂氣), 의기(義氣)이고, 하늘의 입장에서는 영기(靈氣), 호연지기(浩然之氣), 원기(元氣) 등으로 이해된다.

호연지기(浩然之氣)는 『맹자』에서 '그 기(氣)됨이 지극히 크고 지극히 강하니 곧게 기르고 해침이 없으면 천지(天地)의 사이에 가득하게 된다. 그 기됨이 정의와 짝하고 진리와 짝하니 이것이 없으면 굶주리게 되는 것이다'(其爲氣也 至大至剛하니 以直養而無害면 則塞于天地之間이니라 其爲氣也 配義與道하니 無是면 餒也니라)라 하여, 형이상(形而上)·하(下)를 일관하는 기(氣)임을 알 수 있다.

건괘(乾卦)에서는 '잠긴 용을 쓰지 말라 한 것은 양기(陽氣)가 잠겨서 감춰진 것이다'(潛龍勿用은 陽氣潛藏이오)라 하고, 함괘(咸卦)에서는 '함은 감응이니, 유(柔)가 위에 있고, 강(剛)이 아래하여 두 기운이 감응하여 서로 더불어'(咸은 感也니 柔上而剛下하야 二氣感應以相與하야)라 하여, 기운은 음기(陰氣)와 양기(陽氣)가 있다.

「계사상」에서는 '정수한 기운은 물(物)이 되고, 흐르는 혼(魂)은 변화가 되는 것이다. 이러한 까닭으로 귀신(鬼神)의 뜻과 상태를 아는 것이다'(精氣爲物이오 游魂爲變이라 是故로 知鬼神之情狀하나니라)라 하여, 정기(精氣)는 음기(陰氣)와 양기(陽氣)로, 귀신은 기운의 작용이다.

특히 「설괘(說卦)」에서는 '산과 연못이 기운을 통하며'(山澤이 通氣하며), '산과 연못이 기운을 통한 연후에 능히 변화하여 이미 만물을 완성하는 것이다'(山澤이 通氣然後에야 能變化하야 旣成萬物也하니라)라 하여, 간괘(艮卦)와 태괘(兌卦)가 서로 기운이 통한다고 하였다. 즉, 팔괘(八卦)는 천지(天地)의 기운 작용을 말하는 것이다. 팔괘의 기운 작용에 의해 능히 변화하고, 또 만물을 완성하는 이치가 드러나게 된다.

『정역』에서는 '오운(五運)이 돌고 육기(六氣)가 기운하여'(五運이 運하고 六氣가 氣하야), '화기(火氣)는 타고 올라가고'(火氣는 炎上하고)라 하여, 기(氣)를 오행(五行)으로 밝히고 있다. 오운(五運)은 오행의 운행이고, 육기(六氣)는 풍·한·서·습·조·화이다.

器 그릇 기

天	덕기(德器), 천기(天器), 하늘 그릇
人	마음 그릇, 기량(器量), 기질(器質)
地	그릇, 대상물

그릇 기(器)는 입 구(口) 4개와 개 견(犬)으로, 구(口) 네 개는 사상(四象)원리를 상징하고, 견(犬)은 대(大)와 주(丶)로 하늘의 뜻을 실천하는 간군자(艮君子)를 의미한다. 기(器)는 하늘의 사상(四象)이 드러난 인간 본성의 덕기(德器)이다.

땅의 입장에서 기(器)는 그릇, 형체를 가진 대상 사물의 의미이고, 사람의 입장에서는 마음의 그릇이나 기량(器量), 기질(器質) 등으로 이해된다. 하늘의 입장에서는 하늘의 뜻을 담는 그릇으로 천기(天器)나 본성의 그릇인 덕기(德器)로 풀이할 수 있다.

「계사상」에서는 '기(器)를 제정하는 것은 그 괘상(卦象)을 숭상해야 하고'(以制器者는 尙其象하고)라 하고, 「계사하」에서는 '괘상의 일을 하여 기(器)를 알며'(象事하야 知器하며)라 하여, 기(器)는 대상적인 그릇이 아니라, 괘상(卦象)의 원리를 통해 밝혀지는 본성의 기(器)이다.

또 '만물을 갖추고 씀에 이르며, 완성된 기(器)를 세워서 세상을 이롭게 하는 것이 성인보다 큰 것이 없고'(備物하며 致用하며 立成器하야 以爲天下利ㅣ 莫大乎聖人하고)라 하여, 성인이 밝힌 진리는 인간 본성의 덕이기 때문에 기(器)가 덕기(德器)이다.

특히 「계사상」에서는 '형이상자를 도(道)라 하고, 형이하자를 기(器)

라 하고'(形而上者를 謂之道오 形而下者를 謂之器오)라 하여, 형상(形狀)하고 위의 것인 도(道)는 천도(天道)이고, 형상하고 아래의 것인 기(器)는 인간 본성으로 내재화된 덕기(德器)인 것이다.

물론 '형(形)을 이에 기(器)라 하고'(形을 乃謂之器오)라 하여, 기(器)는 대상적인 의미도 가지고 있다.

길할 길

天	길흉이 없음
人	겸손과 자기 반성
地	좋은 일과 나쁜 일

길할 길(吉)은 열 십(十)과 한 일(一) 그리고 입 구(口)로, 무극(无極)과 태극(太極)의 진리를 말하는 것은 길한 것이다. 사(士)는 십(十)과 일(一)로, 십무극(十无極)과 일태극(一太極)이다. 또 사(士)와 구(口)로, 선비의 입은 진리를 말하기 때문에 길한 것이다.

반대로 흉할 흉(凶)은 위터진 감(凵)과 열 십(十)이 작용하는 십(乂)으로, 하늘의 작용이 땅을 향해야 하는데, 하늘로 향해 있는 것은 흉한 것이다.

땅의 입장에서 길흉(吉凶)은 좋은 일과 나쁜 일의 의미이고, 사람의 입장에서 길은 겸손이, 흉은 자기반성이 필요한 것이다. 하늘의 입장에서는 길흉이 없는 것으로, 모두 길(吉)한 것이다. 대표적으로 건괘(乾卦)와 곤괘(坤卦)에는 길(吉)만 있고, 흉이 없다.

「계사상」에서는 '길과 흉은 잃고 얻음의 상(象)이고'(吉凶者는 失得之象也오), '길과 흉은 그 잃고 얻음에서 말하는 것이고'(吉凶者는 言乎其失得也오)라 하여, 길과 흉은 잃음과 얻음을 상징적으로 말한 것이다. 즉, 재물이나 이로움을 얻고 잃음을 넘어서서 정도(正道)를 잃어버리고 뜻이 궁한 것이 흉하다면, 정도를 잃지 않음(不失)과 뜻이 아직 변하지 않음(未變)은 길이다.

「계사하」에서는 '길과 흉은 바름이 이기는 것이니'(吉凶者는 貞勝者也니)라 하여, 길흉을 하나로 묶어서 바름이 이기는 것이라 하였다. 길과 흉을 이분법적으로 규정하지 않고 길흉(吉凶) 모두 정도(貞道)가 이기는 주체적 입장이다. 일반적으로 길은 좋은 것이자 이로운 것이고, 흉은 나쁜 것이자 해로운 것으로 나누지만, 길흉(吉凶)을 둘로 나누지 않고 있다.

인생사에서 길과 흉은 둘이 아니라 자신의 삶에서는 하나로 전개되는 것이다. 길(吉)일 때에는 자신을 낮추는 겸손함이 필요하고, 우환(憂患, 흉)이 있을 때에는 먼저 자기 자신의 행동을 되돌아보는 자기반성이 필요하다. 길과 흉은 자신의 삶을 가꾸어 가는 과정 속에 드러나는 현상으로, 인간의 본성인 의(義)에서 모두 정도(貞道)가 이기는 것이다.

男

사내 남

天	길흉이 없음
人 地	남자, 사내, 남성(男性), 하늘

　사내 남(男)은 밭 전(田)과 힘 력(力)으로, 밭에서 힘을 쓰는 사람이라고 하지만, 전(田)은 십(十)을 품고 있는 마음의 밭이고, 력(力)은 십(十)이 작용하는 모습이다. 따라서 남(男)은 하늘을 의미하는 십(十)이 작용하는 것이다.

　땅과 사람의 입장에서 남(男)은 남자, 사내, 남성(男性), 하늘의 의미이고, 하늘의 입장에서는 건도(乾道), 천도(天道)의 뜻을 가지고 있다. 사내는 '산 해'로 살아있는 해이고, 아내는 '안 해'로 안에서 가정을 주관하는 해이다.

　「계사상」제1장에서는 '건도(乾道)가 남자를 이루고'(乾道ㅣ 成男하고)라 하여, 남(男)은 건도(乾道)를 상징한다. 「설괘」에서는 '양괘(陽卦)인 진괘(震卦)는 장남(長男), 감괘(坎卦)는 중남(中男), 간괘(艮卦)는 소남(少男)이라'하여, 양괘(陽卦)를 남(男)으로 밝히고 있다.(乾은 天也라 故로 稱乎父오 震은 一索而得男이라 故로 謂之長男이오 坎은 再索而得男이라 故로 謂之中男이오 艮은 三索而得男이라 故로 謂之少男이오)

　또 「계사하」에서는 '천지(天地)가 기운이 엉김에 만물이 변화하고, 남녀(男女)가 정을 얽음에 만물이 변화하여 생하니'(天地ㅣ 絪縕에 萬物이 化醇하고 男女ㅣ 構精에 萬物이 化生하나니)라 하여, 천지(天地)와 남녀(男女)의 교합(交合)에 의해 만물이 생한다고 하였다. 남녀(男女)는 대상적인 남자와 여자가 아니라 천도(天道)와 지도(地道)의 의미이다.

가인괘(家人卦)에서는 '가인은 여자가 안에서 바르게 자리하고 남자가 밖에서 바르게 자리하니 남자와 여자가 바른 것이 천지의 위대한 정의이다'(家人은 女正位乎內하고 男正位乎外하니 男女正이 天地之大義也라)라 하고, 규괘(睽卦)에서는 '천지가 어긋나 그 일이 하나가 되면 남녀가 어긋나 그 뜻이 통하며'(天地ㅣ 睽而其事ㅣ 同也며 男女ㅣ 睽而其志ㅣ 通也며)라 하여, 남자와 여자의 분별을 밝히고 있다.

남녘 남

天	진리의 방향, 밝음(明)
人	남면(南面), 임금
地	남쪽, 남방(南方), 남향(南向)

남녘 남(南)은 다행 행(幸)에서 가운데 한 일(一)이 멀 경(冂)으로 굽어진 것이다. 행(幸)은 한 일(一)과 설 립(立) 그리고 열 십(十)으로, 일(一)에서 십(十)까지의 진리가 선 것이다.

땅의 입장에서 남(南)은 방위의 개념으로 남쪽, 남향(南向)을 의미하고, 사람의 입장에서는 남쪽을 향한다는 남면(南面)의 뜻이고, 하늘의 입장에서는 진리가 드러나는 방향이라는 의미로 풀이할 수 있다.

남(南)은 행(幸)의 가운데 일(一)이 길어진 것으로, 행운(幸運)이나 행복(幸福) 등의 방향으로 생각할 수도 있지만, 행(幸)은 그대로 일(一)에서 십(十)까지를 바로 세운 것이기 때문에 십일(十一)의 진리를 깨우친다는 의미이다.

「설괘」에서는 '이괘라는 것은 밝음이니 만물이 모두 서로 보는 것이기 때문에 남방(南方)의 괘이고, 성인이 남면(南面)을 하여 세상을 들어서 밝음을 향하여 다스리니 모두 이것에서 취한 것이다'(離也者는 明也니 萬物이 皆相見也할새니 南方之卦也니 聖人이 南面而聽天下하야 嚮明而治하니 盖取諸此也라)라 하여, 남(南)은 진리가 밝게 빛나는 명(明)을 담고 있다.

안 내

天	가인괘(家人卦), 본성(本性), 마음(心)
人	안 사람, 겨레, 친족, 내성(內省)
地	안, 안쪽, 안방, 들이다

안 내(內)는 들 입(入)과 멀 경(冂)으로, 하늘의 작용으로 들어가는 것이다.

땅의 입장에서 내(內)는 안, 안쪽, 안방, 안 사람, 들이다 등의 의미이고, 사람의 입장에서는 겨레, 친족, 내성(內省)이고, 하늘의 입장에서는 가인괘(家人卦), 본성(本性)이나 마음으로 이해된다.

내(內)는 밖 외(外)와 짝이 된다. 외(外)는 저녁 석(夕)과 점 복(卜)으로, 하늘의 뜻이 밖으로 드러나는 것이다.

땅의 입장에서 외(外)는 밖, 겉, 남, 외부(外部), 외모(外貌) 등의 의미이고, 사람의 입장에서는 마음, 바깥, 심외(心外), 방외(方外) 등이고, 하늘의 입장에서는 규괘(睽卦), 외양(外陽), 외음(外陰), 외래(外來) 등으로 사용하고 있다.

「잡괘(雜卦)」에서는 '규괘(睽卦)는 밖이고 가인괘(家人卦)는 안이다'(睽는 外也오 家人은 內也라)라 하여, 64괘의 의미를 내외(內外)로 밝히고 있다. 곤괘(坤卦)에서는 '군자가 경(敬)으로써 내면을 곧게 하고, 의(義)로써 밖을 방정하게 하여, 경의(敬義)가 바로 서면 덕(德)이 외롭지 않으니'(君子ㅣ 敬以直內하고 義以方外하야 敬義立而德不孤하나니)라 하여, 공경으로써 자신의 마음을 다스리는 것이다.

계집 녀

女	
天	곤도(坤道), 지도(地道)
人	여자, 계집, 여성(女性)
地	땅, 딸, 시집 보내다, 너

　계집 녀(女)는 열 십(十)이 작용하는 오(乂)와 한 일(一)로, 십일(十一)에서 일(一)을 위주로 하는 의미를 담고 있다. 남(男)인 십(十)을 위주로 하는 것과 대응이 된다.

　땅의 입장에서 녀(女)는 땅, 딸, 시집 보내다, 너 등의 의미이고, 사람의 입장에서는 여자, 계집, 여성(女性)이라 하겠고, 여기서 계집은 '집을 이어간다'는 의미로, 어머니의 출산을 통해 가정이 이어지는 것이다. 하늘의 입장에서는 곤도(坤道), 지도(地道)의 뜻을 담고 있다.

　「계사상」에서는 '곤도(坤道)가 녀(女)를 이루니'(坤道ㅣ 成女하니)라 하여, 여(女)는 곤도(坤道)를 상징한다. 「설괘」에서 음괘(陰卦)인 손괘는 장녀(長女), 이괘(離卦)는 중녀(中女), 태괘(兌卦)는 소녀(少女)로 밝히고 있다.

　또 「계사하」에서는 '천지(天地)가 기운이 엉김에 만물이 변화하고, 남녀(男女)가 정을 얽음에 만물이 변화하여 생하니'(天地ㅣ 絪縕에 萬物이 化醇하고 男女ㅣ 構精에 萬物이 化生하나니)라 하여, 천지(天地)와 남녀(男女)의 교합(交合)에 의해 만물이 생한다고 하였다. 남녀(男女)는 천도(天道)와 지도(地道)를 의미이다.

　「잡괘」에서는 '여자가 돌아감이니 남자의 행위를 기다리는 것이다'(女歸니 待男行也라)하여, 여자가 남자를 기다리는 의미도 있지만, 사람이 하늘의 때를 기다리는 것이다.

함괘(咸卦)에서는 '두 기운이 감응하여 서로 함께하여 그치고 기뻐하고, 남자가 여자의 아래인 것이다'(二氣感應以相與하야 止而說하고 男下女라)라 하여, 남녀를 음양(陰陽)의 기운으로 밝히고 있다.

함괘의 '남하여'(男下女)를 천·인·지(天人地)의 입장에서 풀이할 수 있다. 먼저 땅의 입장에서는 남녀(男女)는 남성(男性)과 여성(女性)으로, 남성이 여성에게 자신을 낮추어 구애(求愛)하는 모습으로 이해할 수 있다. 또 생리적으로는 남성이 여성의 아래에서 교합하는 것이다.

사람의 입장에서는 남녀는 성인(聖人)과 군자(君子)로, 성인(聖人)이 군자를 기르는 것이다. 또 남(男)은 군자(君子), 녀(女)는 백성(百姓)으로, 군자가 백성들 속으로 들어가 지도하는 것이다.

하늘의 입장에서는 남녀는 건도(乾道)와 곤도(坤道)로, 건곤(乾坤)이 합덕되는 것이다. 또 남(男)은 하늘이고, 녀(女)는 땅이자 사람으로, 하늘의 뜻이 이 땅에 내려오는 것이고, 사람들의 마음 속에 내려온 것이다. 천인(天人)합덕을 의미한다.

큰 대

天	위대하다, 대도(大道), 대학(大學), 대인(大人)
人	마음이 넓음, 행도(行道), 대의(大義), 대경(大經)
地	크다, 넓다, 많다, 중하다, 높다

큰 대(大)는 한 일(一)과 사람 인(人)으로, 사람이 하나의 진리를 뚫어서 자각한 것이다.

땅의 입장에서 대(大)는 크다, 넓다, 많다, 중하다, 높다 등의 뜻으로 해석되고, 사람의 입장에서는 마음이 넓음, 행도(行道), 대의(大義), 대경(大經) 등의 의미이다. 하늘의 입장에서는 위대하다, 대도(大道), 대학(大學), 대인(大人) 등으로 해석할 수 있다.

64괘의 괘 이름에서는 대유괘(大有卦), 대축괘(大畜卦), 대과괘(大過卦), 대장괘(大壯卦)에 대(大)가 사용되고 있다.

「계사상」에서는 '무릇 건도는 고요함에 전일하고 움직임에 곧은 것이라 이로써 대(大)가 생하며'(夫乾은 其靜也 專하고 其動也 直이라 是以大ㅣ 生焉하며)라 하여, 대(大)는 건도(乾道)의 작용으로 생기는 것이다.

건괘(乾卦)에서 '이견대인'(利見大人), '대명종시'(大明終始), '보합대화'(保合大和), '대재건원'(大哉乾元) 등 대(大)가 건도(乾道)임을 직접 밝히고 있다.

또 임괘(臨卦)에서는 '정도로 크게 형통하니 천도(天道)이다'(大亨以正하니 天之道也라)라 하고, 무망괘(无妄卦)에서는 '정도로 크게 형통하니 천명(天命)이다'(大亨以正하니 天之命也니라)라 하여, 대(大)는 천도와 천명을 실천하는 것이다.

또한 크게 형통하고 곧음인 '대형정(大亨貞)', 대천을 건넘이 이로운 '이섭대천'(大亨貞), '천지의 위대한 덕은 생이고, 성인의 위대한 보물은 자리이니'(天地之大德曰生이오 聖人之大寶曰位니)라 하여, 하늘의 사명을 가진 대인(大人)과 하늘의 뜻인 대형(大亨), 그리고 대덕(大德), 대보(大寶)를 밝히고 있다.

큰 덕

天	도덕(道德), 천덕(天德)
人	본성, 덕업(德業), 덕화(德化), 덕성(德性), 덕기(德器)
地	덕분(德分), 공덕(功德), 덕행(德行), 정의(正義)

큰 덕(德)은 걸을 척(彳, 두인 변)과 곧을 직(直) 그리고 마음 심(心)으로, 사람이 곧은 마음을 행하는 것이다.

척(彳)은 행(行)으로 두 사람이 행하는 것이고, 직(直)은 십(十)과 일(一), 눈 목(目)으로, 십에서 일까지 곧게 보는 것이다. 덕(德)의 고자(古字)는 덕(悳)으로 곧은 마음이다.

땅의 입장에서 덕(德)은 덕분(德分), 공덕(功德), 덕행(德行), 정의(正義) 등의 의미이고, 사람의 입장에서는 덕업(德業), 덕화(德化), 덕성(德性), 덕기(德器)이라 하겠다. 하늘의 입장에서는 도덕(道德), 천덕(天德)으로 풀이할 수 있다.

도덕(道德)은 윤리적 개념을 넘어서서 천도(天道)와 지덕(地德)에 근거를 둔 천지(天地)의 도덕(道德)이다. 「설괘」에서는 '도덕(道德)에 화합하고 순응하고 정의에서 다스리며'(和順於道德而理於義)라 하여, 천지(天地)의 도덕(道德)을 밝히고 있다.

『주역』에서는 용덕(龍德), 천덕(天德), 사덕(四德), 군덕(君德), 성덕(盛德), 후덕(厚德), 육덕(育德), 문덕(文德), 상덕(尚德), 검덕(儉德), 숭덕(崇德), 명덕(明德), 거덕(居德), 순덕(順德), 지덕(至德), 신덕(神德), 대덕(大

德), 합덕(合德), 찬덕(撰德), 도덕(道德) 등으로 사용하고 있다.

특히 군자가 실천해야 할 덕(德)과 업(業)을 하나로 하여, 덕에 나아가 사업을 닦는 '진덕수업'(進德修業), 덕을 성대하게 하여 사업을 위대하게 하는 '성덕대업'(盛德大業), 덕을 높이고 사업을 넓히는 '숭덕광업'(崇德廣業)으로 밝히고 있다.

건괘(乾卦)에서는 '문언에서 말하기를 원(元)은 선의 어른이고, 형(亨)은 아름다움의 모임이고, 리(利)는 의의 화합이고, 정(貞)은 일의 줄기이다. 군자는 인(仁)을 체득하여 족히 다른 사람의 어른이 되며, 모임을 아름답게 하여 족히 예(禮)에 부합하며, 만물을 이롭게 하여 족히 의(義)에 화합하며, 곧고 바름이 족히 일을 주관한다. 군자는 이 사덕(四德)을 행하는 사람이다. 그러므로 건(乾)은 원형이정이라고 하였다'(文言曰 元者는 善之長也오 亨者는 嘉之會也오 利者는 義之和也오 貞者는 事之幹也니 君子ㅣ 體仁이 足以長人이며 嘉會ㅣ 足以合禮며 利物이 足以和義며 貞固ㅣ 足以幹事니 君子ㅣ 行此四德者라 故로 曰乾元亨利貞이니라)라 하여, 인간 본성은 천도(天道) 사상(四象)인 원·형·이·정(元亨利貞)을 온전히 본받은 인·예·의·지(仁禮義知) 사덕(四德)임을 밝히고 있다.

인·예·의·지(仁禮義知) 사덕(四德)은 건괘(乾卦) 문언(文言)에서 딱 한 번 언급된 것이다. 『맹자』에서는 측은(惻隱)·수오(羞惡)·사양(辭讓)·시비(是非)의 사단(四端之心)을 통해 인·의·예·지(仁義禮智)로 논하고 있다. 사덕(四德)은 하늘이 품부한 것으로, 하늘의 사상(四象)에 근거한 네 가지 마음으로 드러나게 된다.

길 도

天	역도(易道), 천도(天道), 지도(地道), 삼재지도(三才之道)
人	인의(仁義), 인도(人道), 학문
地	길, 도로, 방법, 말하다, 말미암다, 다스리다, 인도하다

길 도(道)는 쉬엄쉬엄 갈 착(辶, 책받침)과 머리 수(首)로, 하늘의 진리가 가고 멈추는 것이다. 착(辶)은 착(辵)인데, 척(彳)과 지(止)로 행(行)하고 멈추는 의미를 담고 있다. 물론 터럭 삼(彡)과 지(止)로 보아도, 물이 가고 멈추는 것을 의미한다.

땅의 입장에서 도(道)는 길, 도로, 방법, 말하다, 말미암다, 다스리다, 인도하다 등의 다양한 의미이고, 사람의 입장에서는 인의(仁義), 인도(人道), 학문이고, 하늘의 입장에서는 역도(易道), 천도(天道), 지도(地道), 삼재지도(三才之道)로 해석할 수 있다.

『주역』에서는 건도(乾道), 지도(地道), 곤도(坤道), 처도(妻道), 신도(臣道), 이도(履道), 천도(天道), 인도(人道), 중도(中道), 신도(神道), 군도(君道), 가도(家道), 정도(正道), 목도(木道), 상도(上道) 등으로 밝히고 있다.

또 역지도(易之道), 천지도(天之道), 지지도(地之道), 인지도(人之道), 군자도(君子道), 소인도(小人道) 등이 있고, 성인지도(聖人之道), 군자지도(君子之道), 소인지도(小人之道), 변화지도(變化之道), 천하지도(天下之道), 일월지도(日月之道), 삼극지도(三極之道), 삼재지도(三才之道), 주야지도

(晝夜之道), 음식지도(飮食之道), 부부지도(夫婦之道) 등이 있다.

『주역』이 형이상학(形而上學)이고, 도학(道學)임을 분명하게 알 수 있다. 선진유학(先進儒學)의 경전이나 어느 고전에서도 도(道)를 이렇게 다양하게 밝힌 곳은 없다. 그런데도 도(道)의 형이상학을 망각하고 과학적 사유와 관념적 사유로 역학(易學)에 접근하고 있다.

「계사하」에서는 『주역』의 글됨이 넓고 위대하여 모두 갖추고 있으니, 천도(天道)가 있고 인도(人道)가 있고, 지도(地道)가 있으니, 삼재(三才)가 모두 둘로 작용하는 것이라 그러므로 여섯이니 여섯은 다른 것이 아니라 삼재지도(三才之道)이니'(易之爲書也 廣大悉備하야 有天道焉하며 有人道焉하며 有地道焉하니 兼三才而兩之라 故로 六이니 六者는 非他也라 三才之道也니)라 하여, 천·인·지(天人地) 삼재지도를 밝히고 있다. 본 저서는 이 말씀에 근거하여 천·인·지(天人地)의 입장에서 한자를 풀이하고 있다.

법도 도, 잴 탁

天	도수(度數), 제도(制度)
人	도량(度量), 국량(局量)
地	자, 재다, 법도, 법칙, 정도(正度)

법도 도(度)는 굴 바위 엄(广)과 스물 입(廿) 그리고 또 우(又)로, 이십 (二十)을 손으로 잡아 다스려서 사람이 살아갈 수 있도록 하는 것이다. 입(廿)은 입(廿)으로 이십(二十)인데, 하늘과 땅의 온전함을 의미한다.

땅의 입장에서 도(度)는 자, 재다, 법도, 법칙, 정도(正度) 등의 의미 이고, 사람의 입장에서는 도량(度量), 국량(局量)이 있고, 하늘의 입장에 서는 도수(度數), 제도(制度)의 뜻으로 해석할 수 있다.

절괘(節卦)에서는 '천지(天地)가 절도있고 사시(四時)가 이루어지니 절 도로써 도수를 제정하여 재물을 상하지 않고 백성을 해치지 않는다' (天地節而四時成하나니 節以制度하야 不傷財하며 不害民하나니라)라 하 고, '상에서 말하기를 연못이 물 위에 있음이 절괘이니 군자가 이것을 써서 도수를 제정하고 덕행을 논의하는 것이다'(象曰澤上有水ㅣ 節이니 君 子ㅣ 以하야 制數度하며 議德行하나니라)라 하여, 천지의 운행 마디를 도수 (度數)로 제정한 것이다. 천지(天地)의 운행을 사람들의 삶의 법칙으로 제정한 것이 도(度)이다.

『정역』에서는 '천지의 도수는 수가 십(十)에서 그치는 것이다'(天地之 度는 數止乎十이니라), '사상분체도'(四象分體度), '율려도수'(律呂度數), '천도 이지수'(天度而地數) 등으로 도(度)를 밝히고 있다.

도적 도

天	하늘의 심판
人	마음의 도둑, 소인지심(小人之心), 간악한 자
地	훔치다, 도적, 도둑질, 절도(竊盜)

도적 도(盜)는 물 수(氵)와 하품 흠(欠), 그리고 그릇 명(皿)으로, 내 그릇에 왜곡된 물을 담는 것이다. 흠(欠)은 쌀 포(勹)와 사람 인(人)으로 사람을 감싸 안는 것이다.

땅의 입장에서 도(盜)는 훔치다, 도적, 도둑질, 절도(竊盜)의 뜻이고, 사람의 입장에서는 마음의 도둑, 소인지심(小人之心), 간악한 자 등이고, 하늘의 입장에서는 하늘의 심판의 뜻을 담고 있다.

「설괘」에서는 '감괘(坎卦)는 도적이 되고'(坎은 爲盜오)라 하여, 도(盜)가 하늘의 뜻을 대행하는 감괘(坎卦)를 상징한다. 감괘(坎卦)의 물은 하늘이 내리는 은택이지만, 또한 심판의 의미를 담고 있다.

『서경』에 기록된 순(舜)임금 때의 9년 홍수나, 『성경』에 기록된 노아의 홍수는 하늘이 내린 심판이다. 즉, 하늘은 음양의 이치로 실재적으로는 사랑과 심판을 함께 보여주는 것이다. 사람이 어머니 뱃속의 양수(羊水)에서 자라지만, 그 양수가 터져야 생명이 탄생되는 것이다. 그러나 일찍 터지면 죽음을 맞이하게 된다. 생명은 탄생의 순간부터 물의 심판을 받고 오는 것이다.

「계사상」에서는 『주역』을 지은 사람은 도적을 아는구나! … 소인이 군자의 기구를 타니 도적이 빼앗을 것을 생각하며, 위를 거만하게 하고 아래를 난폭하게 하는 것이라 도적이 칠 것을 생각하니, 감춤을 게을리 하여 도적을 가르치고 용모를 꾸미는 것이 음란을 가르치니, 역(易)에서 말하기를 지고 또 타는 것이라 도적이 이를 것이라 하니, 도적을 초대하는 것이다'(子曰作易者ㅣ 其知盜乎인뎌 … 小人而乘君子之器라 盜ㅣ 思奪之矣며 上을 慢코 下를 暴라 盜ㅣ 思伐之矣니 慢藏이 誨盜며 冶容이 誨淫이니 易曰負且乘致寇至라하니 盜之招也라)라 하여, 훔칠 도(盜)와 도적 구(寇)를 함께 논하고 있다.

도적은 소인지심(小人之心)과 탐욕(貪慾)에 대한 하늘의 심판이다. 자기 분수에 맞지 않는 차를 타고 게으르고 난폭한 행동이 심판을 부르는 것이다. 또 도적을 가르치고, 음란함을 가르치는 것은 나로부터 시작된다.

그림 도

天	하도(河圖)
人	인도(人道), 꾀, 도모(圖謀), 헤아리다
地	그림, 그리다, 도형(圖形)

그림 도(圖)는 국(口)과 구(口) 3개 그리고 돼지머리 두(ᅩ)로, 구(口)는 지도(地道)와 인도(人道)를 상징하고, 두(ᅩ)는 하늘이 펼쳐지는 것이다.

땅의 입장에서 도(圖)는 그림, 그리다, 도형(圖形)의 의미이고, 사람의 입장에서는 인도(人道), 꾀, 도모(圖謀), 헤아리다 등으로 해석되고, 하늘의 입장에서는 수리(數理)로 진리를 표상하는 하도(河圖)로 풀이할 수 있다.

「계사상」에서는 '하늘이 신물(神物)을 내시거늘 성인이 법칙하였고, 천지가 변화하거늘 성인이 본받았고, 하늘의 상(象)을 드리워서 길과 흉을 보이거늘 성인이 표상하였고, 하수에서 그림이 나오고 낙수에서 글이 나오니 성인이 법칙하였으니'(天生神物이어늘 聖人이 則之하며 天地變化어늘 聖人이 效之하며 天垂象하야 見吉凶이어늘 聖人이 象之하며 河出圖하며 洛出書어늘 聖人이 則之하니)라 하여, 하출도(河出圖)와 낙출서(洛出書)를 통해 하도(河圖)와 낙서(洛書)를 밝히고 있다. '성인이 법칙하였다'는 동일한 말씀에서 하늘이 내린 신물(神物)이 곧 하도와 낙서임을 알 수 있다.

하도와 낙서는 「계사상」 제9장과 『정역』에서 구체적으로 밝히고 있다. 하도의 그림은 다음과 같다.

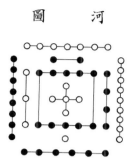

위 그림을 보면, 하도는 네 정방에 일(一)과 육(六), 이(二)와 칠(七), 삼(三)과 팔(八), 사(四)와 구(九)가 있고, 가운데 오(五)와 십(十)이 있다. 이는 동양철학에서 논하고 있는 오행(五行)의 수와 방위가 일치하는 것이다.

하도는 네 정방과 중앙에서 일(一)·이(二)·삼(三)·사(四)·오(五)와 육(六)·칠(七)·팔(八)·구(九)·십(十)이 오(五)를 차이로 각각 만나는 음양합덕(陰陽合德)의 이치를 담고 있다. 또 하도는 5를 본체로 6(1) → 7(2) → 8(3) → 9(4) → 10(5)으로 작용하는 체오용육(體五用六)을 표상하고 있다.

한 가지 동, 같을 동

天	한 하늘, 동도(同道)
人	동인(同人), 동심(同心), 동기(同氣), 동지(同志), 한 마음
地	같음, 함께, 모이다, 화합하다, 무리, 일동(一同)

한 가지 동(同)은 멀 경(冂)과 한 일(一) 그리고 입 구(口)로, 하늘의 아래에 하나로 합하는 것이다.

땅의 입장에서 동(同)은 같음, 함께, 모이다, 화합하다, 무리, 일동(一同) 등의 의미이고, 사람의 입장에서는 동인(同人), 동심(同心), 동기(同氣), 동지(同志), 한 마음으로 이해되고, 하늘의 입장에서는 한 하늘, 동도(同道)로 풀이할 수 있다.

건괘(乾卦)에서는 '같은 소리는 서로 감응하고 같은 기운은 서로 구하여'(同聲相應하며 同氣相求하야)라 하여, 동성(同聲)과 동기(同氣)를 밝히고 있다. 태괘(泰卦)에서는 '상하가 사귀고 그 뜻이 같다'(上下ㅣ 交而其志ㅣ 同也라)라 하고, 규괘(睽卦)에서는 '두 여자가 함께 거처하되 그 뜻이 같이 행하지 않는 것이다'(二女同居하되 其志不同行하니라)라 하여, 동지(同志)를 논하고 있다.

「계사상」에서는 '한 마음의 말씀이 그 냄새가 난과 같다'(同心之言이 其臭ㅣ 如蘭이로다)라 하여, 동심(同心)을 밝히고, 규괘(睽卦)에서는 서로가 어긋나는 것은 한 마음이 되기 위한 과정이다.

동녘 동

天	진괘(震卦), 동천(東天)
人	떠오르다, 봄, 주인, 동황(東皇), 동궁(東宮)
地	동쪽, 동방, 동향(東向), 동양(東洋)

　동녘 동(東)은 나무 목(木)과 날 일(日)로, 십(十)과 팔(八)의 진리가 밝게 빛나는 것이다. 목(木)은 하늘의 본체인 십(十)과 그의 작용인 팔(八)로, 목도(木道)이고, 신도(神道)이다.

　땅의 입장에서 동(東)은 동쪽, 동방, 동향(東向), 동양(東洋) 등의 의미이고, 사람의 입장에서는 떠오르다, 봄, 주인, 동황(東皇), 동궁(東宮) 등이 있다. 동황(東皇)은 동쪽의 황제인데 봄의 신(神)이라는 의미이다. 동궁(東宮)은 황태자나 왕세자가 거처하는 집인데, 진괘(震卦)가 동방을 의미하고, 장남(長男)이기 때문이다.

　하늘의 입장에서는 진괘(震卦), 동천(東天)으로 해석할 수 있다. 여기서 동천(東天)은 동쪽 하늘이 아니라 빛이 떠오르는 밝은 녘의 하늘이다.

　「설괘」에서는 '만물이 진괘에서 나오니, 진괘는 동방(東方)이다'(萬物이 出乎震하니 震은 東方也라)라 하여, 진괘(震卦)의 방위를 동방으로 밝히고 있다. 진괘(震卦)는 건괘(乾卦)의 초효(初爻)를 받은 장남(長男)이고, 성인지도(聖人之道)를 상징한다. 「설괘」제5장에서 밝힌 문왕팔괘도에서 팔괘의 방위는 동양학의 다양한 분야에서 응용하고 있다.

아이 동

天	동몽(童蒙), 동관(童觀), 동우(童牛)
人	순수한 마음, 동심(童心), 어리석다, 어둡다
地	아이, 어리다, 어린이, 동화(童話), 동자(童子)

아이 동(童)은 설 립(立)과 마을 리(里)로, 마을에서 함께 세우고 길러야 하는 어린이이다.

땅의 입장에서 동(童)은 아이, 어리다, 어린이, 동화(童話), 동자(童子) 등의 의미이고, 사람의 입장에서는 순수한 마음, 동심(童心), 어리석다, 어둡다 이고, 하늘의 입장에서는 동몽(童蒙), 동관(童觀), 동우(童牛)로 사용하고 있다.

몽괘(蒙卦)에서는 '몽(蒙)은 형통하니 내가 어린 몽(蒙)을 구하는 것이 아니라 동몽(童蒙)이 나를 구하니'(蒙은 亨하니 匪我ㅣ 求童蒙이라 童蒙이 求我니), '동몽(童蒙)이 길한 것이다'(童蒙이니 吉하니라)라 하여, 동몽(童蒙)은 어린 군자로 성인지도(聖人之道)를 공부하면 길한 것이다.

관괘(觀卦)에서는 '아이의 관(觀)이니 소인의 허물이 없고, 군자는 인색하다'(童觀이니 小人은 无咎코 君子는 吝이리라)라 하고, 대축괘(大畜卦)에서는 '어린 소의 우리이니 근원적으로 길한 것이다'(童牛之牿이니 元吉하니라)라 하여, 동관(童觀)과 동우(童牛)로 논하고 있다.

동관(童觀)은 어린 아이의 눈으로 보는 것으로, 순수함을 가지고 있지만 군자는 아이처럼 행동하면 인색한 것이다.

오를 등

天	등천(登天), 진리에 오르다
人	높이다, 성취하다, 등용(登用), 성숙하다, 등용문(登龍門)
地	오르다, 등산(登山), 등교(登校)

　오를 등(登)은 필 발(癶)과 콩 두(豆)로, 사람이 자신의 뜻을 펴는 것이다. 발(癶)은 계(癸)의 의미로 하늘이 열리는 것이고, 두(豆)는 사람이 두 팔을 벌려서 하늘을 향하는 것이다. 등(登)은 하늘을 오르는 것이니, 진리를 깨우쳐 가는 것이다.

　땅의 입장에서 등(登)은 오르다는 뜻으로, 등산(登山), 등교(登校) 등이 있고, 사람의 입장에서는 높이다, 성취하다, 등용(登用), 성숙하다, 등용문(登龍門) 등이 있다. 하늘의 입장에서는 등천(登天), 진리에 오르다의 의미로 풀이할 수 있다.

　명이괘(明夷卦)에서는 '처음에는 하늘에 오르고 뒤에는 땅에 들어가는 것이다'(初登于天하고 後入于地로다)라 하고 이어서 '처음에 하늘에 오른 것은 사방의 나라를 비추는 것이고, 뒤에 땅에 들어간 것은 천칙(天則)을 잃어버린 것이다'(初登于天은 照四國也오 後入于地는 失則也라)라 하여, 등천(登天)을 하는 것은 세상을 비추기 위함이다.

즐거울 락

天	천상(天上)의 즐거움, 진리를 깨우치는 즐거움, 낙천(樂天)
人	인간의 즐거움, 공부하는 즐거움
地	즐겁다, 감각적 쾌락(快樂), 세속적 즐거움, 오락(娛樂)

    즐거울 락(樂)은 좋아할 요(樂), 음악 악(樂) 등으로 사용되며, 작을 요(幺) 2개와 흰 백(白) 그리고 나무 목(木)으로, 목도(木道), 신도(神道)에 즐거워하는 것이다.

    땅의 입장에서는 락(樂)은 세속적인 즐거움으로, 돈 버는 즐거움, 감각적 쾌락의 즐거움이고, 사람의 입장에서는 인격적 사람이 가지는 즐거움으로, 공부하는 즐거움, 좋은 사람을 만나는 즐거움 등이다. 여기에 하늘 입장에서의 즐거움이 더해지면 금상첨화(錦上添花)이다.

    하늘의 입장에서는 천상(天上)의 즐거움, 진리를 깨우치는 즐거움, 낙천(樂天) 등으로 이해할 수 있다.

    「계사상」에서는 '즐겁게 가지고 노는 것은 진리의 말씀이니'(所樂而玩者는 爻之辭也니), '곁으로 행하지만 흐르지 않아서 하늘을 즐기고 천명(天命)을 하는 것이다'(旁行而不流하야 樂天知命이라)라 하여, 진리의 말씀과 천도(天道)를 즐기는 것이다.

    수괘(需卦)에서는 '구름이 하늘 위에 있음이 수괘이니 군자가 이로써 마시고 먹으면서 잔치를 즐기는 것이다'(雲上於天이 需니 君子ㅣ 以하야 飮

食宴樂하나니라)라 하여, 성인의 말씀을 익히고 배우면서 마음 속에서 얻어지는 즐거움이 바로 '음식연락'(飲食宴樂)이다.

특히 『맹자』에서는 '군자가 세 가지 즐거움이 있는데, 세상의 왕이 되는 것은 더불어 있지 않는 것이다. 부모님이 갖추어 있고 형제의 변고가 없는 것이 첫 번째 즐거움이고, 우러러 하늘에 부끄럽지 않고 구불어 사람에 부끄럽지 않는 것이 두 번째 즐거움이고, 세상에 영재(英才)를 얻어서 교육하는 것이 세 번째 즐거움이다'(孟子曰 君子有三樂而王天下不與存焉이니라 父母俱存하며 兄弟無故가 一樂也요 仰不愧於天하며 俯不怍於人이 二樂也요 得天下英才而教育之가 三樂也니)라 하여, '군자삼락'(君子三樂)을 밝히고 있다.

올 래

天	왕래(往來), 가는 것이 오는 것이고 오는 것이 가는 것이다
人	내생(來生), 삶의 내력(來歷)
地	오다, 불러오다, 미래(未來)

올 래(來)는 나무 목(木)과 사람 인(人) 2개로, 두 사람이 나무에 매달려 있는 것이다. 나무는 목도(木道), 신도(神道)로, 사람들이 하늘의 뜻에 따르는 것이다.

땅의 입장에서 래(來)는 오다, 불러오다, 미래(未來) 등의 뜻이고, 사람의 입장에서는 다음의 생(生)인 내생(來生)이나 삶의 경력인 내력(來歷)으로 이해할 수 있다.

하늘의 입장에서는 왕래불이(往來不貳)로, 가는 것이 오는 것이고 오는 것이 가는 것이다. 동북아에서는 부처를 여래(如來)라고 하는데, 이는 진리가 온 것 같은 것으로, 진리를 깨우친 부처와 같은 의미이다.

『주역』에서 래(來)는 갈 왕(往)과 짝이 된다. 왕(往)은 두인 변(彳)과 주인 주(主)로, 하늘이 세상에 드러나는 것이다. 주(主)는 주(丶)와 왕(王)으로, 하늘의 진리이고, 변(彳)은 음(陰)과 양(陽)이 짝이 되어 작용하기 때문이다.

「계사하」에서는 함괘(咸卦)의 '마음을 애태우며 가고 오면, 벗이 너의 생각을 좇을 것이다'(憧憧往來면 朋從爾思리라)를 인용하여, '해가 가면 달이 오고 달이 가면 해가 와서 해와 달이 서로 밀어 밝음이 생기며, 추위가 가면 더위가 오고, 더위가 가면 추위가 와서 추위와 더위가 서로 밀어 해가 생기니, 가는 것은 굽히는 것이고 오는 것은 펴는 것이니 굽힘과 폄이 서로 감응하여 이로움이 생기는 것이다'(日往則月來하고 月往則日來하야 日月이 相推而明生焉하며 寒往則暑來하고 暑往則寒來하야 寒暑ㅣ 相推而歲成焉하니 往者는 屈也오 來者는 信也니 屈信이 相感而利生焉하니라)라 하여, 왕래(往來)를 직접 논하고 있다.

왕래(往來)는 가면 오고, 오면 가는 순환의 관계로 한 묶음의 작용이며, 왕래의 작용에 의해 형이상의 밝음(明, 신명, 명덕)과 형이하의 해(歲, 시간)가 생성되는 것이다. 또 왕(往)은 굽히는 것이고, 래(來)는 펴는 것으로, 이는 하도(河圖)와 낙서(洛書)의 작용을 수지상수(手指象數)로 헤아리는 것이다.

「설괘」에서는 '감을 헤아리는 것은 순(順)이고 옴을 아는 것은 역(逆)이니, 이러한 까닭으로 역(易)은 역수(逆數)이다'(數往者는 順하고 知來者는 逆하니 是故로 易은 逆數也라)라 하여, 낙서(洛書)는 왕(往)으로 순(順)이고, 하도(河圖)는 래(來)로 역(逆)이니, 하도와 낙서가 곧 역도(易道)인 것이다.

건괘(蹇卦)에서는 '큰 어려움에 벗이 오는 것이다'(大蹇에 朋來로다)라 하여, 큰 어려움 속에서 하늘의 친구가 오는 것이다. 여기서 벗(朋)은 십붕(十朋)으로 하늘의 벗이고, 옴(來)은 하늘의 사랑이 내 마음에 오는 것이다. 우리에게 주어진 어려움과 고난은 우리가 이기고 견딜 수 있기 때문에 주어진 것으로, 고난 속에서 하늘의 뜻을 발견하게 되는 것이다. 시련이 없으면 하늘의 은택도 없는 것이다.

·

신령 령

天	신명(神明), 영귀(靈龜)
人	영기(靈氣), 존엄
地	혼백(魂魄), 영혼(靈魂), 영장(靈長), 영감(靈感)

신령 령(靈)은 비 우(雨)와 입 구(口) 4개 그리고 무당 무(巫)로, 하늘의 신령스러운 사상(四象)의 작용이 무당을 통해 세상에 드러나는 것이다.

비 우(雨)는 점 주(丶) 4개로 사상(四象)이 작용하는 것이고, 구(口) 3개는 천·인·지(天人地)이고, 무(巫)는 장인 공(工)과 인(人) 2개로, 무당은 하늘의 진리를 세상에 전하는 사람이다.

땅의 입장에서 영(靈)은 죽은 사람의 영혼이나 모든 것들의 정기(精氣)로, 혼백(魂魄), 영혼(靈魂), 영장(靈長), 영감(靈感) 등이고, 사람의 입장에서는 신령스러운 기운인 영기(靈氣)나 존엄 등으로 해석할 수 있다. 하늘의 입장에서는 하늘의 본성인 신명(神明)이나 신령스러운 거북이자 낙서(洛書)인 영귀(靈龜) 등으로 이해할 수 있다.

『주역』에서 령(靈)은 딱 한 번 나오는데, 이괘(頤卦)에서는 '너의 신령스러운 거북을 버리고 나를 보고 턱을 늘어뜨리니 흉한 것이다'(舍爾靈龜하고 觀我하야 朵頤니 凶하니라)라 하여, 영귀(靈龜)로 밝히고 있다.

영귀는 신령스러운 거북이지만, 철학적으로는 천도(天道)인 사상(四象)을 표상하는 낙서(洛書)이다. 낙서는 전통적으로 거북으로 표상되었고, 귀서(龜書)로 불리고 있다. 즉, 신물(神物)인 하도낙서(河圖洛書)의 원리나 이치를 궁구하지 못하고, 대상적인 아상(我相)에 걸려서 공부하고 있으니 흉한 것이다.

영(靈)은 사람의 근본인데, 『주역』에서는 신명(神明)·혼백(魂魄)·신(身)의 삼원적(三元的) 구조로 밝히고 있다. 삼원적 구조는 『주역』의 학문적 내용인 천·인·지(天人地) 삼재지도(三才之道)에 근거를 두고 있다.

『성경』에서는 '너희의 온 영과 혼과 몸이 우리 주 예수 그리스도께서 오실 때까지 책망할 것이 없게 보존되기를 하나님께 기도하노라'라 하여, 영(靈)·혼(魂)·신(身, 肉)으로, 사상철학에서는 심(心)·기(氣)·신(身), 원불교에서는 영혼(靈魂)·기식(氣息)·육신(肉身)으로 밝히고 있다.

사람의 존재 구조를 축구공에 비유해서 설명하면, 먼저 육각형의 가죽은 그대로 육신(肉身)의 의미하고, 육각형 속의 고무는 백(魄)의 의미하고, 축구공을 탱탱하게 하는 공기는 영혼(靈魂)에 비유할 수 있다. 공기를 감싸는 얇은 막은 혼(魂)이고, 공기 자체는 영(靈)이 된다. 물방울을 떨어뜨리면 얇은 막에 의해서 한 방울 한 방울 떨어지듯이, 공기도 막으로 형성되어 있다. 마찬가지로 우리의 영혼(靈魂)도 일체적이면서 영(靈)과 혼(魂)으로 나누어지는 것이다.

공기가 빠지면 축구공의 형체를 얻을 수 없듯이, 우리의 몸도 영혼(靈魂)이 빠지면 죽는 것이다.

『성경』에서는 '주 하나님께서 땅의 흙으로 사람을 지으시고 그의 콧구멍에다 생명의 호흡을 불어 넣으시니, 사람이 살아 있는 혼(魂)이 되었더라'하였다. 동양학의 공부와 수련에서 호흡(呼吸)을 강조하는 이유가 여기에 있다. 호흡이 중요한 것은 생명을 유지하는 것이자, 영혼(靈魂)이 출입하는 것이기 때문이다.

예도 례

天	천인(天人) 합덕, 하늘과 사람의 관계
人	사양지심(辭讓之心), 사람과 사람의 관계, 예법(禮法), 예학(禮學)
地	예절(禮節), 예의(禮儀), 예물(禮物), 예기(禮器)

　예도 례(禮)는 보일 시(示)와 풍년 풍(豊)으로, 사람이 한 해의 풍년을 감사하면서 하늘에 제물을 올리는 모습이다. 시(示)는 이(二)와 소(小)로 하늘의 음양작용이 작게 드러남이고, 풍(豊)은 곡(曲)과 두(豆)로 사람이 두 손으로 바구니의 곡식을 올리는 것이다.

　땅의 입장에서 예(禮)는 예절(禮節), 예의(禮儀), 예물(禮物), 예기(禮器) 등의 의미이고, 사람의 입장에서는 『맹자』에서 직접 사양지심(辭讓之心)이라 하였고, 예법(禮法), 예학(禮學) 등으로 해석된다. 하늘의 입장에서는 하늘과 사람의 관계 맺음이고, 천인(天人) 합덕으로 풀이할 수 있다.

　건괘(乾卦)에서는 '형(亨)은 아름다움의 모임이고, … 아름다움의 모임은 족히 예(禮)에 합하며'(亨者는 嘉之會也오 … 嘉會ㅣ 足以合禮며)라 하여, 원·형·이·정(元亨利貞) 사상에서 형(亨)의 이치가 인간 본성으로 내재화 된 것이 예(禮)이다. 인·예·의·지(仁禮義知) 사덕(四德)에서 예(禮)는 사람과 사람의 만남 원리이자, 하늘과 사람이 만나는 원리를 말한다.

　대장괘(大壯卦)에서는 '군자가 이로써 예(禮)가 아니면 밟지 않는 것이다'(君子ㅣ 以하야 非禮弗履하나니라)라 하여, 예(禮)가 아니면 절대로 행동하지 않는 것이다.

『논어』에서도 '공자께서 말씀하시기를 예가 아니면 보지 않고, 예가 아니면 듣지 않고, 예가 아니며 말하지 않고, 예가 아니면 행동하지 않는 것이다'(子ㅣ 日非禮勿視하며 非禮勿聽하며 非禮勿言하며 非禮勿動이니라)라 하여, 사물(四勿)을 밝히고 있다.

또 '공손하되 예가 없으면 수고롭게 하고, 삼가하되 예가 없으면 두렵게 하고, 용감하되 예가 없으면 어지럽게 하고, 정직하되 예가 없으면 성급하게 하는 것이다'(子ㅣ 日恭而無禮則勞하고 慎而無禮則葸하고 勇而無禮則亂하고 直而無禮則絞니라)라 하여, 예(禮)가 없을 때의 부작용을 구체적으로 논하고 있다.

『맹자』에서는 '군자가 다른 사람과 다른 것은 마음을 보존하는 것이니, 군자는 인(仁)으로써 마음을 보존하고 예(禮)로써 마음을 보존하는 것이다. 인자(仁者)는 사람을 사랑하고, 예가 있는 사람은 사람을 공경하니'(君子所以異於人者는 以其存心也니 君子는 以仁存心하며 以禮存心이니라 仁者는 愛人하고 有禮者는 敬人하나니)라 하여, 예는 마음을 보존하고 상대방을 공경하는 것이라 하였다.

이치 리, 다스릴 리

天	천리(天理), 성리(性理), 하늘의 이법(理法)
人	성명지리(性命之理), 인간 삶의 이치, 궁리(窮理)
地	이치(理致), 다스리다, 지리(地理)

이치 리(理)는 구슬 옥(玉)과 마을 리(里)로, 하늘의 진리로 다스리는 것이다. 옥(玉)은 건괘(乾卦)를 상징하고, 하늘의 진리로(ㆍ) 천·인·지(天人地) 삼재지도를 일관하는(王) 의미이다. 리(里)는 일(日)과 토(土)로, 땅에 빛이 비치는 것이다.

땅의 입장에서 리(理)는 이치(理致), 다스리다, 지리(地理) 등이고, 사람의 입장에서는 인간 삶의 이치로 성명지리(性命之理), 궁리(窮理)로 해석된다. 하늘의 입장에서는 하늘의 이법(理法)으로 천리(天理), 성리(性理) 등으로 풀이할 수 있다.

리(理)는 이기론(理氣論)으로 대표되는 송대(宋代) 성리학(性理學)의 가장 핵심적 개념이다. 이기론(理氣論)에 대해『주역』의 입장에서 생각해 보면, 주희(1130~1200)는 '리(理)는 형이상자(形而上者)로 태극(太極)이고, 기(氣)는 형이하자(形而下者)로 음양(陰陽)이다'라 하였다. 형이상자와 형이하자, 태극과 음양은 모두『주역』에서 인용된 것이다.

「계사상」의 '형이상자를 도(道)라 하고, 형이하자를 기(器)라 하고'(形而上者를 謂之道오 形而下者를 謂之器오)에서 도(道)와 기(氣)를 각각 리(理)와 기(氣)로 바꿔 놓은 것이다. 또 '역(易)에는 태극이 있고, 이것이 양의(兩

儀, 음양)를 낳고'(易有太極하니 是生兩儀하고)에서 태극과 음양을 인용한 것이다.

그런데 태극(太極)을 형이상자라고 한 것은 『주역』과 부합하는데, 음양을 형이하자라 한 것은 잘못이다. 「설괘(說卦)」에서는 '이로써 천도(天道)를 세워서 음과 양이라 하고, 지도(地道)를 세워서 유와 강이라 하고, 인도(人道)를 세워서 인과 의라 하니'(是以立天之道日陰與陽이오 立地之道日柔與剛이오 立人之道日仁與義니)라 하여, 음(陰)과 양(陽)은 천도를 표상하고 있다. 「계사상」에서는 '한 번 음하고 한 번 양하는 것을 도라고 하니'(一陰一陽之謂 | 道니)라 하여, 음양의 작용을 천도(天道)라고 하였다.

성리학의 이기론(理氣論)은 관념적 사유로 만들어낸 것이지, 『주역』의 진리에는 부합하지 않는다. 성리학자들은 「계사상」 제5장의 일음일양지위도(一陰一陽之謂道)를 '한 번 음하게 하고 한 번 양하게 하는 것을 도(道)라고 한다'로 해석하지만, '음하게 하고 양하게 하는' 의미는 찾을 수 없다.

또한 성리학이 선진유학 경전에서 『주역』과 『중용』에 근거를 두고 있다면, 리(理)의 개념도 『주역』에서 찾아야 한다. 화엄불교의 4법계인 사법계(事法界), 이법계(理法界), 이사무애법계(理事無碍法界), 사사무애법계(事事無碍法界)에서 리(理)를 찾는 것도 문제이다. 주희의 배불(排佛)을 거론하지 않더라도 성리학과 불교의 관계는 다시 정리되어야 한다.

「설괘」에서는 '리(理)를 궁구하고 성(性)을 다하여 명(命)에 이르게 된다'(窮理盡性하야 以至於命하니라)라 하고, '장차 성명의 이치에 순응하고자 함이니'(將以順性命之理)라 하여, 이치로서 리(理)가 형이상적 존재임을 밝히고 있다.

利 이로울 리

天	의리(義利)
人	유익, 좋음, 편함, 권리(權利)
地	이익, 이로움, 날카로움, 이용(利用)

이로울 리(利)는 벼 화(禾)와 칼 도(刂)로, 벼를 결단하는 것이다. 화(禾)는 별(丿)과 목(木)으로 신도를 다스리는 것이고, 도(刂)는 하늘의 심판이나 사람의 결단을 의미한다.

이(利)는 가을에 추수한 곡식을 알곡과 쭉정이로 나누는 것이다. 가을의 서리는 심판의 의미를 가지고 있는데, 사람은 추상(秋霜)같은 의(義)로 정의(正義)와 불의(不義)를 나누는 것이다.

땅의 입장에서 리(利)는 이익, 이로움, 날카로움, 이용(利用)의 의미이고, 사람의 입장에서는 유익, 좋음, 편함, 권리(權利) 등으로 해석할 수 있다. 하늘의 입장에서는 정의에 근거한 이로움인 의리(義利)로 풀이할 수 있다.

건괘(乾卦)에서는 '건도(乾道)는 원(元)이고 형(亨)이고 이(利)이고 정(貞)이니라'(乾은 元코 亨코 利코 貞이니라)고 하여, 리(利)를 천도(天道) 운행인 원·형·이·정(元亨利貞)의 세 번째로 밝히고 있다.

또 '이(利)는 의(義)의 화합이고, … 만물을 이롭게 하는 것은 족히 의(義)에 화합하며'(利者는 義之和也오 … 利物이 足以和義며)라 하여, 이(利)와 의(義)는 서로 짝임을 알 수 있다. 리(利)와 의(義)는 떨어질 수 없다. 『논어』에서도 '이로움을 보면 정의를 생각해야 한다'(見利思義)고 하였다.

설 립

天	입상(立象), 입괘(立卦)
人	입지(立志), 입심(立心)
地	세우다, 서다, 일어나다

설 립(立)은 부수이지만, 돼지 머리 두(亠)와 여덟 팔(丷), 그리고 한 일(一)로, 땅에 하늘의 작용인 팔괘(八卦)를 세운다는 의미이다.

땅의 입장에서 립(立)은 세우다, 서다, 일어나다 등의 의미이고, 사람의 입장에서는 뜻을 세우는 입지(立志)와 마음을 다잡는 입심(立心)으로 해석할 수 있다. 하늘의 입장에서는 진리를 세운다는 입상(立象), 입괘(立卦)로 풀이할 수 있다.

「계사상」에서는 '성인이 상(象)을 세워서 뜻을 다하고, 괘(卦)를 베풀어 참과 거짓을 다하며'(聖人이 立象하야 以盡意하며 設卦하야 以盡情僞하며)라 하고, 「설괘」에서는 '음양에서 변화를 보고 괘(卦)를 세우고'(觀變於陰陽而立卦하고)라 하여, 성인이 상을 세우고 괘를 세워서 세상에 진리를 드러낸 것이다.

곤괘(坤卦)에서는 '공경과 정의를 세우니 덕(德)은 외롭지 않다'(敬義立而德不孤)라 하고, 함괘(咸卦)에서는 '군자가 이로써 뜻을 세웠으면 방소를 바꾸지 않는다'(君子ㅣ 以하야 立不易方하나니라)라 하여, 군자의 입지(立志)를 논하고 있다.

일만 만

天	진리가 현현(顯現)한 것들
人	만감(萬感), 만고(萬古)
地	만물(萬物), 만, 많음, 모든 것

일만 만(萬)은 풀 초(艹)와 긴 꼬리 원숭이 우(禺)로, 모든 것이라는 의미이다. 우(禺)는 날 일(日)과 짐승 발자국 유(内)로, 하늘의 빛이 세상에 드러난다는 뜻이다. 우(禺)는 긴 꼬리 원숭이보다는 일의 실마리로 해석하고 있다.

땅의 입장에서 만(萬)은 모든 것이라는 의미에서 만물, 만, 많음 등이고, 사람의 입장에서는 만감(萬感), 아주 먼 옛날이라는 만고(萬古) 등의 의미이고, 하늘의 입장에서는 이 세상의 만물은 모두 진리의 현현(顯現)이라는 뜻으로 풀이할 수 있다.

건괘(乾卦)와 곤괘(坤卦)에서는 '위대하구나 건원(乾元)이여 만물이 비로소 시작하니'(大哉라 乾元이여 萬物이 資始하니), '지극하구나 곤원(坤元)이여 만물이 비로소 생기니'(至哉라 坤元이여 萬物이 資生하나니)라 하여, 건원(乾元)과 곤원(坤元)에 의해서 만물이 시생(始生)되는 것이다.

또 '천지 만물의 뜻'(天地萬物之情), '만물의 정(情)을 나누고'(以類萬物之情)라 하여, 만물은 뜻을 가진 존재이다. 만물의 뜻은 성인에 의해서 드러나는 것이다.(聖人이 作而萬物이 覩하나니)

특히 「설괘」에서는 '만물이 진괘에서 나오니, …… 상제가 진괘에서 나오니'(萬物이 出乎震하니 …… 萬物이 出乎震하니)라 하여, 만물과 상제가 모두 진괘(震卦)에서 나오는 인격적 존재이다. 만물은 그냥 대상 사물이 아니라 정령(精靈)을 가진 인격적 존재이고, 그것은 성인에 의해서 드러난다. 따라서 만(萬)은 만 가지의 사물을 넘어선 건원(乾元)과 곤원(坤元)의 인격성을 가지고 있다.

밝을 명

天	신명(神明), 일월지덕(日月之德), 이괘(離卦), 대명(大明)
人	명덕(明德), 지혜, 눈이 밝음, 사리에 밝음
地	대상적 밝음, 밝다, 밝히다

밝을 명(明)은 날 일(日)과 달 월(月)이 합해진 글자로, 밝음 혹은 밝다는 의미이다. 일(日)은 구(口)와 일(一)로 사람과 땅에 드러나는 빛이고, 월(月)은 경(冂)과 이(二)로 하늘의 그윽한 작용을 의미한다.

땅의 입장에서 명(明)은 대상적 밝음, 밝다, 밝히다는 의미이고, 사람의 입장에서는 명덕(明德), 지혜, 눈이 밝음, 사리에 밝음 등이 있다. 하늘의 입장에서는 신명(神明), 일월지덕(日月之德), 이괘(離卦)로 이해할 수 있다.

『대학』에서는 '밝은 덕을 밝히는데 있다'(在明明德)라 하여, 사람의 본성을 명덕(明德)으로 논하고 있다. 덕은 사람이 하늘로부터 받은 참된 마음이다. 또 사리(事理)에 지혜로운 사람을 밝은 사람 내지 눈이 밝다고 한다.

「계사상」에서는 '신명지덕'(神明之德)이라 하고, 『정역』에서는 '일월지덕'(日月之德)이라 하여, 일월(日月)은 인격적 마음을 가진 해님과 달님이다. 하늘의 신명지덕(神明之德)과 사람의 본성인 명덕(明德)은 사랑에서 하나로 만나게 된다.

「계사하」에서는 '신명(神明)한 덕에 통하며'(以通神明之德)라 하고, 「설괘」

에서는 '신명(神明)에 그윽이 도와서 시초를 낳고'(幽贊於神明而生蓍)라 하여, 성인이 신명(神明)에 감통하여 역도(易道)를 드러낸 것이다.

이괘(離卦)에서는 '거듭된 밝음으로 정도에 걸려서'(重明으로 以麗乎正하야), '밝음이 둘로 지음이 이괘이니'(明兩作이 離니)라 하여, 명(明)은 이괘(離卦)를 상징한다. 땅에 전개되는 하늘의 빛이 이괘이다.

또한 진괘(晉卦)에서는 '스스로 밝은 덕을 밝힌다'(自昭明德)라 하여, 밝을 소(昭)를 통해 본성의 명덕(明德)을 밝힌다고 하였다. 명(明)이 일월의 덕을 밝히는 것이라면, 소(昭)는 날 일(日)과 부를 소(召)로, 진리의 빛을 부르는 것이다.

『정역』에서는 '홑 5를 귀공(歸空)하면 55점(點) 하도의 수(數)가 소소(昭昭)하고'(單五를 歸空하면 五十五點昭昭하고)라 하여, 진리가 밝게 드러남을 의미하고 있다. 또 '소소영령(昭昭靈靈)하다'고 하여, 한없이 밝고 신령한 영혼(靈魂)이라는 뜻을 가지고 있다.

목숨 명

天	천명(天命), 음양(陰陽)
人	성명(性命), 운명(運命)─숙명(宿命)─사명(使命)
地	목숨, 생명(生命), 개명(改命), 혁명(革命), 명령(命令)

　목숨 명(命)은 합할 합(合)과 절(卩)로, 합(合)과 분(分)이다. 합은 음(陰)이고 분(分)은 양(陽)이니, 명(命)은 음양작용이다.

　땅의 입장에서는 명(命)은 목숨, 생명(生命), 개명(改命), 혁명(革命), 명령(命令) 등의 의미이고, 사람의 입장에서는 성명(性命), 운명(運命)─숙명(宿命)─사명(使命)으로 해석할 수 있다. 하늘의 입장에서는 천명(天命), 음양(陰陽)작용으로 풀이할 수 있다.

　『주역』에서는 '천명을 따른다'(順天命也), '하늘을 따라 명을 아름답게 한다'(順天休命), '대형이정(大亨以正)은 하늘의 명(命)이다.'(大亨以正하니 天之命也니라), '천명이 돕지 않는 것을 행하겠는가'(天命不祐를 行矣哉아), '하늘을 즐기고 명을 아는 것이다'(樂天知命)라 하여, 명(命)은 천명(天命)이 핵심적 의미이다.

　또 건괘(乾卦)에서는 '천도(天道)가 변화함에 각각 성명(性命)을 바르게 하니'(乾道變化에 各正性命하나니)라 하고, 「설괘」에서는 '성명의 이치에 따르는 것이니'(以順性命之理니)라 하여, 사람의 입장에서 성명(性命)으로 밝히고 있다.

　천명(天命)은 사람의 입장에서 성명(性命)으로 주어지고, 구체적인 생명 현상에서는 운명(運命)−숙명(宿命)−사명(使命)으로 드러나게 된다. 종시(終始)의 영원한 현재인 순간(瞬間)은 과거−현재−미래의 시간 의식으로 인식하게 된다. 즉, 천명(天命)이 과거적 운명(運命)과 현재적 숙명(宿命) 그리고 미래적 사명(使命)으로 전개된다.

따라서 자신에게 주어진 천명(天命)을 다하는 것은 과거적 운명에 걸리지 않고, 현재적 숙명을 받아들이고, 미래적 사명을 근거로 자신의 삶을 변화시켜 가는 것이다. 이는 성인이 밝힌 진리를 배우고 실천하는 삶이다.

『맹자』에서는 '천명(天命) 아님이 없는 것이다, 순응하여 그 정도(正道)를 받는 것이다'(莫非命也라 順受其正이니라)라 하여, 천명을 아는 사람은 무너지는 담장 아래에 서지 않는 것이라 하였다. 천명을 바르게 하는 것은 진리를 다하고 죽는 것이다.

나무 목

天	목도(木道), 손괘(巽卦), 신도(神道)
人	곡직(曲直), 질박(質朴), 순박(淳朴)
地	나무, 목재(木材), 부드럽고 단단함

나무 목(木)은 열 십(十)과 여덟 팔(八)로, 하늘의 본체와 작용을 의미한다. 십(十)은 완전한 존재로 하늘의 본체이고, 팔(八)은 팔괘(八卦)와 사상(四象)의 음양(陰陽)작용이다.

「계사상」에서는 '십(十)이 또 여덟 번 변화하여 괘가 이루어지니'(十有八變而成卦)라 하여, 십(十)과 팔(八)은 진리를 드러내는 것이다.

땅의 입장에서 목(木)은 나무, 목재(木材), 부드럽고 단단함의 의미이고, 사람의 입장에서는 곡직(曲直), 질박(質朴), 순박(淳朴)으로 해석할수 있다. 곡직(曲直)은 『서경』「홍범」에서 목(木)의 작용으로 말하는 것이다.

하늘의 입장에서는 목도(木道), 손괘(巽卦), 신도(神道)로 풀이할 수 있다.

「설괘」에서는 '손괘(巽卦)는 나무가 되고'(巽은 爲木)라 하여, 나무는 손괘(巽卦)를 상징한다. 익괘(益卦)에서는 '대천을 건넘이 이로운 것은 목도(木道)가 이에 행하는 것이다'(利涉大川은 木道ㅣ 乃行이라)라 하여, 익괘(益卦)의 위에 있는 손괘를 직접 목도(木道)라고 하였다.

따라서 나무는 단순히 대상적 물질이 아니라 손괘(巽卦)로 상징되는 목도(木道), 신도(神道)의 진리를 상징한다.

없을 무

天	무극(无極)
人	무심(无心), 무아(無我), 무망(无妄), 무구(无咎)
地	없다, 아니다, 무능(武能)

없을 무(无)는 하늘 천(天)의 오른쪽 획이 작용하는 것으로, 없는 것은 없는 것이 아니라 하늘의 작용이라는 뜻이다. 『주역』에는 무(無)가 없고 무(无)를 사용하고 있다.

땅의 입장에서 무(无)는 없다, 아니다, 무능(无能) 등의 의미이고, 사람의 입장에서는 나라는 상(相)이 없는 하늘의 나인 무아(无我), 내 마음이 곧 하늘 마음이라는 무심(无心)과 무망(无妄), 무구(无咎) 등으로 해석할 수 있다. 하늘의 입장에서는 무극(无極)이 있다.

무극(无極)은 『주역』에는 등장하지 않지만, 「계사상」에서 삼극지도(三極之道)로 밝히고 있다. 삼극(三極)은 태극(太極), 황극(皇極), 무극(无極)이다.

『정역』에서는 '무극(无極)의 체위도수이다 …… 무극(无極)이 태극(太極)이니 십(十)과 일(一)이다'(无極體位度數라, 无極而太極이니 十一이니라)라 하여, 무극은 십 (十)으로 밝히고 있다.

무망(无妄)은 25번째 천뢰무망괘(天雷无妄卦)로, '망령됨이 없다'는 뜻이다. '허물이 없다'의 무구(无咎)는 길과 흉을 넘어선 『주역』이 추구하는 궁극적 세계이다.

「계사상」에서는 '역도(易道)는 생각이 없으며 함이 없어서 고요하여 움직이지 않다가 감응하고 드디어 세상의 연고에 통하는 것이니'(易은 无思也하며 无爲也하야 寂然不動이라가 感而遂通天下之故하나니)라 하여, 진리는 무사(无思), 무위(无爲), 적연부동(寂然不動), 감응(感應), 통달(通達)로 우리에게 다가옴을 알 수 있다.

무사(无思)는 '생각이 없다'로 번역하지만, 나의 아상(我相)과 관념적 사유가 없다는 것으로, 무사(無思)와는 다르다. 『논어』에서 밝힌 '생각함에 사특함이 없다'라는 사무사(思無邪)의 의미이다. 또 무위(无爲)도 마찬가지로 무위(無爲)가 아니다.

적연부동(寂然不動)은 나의 관념적 사유를 버리고 고요해서 하늘의 뜻을 헤아리게 되니, 마음이 움직이지 않는 것이다. 감이수통(感而遂通)도 중요하다. 우리는 보통 감통(感通)한다고 하는데, 분명히 다른 것이다. '감응하고 드디어 통한다'는 순서가 있다. 수(遂)는 따르다, 이르다, 적합하다 등의 의미로, 여기서는 '드디어'로 해석된다.

글월 문

天	천문(天文), 문언(文言), 빛나다, 문덕(文德)
人	인문(人文), 문화(文化), 문명(文明)
地	글자, 문장(文章), 어구, 책

글월 문(文)은 돼지 머리 두(亠)와 열 십(十)의 작용(乂)으로, 하늘의 작용이 펼쳐지는 것이다.

땅의 입장에서 문(文)은 글자, 문장(文章), 어구, 책의 의미이고, 사람의 입장에서는 인문(人文), 문화(文化), 문명(文明)으로 해석된다. 하늘의 입장에서는 천문(天文), 문언(文言), 빛나다, 문덕(文德)으로 풀이할 수 있다.

「설괘」에서는 '곤괘(坤卦)가 문이 되고'(坤은 爲文)라 하고, 「계사하」에서는 '만물이 서로 섞여 있는 것이라 문(文)이라 하고'(物相雜이라 故曰文이오)라 하여, 문(文)은 다양하게 섞여 있는 인격적 세계를 의미한다.

건괘(乾卦)와 곤괘(坤卦)에는 특별히 「문언(文言)」을 붙여 놓았는데, 「문언(文言)」은 천문(天文)과 인문(人文)을 종합하는 말씀이다.

비괘(賁卦)에서는 '천문에서 보아서 천시의 변화를 살피며, 인문에서 보아서 세상을 화성하는 것이다'(觀乎天文하야 以察時變하며 觀乎人文하야 以化成天下하나니라)라 하여, 천문과 인문을 구분하고 있다. 천문(天文)은 하늘의 문채로 천시(天時)의 변화를 살피는 것이다. 인문(人文)은 사람의 문화로 하늘의 진리에 근거하여 사람이 살아가는 세상을 덕화(德化)하여 선(善)으로 완성되는 것이다. 이외에 문명(文明), 문덕(文德)의 개념을 통해 하늘의 진리를 밝히고 있다.

문 문

天	역문(易門), 도의문(道義門)
人	마음의 문, 심문
地	대문, 출입문, 가정, 집안, 문하(門下)

문 문(門)은 외짝 문인 지게 호(戶)가 양쪽으로 있는 큰 문이다.

땅의 입장에서 문(門)은 대문, 출입문, 가정, 집안, 문하(門下)의 의미이고, 사람의 입장에서는 마음의 문인 심문(心門)으로 해석할 수 있다. 하늘의 입장에서는 진리의 문인 역문(易門)과 도의문(道義門)으로 사용하고 있다.

「설괘」에서는 '간괘(艮卦)는 문이 되고'(艮은 爲門闕)라 하여, 문은 간괘가 되기 때문에 군자가 지켜야 할 성인지도(聖人之道)의 문이다.

「계사상」에서는 '이루어진 본성을 보존하고 보존함이 도의(道義)의 문이다'(成性存存이 道義之門이라)라 하고, '건곤(乾坤)은 역(易)의 문이구나'(乾坤은 其易之門邪ㄴ뎌)라 하여, 사람이 출입하는 진리의 문은 도의지문(道義之門)과 역지문(易之門)이다. 또 동인괘(同人卦)에서는 '이 역문(易門)에서 한 사람이 되니 허물이 없다'(同人于門이니 无咎리라)고 하였다.

우리의 일상에서 아침에 나가고 저녁에 들어오는 출입문(出入門)도 진리의 문이고, 도의의 문이다. 내가 문을 나가는 것은 세상에 진리를 실천하기 위해서 나아가는 것이고, 내가 문을 들어오는 것은 휴식과 내면적 성찰을 위해 들어오는 것이다.

物 물건 물

天	신물(神物), 시물(時物)
人	만물(萬物), 품물(品物)
地	사물, 물건, 만물, 일, 무리

물건 물(物)은 소 우(牛)와 말 물(勿)로, 곤도(坤道)가 펼쳐지는 세계의 모든 것들이다. 우(牛)는 인(亠)과 십(十)으로, 곤괘(坤卦)를 상징한다. 물(勿)은 포(勹)와 이(二)로, 사람이 하늘과 땅을 감싸는 것이다.

땅의 입장에서 물(物)은 사물, 물건, 만물, 일, 무리의 의미이고, 사람의 입장에서는 만물(萬物), 품물(品物)로 해석할 수 있다. 하늘의 입장에서는 신물(神物), 시물(時物)로 사용하고 있다.

동양철학에서는 근원적 진리를 묻는 것에 대해 '격물치지'(格物致知)한다고 한다. 격물치지는 『대학』의 팔조목(八條目)으로, 철학적 의미를 생각해 보자.

주희(朱熹, 1130~1200)는 '격(格)은 이르는 것이고, 물(物)은 사(事)와 같은 것이다'라 하여, 사물에 나아가는 것이라 하였다. 그러자 왕수인(王守仁, 1472~1528(?))은 주희의 주장이 잘못되었음을 지적하고, '격(格)은 바르게 한다'로 해석하면서, 사물을 바르게 하는 것이라 하였다. 이것은 성리학(性理學)과 양명학(陽明學)이 갈라지는 분기점이기도 하다.

이제마(1837~1900)는 격물(格物)에서 중요한 것은 격(格)이 아니라 물(物)에 있음을 직관하고, 사·심·신·물(事心身物) 사상(四象)을 주창하였다.

『대학』에서는 격물을 비롯한 팔조목(八條目)에 앞서서 '물(物)에는 본말(本末)이 있고, 사(事)에는 종시(終始)가 있으니, 선후(先後)하는 것을 알면 진리에 가까운 것이다'(物有本末하고 事有終始하니 知所先後ㅣ면 則近道矣리라)라 하여, 물(物)과 사(事)가 핵심적 개념임을 밝히고 있다.

그런데 주희(朱熹)는 이 문장의 물(物)과 사(事)를 합해서 일반적인 사물(事物)로 해석하는 바람에 이후의 유학자들이 그 의미를 망각하게 되었고, 이는 양명학자들도 마찬가지이다.

격물(格物)의 중심은 격(格)에 있지 않고, 물(物)에 있는데, 물(物)은 『주역』에서 밝힌 것을 근거로 하지 않으면 안 된다. 『주역』에서는 물(物)을 신물(神物), 시물(時物), 만물(萬物), 품물(品物)로 밝히고 있다. 신물(神物)은 하도낙서(河圖洛書)로 수리(數理)를 통해 역도(易道)를 표상한 것이고, 시물(時物)은 육효중괘(六爻重卦)로 괘효(卦爻)를 통해 역도를 표상한 것이다. 따라서 『대학』의 격물(格物)은 신물(神物)과 시물(時物)로 표상되는 진리에 나아가고, 바르게 하는 것으로 해석해야 한다.

「계사상」에서는 '이로써 하늘의 도에 밝고 백성의 연고를 살펴서 이에 신물(神物)을 일으켜 백성들보다 앞서서 사용하니'(是以明於天之道而察於民之故하야 是興神物하야 以前民用하니), '하늘이 신물을 내시거늘 성인이 법 받았으며 …… 하수에서 도(圖)가 나오고 낙수에서 서(書)가 나오니 성인이 법 받았으니'(天生神物이어늘 聖人이 則之하며 …… 河出圖하며 洛出書어늘 聖人이 則之하니)라 하여, 신물(神物)은 천도(天道)이고, 하도낙서(河圖洛書)임을 밝히고 있다.

「계사하」에서는 '육효가 서로 섞여 있음은 오직 시물(時物)인 것이다'(六爻相雜은 唯其時物也라)라 하여, 시물(時物)은 육효중괘(六爻重卦)이다.

아름다울 미

天	진리의 드러남, 미리(美利)
人	마음의 아름다움, 심미(心美), 미덕(美德)
地	아름답다, 미려함, 착함, 미녀(美女), 미색(美色)

아름다울 미(美)는 양 양(羊)과 큰 대(大)인데, 큰 양이 아름다운 것이 아니다. 양(羊)은 태괘(兌卦)로 백성을 상징하고, 대(大)는 건도(乾道)의 작용이기 때문에 백성들의 마음속에 하늘이 내려온 것이 아름다움이다.

땅의 입장에서 미(美)는 아름답다, 미려함, 착함, 미녀(美女), 미색(美色) 등의 의미이고, 사람의 입장에서는 마음의 아름다움, 심미(心美), 미덕(美德)으로 해석할 수 있다. 사람은 마음이 아름다워야 사람이다. 하늘의 입장에서는 진리가 드러남이고, 미리(美利)로 사용하고 있다.

건괘(乾卦)에서는 '건도의 시작이 능히 아름다운 이로움으로 세상을 이롭게 한다'(乾始ㅣ 能以美利로 利天下라)라 하였고, 곤괘(坤卦)에서는 '군자가 본성에서 이치를 통달하여 바른 위치에서 몸을 거쳐하니 아름다움이 본성에 있고, 사지(四肢)에서 드러나며 사업에서 발하니 아름다움의 지극한 것이다'(君子ㅣ 黃中通理하야 正位居體하야 美在其中而暢於四支하며 發於事業하나니 美之至也니라)라 하여, 아름다움의 지극함은 우리가 자신의 본성을 자각하고, 자신을 바르게 하고 나아가 세상에 실천하는 것이다.

『맹자』에서는 '어찌 인과 의가 아름답지 않겠는가'(豈以仁義爲不美也리오)라 하고, '진리는 높고 아름답다'(道則高矣美矣)라 하여, 아름다움은 인의(仁義)와 도(道)에 있는 것이다.

『논어』에서는 '어진 마을이 아름다움이 되는 것이니, 가려서 인(仁)에 거처하지 않으면 어찌 지혜를 얻겠는가?'(子ㅣ 曰里仁이 爲美하니 擇不處仁이면 焉得知리오)라 하고, '예(禮)의 작용은 화합을 귀하게 여기니 선왕의 도는 이것을 아름답게 삼은 것이다'(有子ㅣ 曰禮之用이 和ㅣ 爲貴하니 先王之道ㅣ 斯爲美라)라 하여, 인(仁)에 거처하고 예(禮)로서 화합하는 것이 아름다움이라 하였다.

또 '은혜롭지만 낭비하지 않고, 수고롭지만 원망하지 않고, 하고자 하지만 탐욕스럽지 않고, 크게 화합하지만 교만하지 않고, 위엄이 있지만 사납지 않은 것이다'(君子ㅣ 惠而不費하며 勞而不怨하며 欲而不貪하며 泰而不驕하며 威而不猛이니라)라 하여, 인의(仁義)를 실천하는 5가지 아름다움을 밝히고 있다.

특히 군자는 사람의 아름다움을 이루게 하고, 사람의 악을 이루지 않게 하지만, 소인은 이것과 반대인 것이다.(君子는 成人之美하고 不成人之惡하나니 小人은 反是니라)

미혹할 미

天	신성(神性)의 미혹, 영성의 왜곡
人	이데올로기에 미혹, 관념적 사유에 집착
地	세상의 미혹, 헤매다, 방황하다, 혼탁하다

미혹할 미(迷)는 쉬엄쉬엄 갈 착(辶)과 쌀 미(米)로, 세상의 이로움에 미혹하는 것이다. 착(辶)은 착(辵)으로, 척(彳, 行, 가고)과 지(止, 멈춤)이다. 미(米)는 위의 팔(丷)과 십(十) 그리고 아래의 팔(八)이 팔십팔(八十八)이 되어 생명의 근원이자 현실적 욕망의 뜻을 가지고 있다.

땅의 입장에서 미(迷)는 현실의 욕망에만 매달려서 살아가는 것으로, 세상의 욕망에 미혹, 헤매다, 방황하다, 혼탁하다 등의 의미이고, 사람의 입장에서는 이데올로기에 미혹, 관념적 사유에의 집착으로 해석할 수 있다. 하늘의 입장에서는 신성(神性)의 미혹, 영성의 왜곡으로 이해할 수 있다.

곤괘(坤卦)에서는 '먼저 하면 미혹되어 진리를 잃고 뒤에 하면 상도를 얻을 것이다'(先하면 迷하야 失道하고 後하면 得常하리니)라 하였다. 즉, 하늘 보다 먼저 하여 뜻을 왜곡하면 진리를 잃어버리고, 하늘에 따라 뒤에 하면 상도(常道)를 얻는 것이다.

복괘(復卦)에서는 '미혹되어 돌아오는 것이라 흉하니 재앙이 있고, … 미복 (迷復)의 흉함은 군자지도(君子之道)에 반하기 때문이다'(迷復이라 凶하니 有災眚이오 … 迷復之凶은 反君道也ᇙ새라)라 하여, 순수한 마음으로 복성(復性)을 해야 하는데, 미혹되어 돌아온 것은 자기 본성까지 왜곡하는 것이다.

미혹의 3가지 차원은 우리가 살아가면서 경계하고 조심해야 한다.

먼저 대상적 물질의 탐욕에 대한 미혹은 욕망의 절제(節制)와 과욕(寡慾)을 통해 이겨가고, 공산주의(共産主義)나 전체주의(全體主義) 등 관념적 이데올로기에 대한 미혹은 사람과 사리(事理)를 올바로 이해하는 마음공부를 통해 극복해야 한다. 마지막으로 영혼의 타락에 대한 예방은 하늘의 진리를 밝힌 성인(聖人)의 말씀을 믿고, 자신의 도덕적 본성으로 돌아와야 한다.

백성 민

天	천민(天民), 민심(民心), 하늘의 백성
人	시민(市民), 국민(國民), 민주(民主)
地	일반 사람, 서민(庶民), 민초(民草)

백성 민(民)은 성씨 씨(氏)와 비슷한데, 뭇 사람들이고 벼슬하지 않는 일반 사람들이다.

땅의 입장에서 민(民)은 일반 사람으로 서민(庶民), 민초(民草) 등으로 사용되고, 사람의 입장에서는 민주(民主), 시민(市民), 국민(國民) 등이고, 하늘의 입장에서는 하늘의 백성으로 천민(天民), 민심(民心)으로 풀이할 수 있다.

사괘(師卦)에서는 '백성을 포용하고 대중을 기른다'(容民畜衆)라 하여, 민(民)과 중(衆)을 구분하고 있다. 『주역』에서 민(民)은 백성으로 양심을 가지고 살아가는 일반 사람이라면, 중(衆)은 중생(衆生)으로 양심을 망각하고 자신의 탐욕심에 따라 살아가는 사람들을 말한다.

「계사상」에서는 '백성들이 모두 쓰는 것을 신(神)이라고 한다'(民咸用之를 謂之神이라)라 하여, 백성들은 자신의 신성(神性)을 가지고 살아가는 존재인 것이다. 민심(民心)이 천심(天心)인 것은 백성들이 신성(神性)을 근거로 양심(良心)을 가지고 살아가기 때문이다.

『논어』에서는 '그대가 선을 하고자 하면 백성들이 선할 것이니 군자의 덕은 바람이고 소인의 덕은 풀이라 풀 위에 바람이 불면 반드시 넘어지는 것이다'(子ㅣ 欲善이면 而民이 善矣리니 君子之德은 風이오 小人之德은

草ㅣ라 草上之風이면 必偃하나니라.)라 하여, 군자는 바람에 소인은 풀에 비유하고 있다.

민초(民草)라는 개념이 여기에서 유래되었다. 여기서 소인(小人)은 소인지심(小人之心)이 아니라 앞의 민(民)과 같은 의미이다.

또 민주(民主)는 민주주의(民主主義)로 Democracy를 번역한 것인데, '백성이 주인이다'라는 의미이다. 그러나 『서경(書經)』에서는 '하늘이 오직 시(時)로 백성의 주인을 구하여, 이에 위대한 탕(湯)임금에게 아름다운 천명(天命)을 크게 내리시고 드러내시니, 하(夏)나라를 벌하고 멸한 것이다'(天惟時求民主하여 乃大降顯休命于成湯하사 刑殄有夏하시니라), '오직 성탕(成湯)께서 능히 너희 다방(多方)으로 하나라를 대쪽같이 정벌하시니, 백성의 주인이 되신 것이다'(乃惟成湯이 克以爾多方으로 簡代夏하사 作民主시니라)라 하여, 민주(民主)는 '백성의 주인'(民之主)의 의미로 사용하고 있다. 백성의 주인은 바로 성왕(聖王)이다. 성왕(聖王)의 정치는 『맹자』에서 구체적으로 밝히고 있는데, 근본이 위민부모(爲民父母)와 민본주의(民本主義)이다.

특히 『서경』에서는 여민(黎民, 머리가 검은 백성), 궐민(厥民, 그 중을 지키는 백성), 하민(下民, 아래에 있는 백성), 아민(我民, 성인의 백성), 만민(萬民, 온 백성), 소민(小民, 작은 백성), 서민(庶民, 뭇 백성) 등으로, 다양하게 백성을 밝히고 있다.

되돌릴 반

天	반복(反復), 천행(天行)
人	반성(反省), 반성(反誠), 반정(反正), 반구(反求)
地	돌이키다, 돌아오다, 거스르다, 반대하다, 반복(反覆)

되돌릴 반(反)은 민엄 호(厂)와 또 우(又)로, 굴 바위 아래로 돌아와서 잡고 있는 것이다.

땅의 입장에서 반(反)은 돌이키다, 돌아오다, 거스르다, 반대(反對), 반복(反覆) 등의 의미이고, 사람의 입장에서는 반성(反省), 반성(反誠), 반정(反正), 반구(反求) 등 자신의 본성으로 돌아오거나, 잘못된 것을 바로 잡는 것이다. 하늘의 입장에서는 반복(反復)되는 하늘의 운행으로 이해할 수 있다.

「잡괘(雜卦)」에서는 '복괘는 돌아옴이다'(復은 反也라)라 하여, 반(反)은 반복(反復)이라 하고, 복괘(復卦)에서는 '그 도를 반복하여 7일에 다시 옴은 천행(天行)이고'(反復其道七日來復은 天行也오)라 하여, 천도(天道)가 반복됨을 밝히고 있다.

건괘(乾卦)에서도 '하루를 마치도록 강건하고 강건함은 도를 반복하는 것이고'(終日乾乾은 反復道也오)라 하였다.

건괘(蹇卦)에서는 자기 자신으로 돌아가 덕을 닦아야 하는 '반신수덕'(反身修德)이라 하였고, 동인괘(同人卦)에서는 곤궁하면 오히려 원칙으로 돌아가는 '곤이반칙'(困而反則)이라 하였다.

쏠 발

天	하늘이 열리다, 발휘(發揮), 발현(發現)
人	발심(發心), 발지(發志), 발몽(發蒙), 마음을 밝히다
地	쏘다, 일어나다, 밝히다, 출발(出發), 발표(發表)

쏠 발(發)은 필발머리 발(癶)과 깃 주머니 도(弢)로, 하늘로 나아가는 것이다. 발(癶)은 천(天)이 있는 천간의 계(癸)의 줄임이다. 도(弢)는 활 궁(弓)과 몽둥이 수(殳)로 활을 쏘는 의미이다.

땅의 입장에서 발(發)은 쏘다, 일어나다, 밝히다, 출발(出發), 발표(發表) 등의 의미이고, 사람의 입장에서는 발심(發心), 발지(發志), 발몽(發蒙) 등 마음을 밝힌다는 의미이다. 하늘의 입장에서는 계(癸)에서 하늘이 완전히 열린다는 뜻과 하늘이 드러난다는 발현(發現)으로 이해할 수 있다.

건괘(乾卦)에서는 '육효(六爻)가 발휘(發揮)함은 널리 뜻에 통하는 것이고'(六爻發揮는 旁通情也오), 「설괘」에서는 '강유(剛柔)에서 발휘하니 효(爻)가 생하니'(發揮於剛柔而生爻하니)라 하여, 육효중괘(六爻重卦)로 표상되는 진리가 드러남이 발휘(發揮)이다. 곤괘(坤卦)에서도 '천시로써 발하고'(以時發也)라 하여, 발(發)은 진리가 열리는 의미로 사용하고 있다.

풍괘(豐卦)에서는 '믿음으로써 뜻을 발하고'(信以發志也)라 하고, 몽괘(蒙卦)에서는 '어리석음을 발하되 형인(刑人)을 씀이 이롭다'(發蒙호대 利用刑人하야)라 하여, 발지(發志)와 발몽(發蒙)으로 논하고 있다.

方 모 방

天	방도(方道), 인도(人道), 방원(方圓)
人	방정(方正), 방행(方行)
地	네모집(모), 견주다, 방향(方向), 방위(方位), 방사(方士)

모 방(方)은 돼지 머리 두(亠)와 쌀 포(勹)로, 하늘의 뜻이 드러나는 땅을 감싸는 것이다.

땅의 입장에서 방(方)은 네모집(모), 견주다, 방향(方向), 방위(方位), 방사(方士) 등으로 사용되고, 사람의 입장에서는 행동이 바르다는 방정(方正), 행동이 예절에 맞다는 방행(方行) 등이고, 하늘의 입장에서는 방도(方道), 인도(人道)이고, 땅의 이치는 네모나고 하늘의 이치는 둥글다는 방원(方圓)으로 풀이할 수 있다.

「계사상」에서는 '시초의 덕은 원만하고 신명하고, 괘의 덕은 방정하고 지혜롭고'(蓍之德은 圓而神이오 卦之德은 方以知오)라 하여, 괘상(卦象)의 덕이 방(方)한 것이다. 곤괘(坤卦)에서는 '방(方)은 정의이고'(方은 其義也니), '곤괘는 지극히 고요하고 덕이 방정하니'(坤은 至靜而德方하니)라 하여, 방(方)은 덕과 정의에 짝하는 방도(方道)임을 알 수 있다.

함괘(咸卦)에서는 '군자가 이로써 뜻을 세웠거든 방소를 바꾸지 않는다'(君子ㅣ 以하야 立不易方하나니라)라 하여, 방은 방정(方正)한 마음의 의미를 가지고 있다.

흰 백

天	백도(白道), 손괘(巽卦), 신도(神道)
人	순결함, 순수함, 서방의 빛, 가을의 빛
地	희다, 백색(白色), 밝음, 깨끗함, 백의민족(白衣民族)

흰 백(白)은 점 주(、)와 날 일(日)로, 하늘의 진리가 빛으로 퍼지는 것이다. 주(、)는 그대로 주님(主任)으로 하나님이고, 일(日)은 하늘이 내리는 빛이다. 일백 백(百)에서 위의 한 일(一)을 빼면 백(白)이 되기 때문에 99세를 백수(白壽)라고 한다.

땅의 입장에서 백(白)은 희다, 백색(白色), 밝음, 깨끗함, 백의민족(白衣民族) 등의 의미이고, 사람의 입장에서는 순결함, 순수함, 서방(西方)의 빛, 가을의 빛 등으로 풀이할 수 있다. 하늘의 입장에서는 백도(白道), 손괘(巽卦), 신도(神道)의 뜻을 담고 있다.

「설괘」에서는 '손괘는 백(白)이 되고'(巽은 爲白)라 하여, 백(白)은 손괘를 상징한다. 비괘(賁卦)에서는 '흰 꾸밈이 허물이 없다는 것은 위가 뜻을 얻는 것이고'(白賁无咎는 上得志也오)라 하고, 백비(白賁)는 손괘(巽卦) 즉, 신도(神道)를 꾸미는 것이다.

우리 민족을 '배달의 민족'이라 하는 것도 백(白)과 관련되어 있다. 배달은 '밝은 달'로, 흰색은 밝은 색의 대표이기 때문에 백의민족과 짝한다. 고고학자 유절은 동북아 고대 문명에서 동이족(東夷族)을 백(白)민족으로 지칭하고 있다.

일백 백

天	일원수(一元數), 하도낙서(河圖洛書)의 합덕
人	백려(百慮), 백가(百家), 모든 사상
地	열의 열배, 백(百), 모든, 다수, 백물(百物), 백성(百姓)

　일백 백(百)은 한 일(一)과 흰 백(白)으로, 하나의 하늘이 세상에 드러나면 모든 것이 된다.

　땅의 입장에서 백(百)은 하늘을 상징하는 열 십(十)의 열배로, 백(百), 모든, 다수, 백물(百物), 백성(百姓) 등으로 사용되고, 사람의 입장에서는 모든 생각인 백려(百慮)와 세상의 모든 학문을 의미하는 백가(百家)라 하겠다.

　하늘의 입장에서는 이치를 나타내는 수(數)인 일원수(一元數)이고, 신물인 하도(河圖) 55수와 낙서(洛書) 45수가 합덕된 뜻을 담고 있다.

　「계사하」에서는 '하나에 이르고 백 가지 생각으로 나누어진다'(一致而百慮)라 하여, 백려(百慮)를 밝히고 있다. 또 백곡초목(百穀草木), 백과초목(百果草木), 진경백리(震驚百里), 백물불패(百物不廢) 등으로 사용하고 있다.

　『정역』에서는 '기일(朞日)에 합당한 360을 대일원수(大一元數) 300은 구구(九九)의 가운데 배열(排列)하고, 무무위수(无无位數) 60은 일(一)과 육(六)의 집에 나누어 베풀어 홀 5를 귀공(歸空)하면 55점이 밝게 빛나고, 15를 귀공하면 45점이 아롱진다'(三百六十當朞日을 大一元三百數는 九

九中에 排列하고 无无位六十數는 一六宮에 分張하야 單五를 歸空하면 五十五點昭昭하고 十五를 歸空하면 四十五點斑斑하다)라 하여,『주역』의 수의 이치를 종합하고 있다.

360은「계사상」제9장에서 밝힌 1년의 기수(朞數)이고, 360일은 대일원수 300과 무무위수 60으로 나누어진다. 대일원수 300은 일원수(一元數) 100에 삼재지도(三才之道)를 승(乘)한 것이다.

무무위수 60은 무위수(无位數) 20에 삼재를 승한 것으로, 없고 없는 자리의 수이다. 달의 정사에서 한 달에 달이 보이지 않는 날이 5일이고, 1년은 12개월이니, 360일에서 달이 보이지 않는 자리는 60일이다.

60에서 5를 본체로 하면 하도의 55가 밝게 드러나고, 15를 본체로 하면 낙서의 45가 아롱지게 드러나는 것이다. 하도의 본체수 5와 낙서의 본체수 10⑸을 합하면 15⒇가 되고, 밖으로 드러난 하도 55와 낙서 45를 합하면 100이 되어, 합하면 120이 된다. 120에 삼재를 승하면 다시 360이 된다. 이를 통해 360의 역수(曆數)와 하도낙서(河圖洛書)의 관계를 이해할 수 있다.

법 법

天	이법(理法), 곤도(坤道), 율법(律法), 법계(法界, 佛)
人	정법(正法), 예의(禮儀), 도리(道理), 법기(法器, 佛)
地	법, 규정, 형법, 제도, 규칙, 법상(法相, 佛)

　법 법(法)은 물 수(氵)와 갈 거(去)로, 하늘의 진리인 물이 세상에서 운용되는 것이다. 거(去)는 흙 토(土)와 나 사(厶)로, 사람이 땅에서 가는 것이다.

　땅의 입장에서 법(法)은 법, 규정, 형법, 제도, 규칙 등의 의미이고, 사람의 입장에서는 정법(正法)과 사람이 지켜야 할 예의(禮儀), 도리(道理)의 뜻을 가지고 있다.

　하늘의 입장에서는 상(象)을 법 받는 법상(法象)과 하늘의 이법(理法), 법이 땅에서 전개되는 곤도(坤道)로 해석할 수 있다. 기독교에서 율법(律法)은 하늘의 법이다.

　또 법(法)은 불교(佛敎)의 중심 개념인데, 하늘의 입장에서는 법계(法界), 허공법계(虛空法界), 모든 존재하는 것들의 본성인 법성(法性)이고, 사람의 입장에서는 법을 수행할 수 있는 국량인 법기(法器)이고, 땅의 입장에서는 천지 만유의 모양인 법상(法相)으로 풀이된다.

　「계사상」에서는 '상을 법 받는 것이 천지보다 큰 것이 없고'(法象이 莫大乎天地하고)라 하여, 하늘의 진리를 법 받는다는 '법상'(法象)을 밝히고 있다.

또 '법(法)을 본받는 것을 곤이라 한다'(效法之謂ㅣ 坤이라), '우러러 하늘에서 상(象)을 보고 구불어 땅에서 법을 보며'(仰則觀象於天하고 俯則觀法於地하며), '낮음은 땅을 법 받는 것이다'(卑는 法地하니라)라 하여, 법(法)은 곤(坤)·지(地)와 짝하는 곤도(坤道), 지도(地道)의 의미이다. '제정해서 씀을 법이라 하고'(制而用之를 謂之法이오)라 하여, 땅에서 하늘의 운행원리를 제정해서 사용하는 것이 법이다.

변할 변

天	뜻이 드러남, 천변(天變), 변화지도(變化之道), 변역(變易)
人	마음이 바뀌다, 변심(變心), 변덕(變德)
地	바뀌다, 이동하다, 변개하다, 변천(變遷), 변혁(變革)

변할 변(變)은 실 사(糸) 2개와 말씀 언(言) 그리고 등글월 문(攵, 칠복)으로, 작게작게 드러나는 하늘의 작용을 말한다. 사(糸)는 하늘의 작용이 은미하게 드러난다는 것이고, 언(言)은 천언(天言)으로 하늘의 말씀이다. 복(攵)은 다스린다는 의미이다.

땅의 입장에서 변(變)은 자연의 변화 현상이나 생각의 바뀜으로, 바뀌다, 이동하다, 변개하다, 변천(變遷), 변혁(變革) 등으로 사용되고, 사람의 입장에서는 마음이 바뀌는 변심(變心), 변덕(變德), 세상에 사랑을 실천함의 의미이다.

하늘의 입장에서는 하늘의 뜻이 드러남으로, 천변(天變), 변화지도(變化之道), 변역(變易) 등으로 사용하고 있다.

『주역』에서 변(變)의 의미를 심층적으로 살펴보고자 한다.

「계사하」에서는 '易의 도(道)됨이 자주 옮기어 변하고 움직여서 거처하지 않아 육허(六虛)에 두루 흘러서 상하가 무상하며 강유가 서로 바뀌어 전요(典要)로 삼을 수 없고 오직 변화가 가는 바이니'(易之爲書也 不可遠이오 爲道也 屢遷이라 變動不居하야 周流六虛하야 上下 l 无常하며 剛柔 l 相易하야 不可爲典要오 唯變所適이니)라 하여, 역도(易道)가 변화임을 밝히고 있다.

「계사상」첫 장에서는 '하늘에 있어서는 상(象)이 이루어지고, 땅에 있어서는 형(形, 형상)이 이루어지니, 변화가 드러난다'(在天成象코 在地成形하니 變化ㅣ 見矣라)라 하여, 천지(天地)와 변화에 대해 밝히고 있다. 여기서 천(天)은 천도(天道)의 세계이고, 지(地)는 현상의 세계를 의미하기 때문에 변화를 두 측면에서 이해할 수 있다. '하늘에 있어서는 상(象)이 이루어진다'는 것은 천도(天道)의 작용이 드러난다는 것이고, '땅에 있어서는 형상이 이루어진다'는 것은 현상세계의 변화를 의미하는 것이다.

또 「계사상」제12장에서는 '형이상자(形而上者)를 도(道)라 하고, 형이하자(形而下者)를 기(器)라 하고, 화(化)하고 마름질하는 것을 변(變)이라 하고, 미루어서 행함을 통이라 이르고, 들어서 천하의 백성들에게 둠을 사업이라 이른다'(形而上者를 謂之道오 形而下者를 謂之器오 化而裁之를 謂之變이오 推而行之를 謂之通이오 擧而措之天下之民을 謂之事業이니라)라 하여, 형이상자와 형이하자를 구분하면서 변(變)을 밝히고 있다.

형이상(形而上)의 도(道)가 형이하(形而下)의 기(器)로 화(化)하여 마름질하는 것 즉, 도(道) 자체의 자기 전개 작용이 끊임없이 이루어지는 것이 변(變)이고, 이것을 미루어 행하는 것은 통(通)이고, 이러한 변통(變通)의 원리를 자각하여 백성들의 삶에 쓰는 것이 군자의 사업이다.

「계사상」제11장에서도 '한 번은 닫히고 한 번은 열리는 것을 변이라 이르고'(一闔一闢을 謂之變이오)라 하여, 천도(天道) 운행인 음양작용이 드러남을 변(變)이라 한다.

앞의 「계사상」제1장에서 변화를 천지(天地)로 구분하여 논한 것과 위 인용문에서 형상의 세계를 초월한(而上) 도(道)가 형상을 갖고 있는 기(器)로 화(化)하여 마름질하는 것이 변(變)이다.

도(道)와 기(器)는 이분법적으로 나누어지는 것이 아니라, 형(形)을 매개로 한 '이상'(而上)과 '이하'(而下)로, 일체적 관계이다. 일반적으로 형이상자는 무형(無形)이고 형이하자는 유형(有形)으로 구별하지만, 형이상자를 무형이라고 하는데 있어서 마음 속의 사유작용과 물리적인 시간 등은 무형적인 것이지만 도(道)라고 하지는 않는다. 또 형이상자는 원리적 존재이지만 자연과학적 법칙을 도(道)라고 하지는 않는다.

「계사상」에서도 '드러남을 이에 상(象)이라 이르고, 형(形)을 이에 기(器)라고 하고'(見을 乃謂之象이오 形을 乃謂之器오)라 하여, 하늘의 상(뜻)과 땅의 형체를 갖춘 기(器)를 구분하고 있다.

「계사상」 제5장에서는 '음양으로 작용하는 도가 인간 본성이 되었음'(一陰一陽之謂ㅣ 道니 繼之者ㅣ 善也오 成之者ㅣ 性也라)을 논하여, 형이하자인 기(器)는 2가지 뜻이 있다. 땅의 입장에서는 형이상의 도(道) 자체가 이하(而下)한 모든 현상 사물을 의미한다면, 인간의 입장에서는 형이상의 도(道)를 계승한 것이 인간 본성이기 때문에 기(器)는 인간 본성이 된다.

비괘(賁卦)에서는 '하늘의 문채를 보아서 천시의 변(變)을 살피고, 인간의 문화를 보아서 천하를 감화하여 완성하는 것이다'(觀乎天文하야 以察時變하며 觀乎人文하야 以化成天下하나니라)라 하여, 천문(天文)은 변(變), 인문(人文)은 화(化)와 연계시켜 '천변인화'(天變人化)를 밝히고 있다.

변화를 두 측면에서 이해할 수 있는데, 하나는 천문의 세계로 일월의 운행에 따른 천도(天道)의 변(變)이고, 다른 하나는 인문의 세계로 세상에 성인의 도를 실천하여 감화시키는 것이다. 전자는 천도(天道)가 드러나는 것으로 인간의 의지 작용과는 상관없이 스스로 그러한(自然) 변화라면, 후자는 인간의 의지 작용에 의해서 바뀌게 되는 변화이다.

『주역』에서 변화의 의미를 종합하면, 천문의 세계에서는 상(象, 뜻)을 이루는 것인데, 이는 형이상자인 도(道)가 자기 전개 작용에 의해 형이하자인 기(器)로 드러나는 것이다. 인문의 세계에서는 세상에 성인의 도를 실천하여 감화시키는 것이다. 군자의 언행(言行)을 통해서 만물의 존재 의미를 밝혀 천인(天人)이 합덕됨으로 진리가 실현되는 것이다. 즉, 군자가 천도(天道) 운행의 변화를 자각하여, 그것을 현실에서 사덕으로 실천하는 것이 바로 변화의 완성인 것이다.

병들 병

天	영혼이 병들다, 타락한 영
人	마음 병, 스트레스, 심병(心病), 헐뜯다, 비방하다
地	병, 질환, 근심, 흠, 나쁜 버릇, 괴로움, 육체의 병

　병 병(病)은 병들 녁(疒)과 셋째천간 병(丙)으로, 굳세게 자라는 것이 막혀서 병든 것이다. 녁(疒)은 설 립(立)의 아래 부분이 옆으로 옮긴 것으로, 바로 서지 못한 것이다.

　병(病)과 병 질(疾)을 구별하면, 병(病)은 몸이 자라는 것이 막힌 것으로 신(身)이 병든 것이고, 질(疾)은 마음에 병이 든 것을 의미한다. 질(疾)은 녁(疒)과 화살 시(矢)로, 성인의 가르침이 병든 것이다.

　땅의 입장에서 병(病)은 병, 질환, 근심, 흠, 나쁜 버릇, 괴로움, 육체의 병 등의 의미이고, 사람의 입장에서는 마음 병, 스트레스, 심병(心病), 헐뜯다, 비방하다 등의 의미이다. 하늘의 입장에서는 영혼이 병들다, 타락한 영(더러운 영) 등으로 풀이할 수 있다.

　「설괘(說卦)」에서는 '감괘(坎卦)는 사람에서 근심이 더해짐이 되고, 마음병이 되고'(坎은 其於人也에 爲加憂 爲心病)라 하여, 심병(心病)이 건괘(乾卦)의 중정지기인 감괘(坎卦)가 되는 것이다.

　마음의 병이 어떻게 하늘의 뜻을 담는 것인가? 감괘(坎卦)는 물로 상징되는데, 물은 은택이면서 동시에 고난의 의미를 가지고 있다.

지킬 보

天	보합(保合), 예(禮)
人	마음을 지키다, 사보(師保), 보명(保命)
地	보호하다, 지키다, 돕다, 기르다, 편안하다, 보민(保民)

지킬 보(保)는 사람 인(亻)과 입 구(口) 그리고 목(木)으로, 사람이 말씀과 목도(木道)를 지키는 것이다.

땅의 입장에서 보(保)는 보호하다, 지키다, 돕다, 기르다, 편안하다, 보민(保民) 등의 의미이고, 사람의 입장에서는 마음을 지키다, 스승이 돕는다는 사보(師保), 천명을 지킨다는 보명(保命) 등이 있고, 하늘의 입장에서는 보합(保合)이나 예(禮)로 풀이할 수 있다.

건괘(乾卦)에서는 '보호하고 합하며 크게 화합하여'(保合大和)라 하고, '아름다운 모임이 족히 예에 합하며'(嘉會ㅣ足以合禮며)라 하여, 보합(保合)과 합례(合禮)가 서로 만나서면 보(保)는 예(禮)의 의미를 담고 있다.

「계사하」에서는 '또한 우환과 변고에서 밝은 것이라 스승의 도움이 없으나 부모가 강림하는 것 같으니'(又明於憂患與故라 无有師保나 如臨父母하니)라 하여, 사보(師保)는 천지부모(天地父母)가 강림하는 것이다.

복 복

天	복겸(福謙), 개복(介福), 수복(受福)
人	복덕(福德), 복전(福田), 복음(福音)
地	복, 행복(幸福), 복록(福祿), 복지(福祉)

복 복(福)은 보일 시(示)와 가득할 복(畐)으로, 하늘의 빛이 가득한 것이다. 시(示)는 이(二)와 소(小)로, 하늘의 음양작용이 작게작게 드러나는 것이고, 복 (畐)은 일(一)과 구(口), 전(田)으로 한 사람이 먹을 수 있는 밭이다.

땅의 입장에서 복(福)은 복, 행복(幸福), 복록(福祿), 복지(福祉) 등으로 사용되고, 사람의 입장에서는 복덕(福德), 복전(福田), 복음(福音) 등으로 해석할 수 있다.

여기서 복음(福音)은 하늘의 복된 소리로, 기독교에서는 예수의 말씀이지만, 동양학에서는 성인의 말씀이다. 성인의 말씀이 있지 않으면, 하늘의 소리를 들을 수도 없고, 하늘의 뜻을 알 수도 없는 것이다.

하늘의 입장에서는 복겸(福謙), 개복(介福), 수복(受福) 등으로 풀이할 수 있다.

겸괘에서는 '귀신은 가득찬 것은 해치고 겸손함에는 복을 주고'(鬼神은 害盈而福謙하고)라 하고, '그 왕모(王母)에게서 이 큰 복을 받는 것이라'(受玆介福于其王母리라)라 하여, 복겸(福謙)과 개복(介福)을 밝히고 있다. 복겸(福謙)은 겸손함에 복을 더해주는 것이고, 개복(介福)은 성인(聖人)이 주는 큰 복이다.

또 혁괘(革卦)에서는 '제사를 이롭게 씀은 복을 받는 것이다'(利用祭祀는 受福也리라)라 하여, 수복(受福)을 논하고 있다. 제사의 본질적 의미는 하늘의 뜻을 따르고 실천하는 것이기 때문에 하늘에서 복을 받는 것이다.

『성경』에서는 복의 내용에 대해 구체적으로 밝히고 있다. 먼저 「시편」에서는 '복 있는 사람은 악인들의 간계를 따르지 아니하며, 죄인들의 길에 서지 아니하며, 조롱하는 자들의 자리에 앉지 아니하는 도다'라 하였다.

또 「마태복음」에서는 '영(靈)이 가난한 자들은 복이 있나니, 천국이 그들의 것임이요, 애통(哀痛)하는 자들은 복이 있나니, 그들이 위로를 받을 것임이요, 온유(溫柔)한 자들은 복이 있나니, 그들이 땅을 유업으로 받을 것임이요, 의(義)에 굶주리고 목마른 자들은 복이 있나니, 그들이 배부를 것임이요, 자비(慈悲)로운 자들은 복이 있나니, 그들이 자비를 얻을 것임이요, 마음이 순결(純潔)한 자들은 복이 있나니, 그들이 하나님을 볼 것임이요, 화평(和平)케 하는 자들은 복이 있나니, 그들이 하나님의 자녀라 불릴 것임이요, 의로 인하여 박해(迫害)를 받는 자들은 복이 있나니, 천국이 그들의 것임이라'고 하여, 팔복(八福)을 밝히고 있다.

팔복(八福)은 『주역(周易)』의 팔괘(八卦)와 서로 짝이 된다. 영과 천국은 건괘(乾卦), 애통과 위로는 태괘(兌卦), 온유와 땅의 유업은 곤괘(坤卦), 의와 배부름은 이괘(離卦), 자비(慈悲)는 손괘(巽卦), 마음의 순결과 하나님은 진괘(震卦), 화평(和平)과 하나님의 자녀는 간괘(艮卦), 박해(迫害)와 천국은 감괘(坎卦)와 만나게 된다.

아비 부

天	건부(乾父), 유부(裕父), 부도(父道)
人	심부(心父), 부자유친(父子有親), 부위자은 (父爲子隱)
地	아비, 아버지, 부친(父親), 부모(父母)

아비 부(父)는 진리 효(爻)에서 위의 십(十)이 잘려나간 것이다. 부(父)는 하늘의 뜻을 대행한다는 의미이다.

땅의 입장에서 부(父)는 아비, 아버지, 부친(父親), 부모(父母) 등의 의미이고, 사람의 입장에서 마음의 아버지인 스승은 심부(心父), 아버지와 자식은 친함이 있다는 부자유친(父子有親) 등이 있다.

'임금과 스승과 아버지는 하나'라는 군사부일체(君師父一體)의 의미도 여기서 찾을 수 있다. 아버지는 나를 세상에 낳아주고 길러준 분이고, 스승은 사람이 어떤 존재인지 어떻게 살아야하는지 진리를 가르쳐 주신 분이고, 임금은 사람이 살아가는 길을 열어준 분으로, 마음으로 보면 하나인 것이다.

하늘의 입장에서는 건부(乾父), 유부(裕父), 부도(父道) 등으로 사용하고 있다. 「설괘」에서는 '건괘(乾卦)는 하늘이다 그러므로 아버지가 일컫고'(乾은 天也라 故로 稱乎父오)라 하여, 부(父)는 건괘(乾卦)이다. 고괘(蠱卦)에서는 '아버지의 일을 주관한다'(幹父之蠱), '아버지의 일을 넉넉하게 한다'(裕父之蠱)라 하여, 하늘의 일을 주관하고 넉넉하게 하는 것이다.

지아비 부

天	금부(金夫), 원부(元夫), 부역(夫易), 부건(夫乾), 부곤(夫坤)
人	덕부(德夫), 부자(夫子), 만부(萬夫), 부창부수(夫唱婦隨)
地	지아비, 남편, 사내, 대저(발어사)

　지아비 부(夫)는 두 이(二)와 사람 인(人)으로 보면, 사람이 하늘과 땅의 이치를 깨우친 것이다. 한 일(一)과 큰 대(大)로 보면, 태극(太極)과 건도(乾道)의 의미로 해석할 수 있다.

　땅의 입장에서 부(夫)는 지아비, 남편, 사내, 부창부수(夫唱婦隨), 대저(발어사) 등으로 사용되고, 사람의 입장에서는 덕이 있는 남편인 덕부(德夫), 부자(夫子), 만부(萬夫) 등이 있다. 하늘의 입장에서는 금부(金夫), 원부(元夫), 부부지도(夫婦之道)와 부역(夫易), 부건(夫乾), 부곤(夫坤), 부대인(夫大人) 등으로 사용하고 있다.

　몽괘(蒙卦)에서는 '금부(金夫)를 보고'(見金夫)라 하고, 규괘(睽卦)에서는 '원부(元夫)를 만나고'(遇元夫)라 하여, 건도(乾道)를 상징하는 금(金)과 건원(乾元)인 원(元)의 지아비를 만나는 것이다. 「서괘(序卦)」에서는 '부부지도(夫婦之道)는 오래하지 않는 것은 불가하다'(夫婦之道ㅣ不可以不久也라)라 하여, 함괘(咸卦)를 부부지도(夫婦之道)로 밝히고 있다.

　또 '대저 역도는'(夫易), '대저 건(乾)은'(夫乾), '대저 곤(坤)은'(夫坤), '대저 대인은'(夫大人)에서는 부(夫)는 하늘이 바르게 드러나는 의미가 있다.

부자 부

天	부가(富家), 부귀(富貴), 하늘의 일
人	마음이 넉넉하다, 부윤(富潤)
地	부자(富者), 넉넉함, 많이 있음, 부유(富有)

부자 부(富)는 집 면(宀)과 가득할 복(畐)으로, 집에 하늘의 은택이 가득한 것이다.

땅의 입장에서 부(富)는 부자(富者), 넉넉함, 많이 있음, 부유(富有) 등의 의미이고, 사람의 입장에서는 마음이 넉넉하다, 부윤(富潤) 등으로 이해할 수 있다. 하늘의 입장에서는 하늘의 일이고, 부가(富家), 부귀(富貴) 등으로 풀이할 수 있다.

「계사상」에서는 '부유한 것을 대업(大業)이라 하고'(富有之謂ㅣ 大業이오), '숭상하고 높임이 부귀(富貴)보다 큰 것이 없고'(崇高ㅣ 莫大乎富貴하고)라 하여, 단순한 부유(富有), 부귀(富貴)의 의미가 아니라, 부(富)는 하늘의 일인 대업(大業)을 성취하는 것이다. 사람이 숭상하고 높이 받들어야 하는 성인지도(聖人之道)가 세상에 펼쳐지는 것이다.

가인괘에서는 '가정을 부유하게 하니 크게 길한 것은 하늘에 순응하여 위에 있기 때문이다'(富家大吉은 順在位也ㄹ새라)라 하고, 소축괘에서는 '믿음이 있어서 걸려있는 것 같아서 그 이웃으로서 부유한 것이다'(有孚라 攣如하야 富以其隣이로다)라 하여, 하늘의 뜻에 따르고, 믿음이 있음이 부유한 것이다.

살갖 부

天	욕망, 세속적 욕심, 서부(噬膚)
人	아름답다, 석부(碩膚), 부견(膚見), 천박한 견해
地	살갖, 겉껍질, 살가죽, 기부(肌膚), 피부(皮膚)

살갖 부(膚)는 범 호(虍)와 밥통 위(胃)로, 사나운 맹수인 호랑이의 밥통이다. 호랑이는 금수(禽獸)를 대표하기 때문에 소인지도(小人之道)를 상징하고, 위(胃)는 전(田)과 고기 육(肉)으로, 몸의 욕망을 채우는 곳이다.

땅의 입장에서 부(膚)는 살갖, 겉껍질, 살가죽, 기부(肌膚), 피부(皮膚) 등으로 사용하고, 사람의 입장에서는 아름답다는 석부(碩膚)와 천박한 견해인 부견(膚見)의 이중적인 뜻이 있다. 하늘의 입장에서는 욕망, 세속적 욕심, 살갖을 씹는다는 서부(噬膚)로 이해된다.

피부는 우리 몸에서 세상과 직접 접촉하는 부위이고, 젊음에 대한 욕망은 피부에서 시작되기 때문에 세상의 욕망을 담고 있는 것이다. 얼굴 피부에 대한 집착과 탐욕은 말하지 않아도 아는 사실이다.

서합괘(噬嗑卦)에서는 '살갖을 씹는데 코를 멸하나 허물은 없는 것이다'(噬膚호대 滅鼻나 无咎하니라)라 하여, 살갖을 씹는다고 하였다. 부(膚)가 인체의 피부이면 어떻게 씹을 수가 있겠는가? 살갖을 먹는 식인종의 말씀은 아니다. 상징적인 의미로 사람이 세속적인 욕망을 먹고 있다는 것이다. 코를 멸하는 것은 냄새를 맡는 감각기관을 제거한 것으로, 자신의 욕망을 걷어내는 과정이기 때문에 허물이 없는 것이다.

박괘(剝卦)에서는 '책상을 깎아 내는데 살갖으로 하는 것은 재앙에

거의거의 가까운 것이다'(剝牀以膚는 切近災也라)라 하여, 부(膚)는 욕망이니, 자신의 욕망을 쫓아가면서 하늘의 뜻을 버리는 것이다. 재앙이 아주 가까이 있는 것이다.

그래서 규괘(睽卦)에서는 '그 으뜸으로 살갗을 씹는 것을 행하면 경사가 있다'(厥宗噬膚는 往有慶也리라)라 하여, 마음의 종(宗)을 세우고 세속적 욕망을 먹으면 여경(餘慶)이 있는 것이다.

나눌 분

天	분음(分陰), 분양(分陽), 팔괘(八卦)
人	마음을 나누다, 덕분(德分), 분의(分義), 분수(分數), 기분(氣分)
地	나누다, 분별하다, 분할(分割), 직분(職分)

나눌 분(分)은 여덟 팔(八)과 칼 도(刀)로, 하늘의 작용이 여덟로 나누어져 심판하는 것이다. 팔(八)은 팔괘(八卦)를 의미하고, 도(刀)는 알곡과 쭉정이를 나누는 심판의 의미가 있다.

「계사하」의 '팔괘가 열을 이루니 상이 그 가운데 있다'(八卦成列하니 象在其中矣오)를 담고 있는 것이 분(分)이다.

땅의 입장에서 분(分)은 나누다, 분별하다, 분할(分割), 직분(職分) 등으로 사용하고, 사람의 입장에서는 마음을 나누는 것으로, 덕을 나누는 덕분(德分), 자신의 분수에 맞게 지켜가는 도리인 분의(分義), 분수(分數), 기분(氣分) 등이 있다. 하늘의 입장에서는 분음(分陰), 분양(分陽), 팔괘(八卦) 등의 뜻을 담고 있다.

서합괘에서는 '강유가 나누어지고'(剛柔ㅣ 分하고)라 하고, 절괘(節卦)에서는 '절괘는 형통하니 강유가 나누어지고'(節亨은 剛柔ㅣ 分하고)라 하여, 음양의 현상적 작용인 강과 유가 나누어지는 것이다. 「설괘」에서는 '음과 양으로 나누어지며 유와 강이 갈마들어 작용한다'(分陰分陽하며 迭用柔剛이라)고 하여, 분음(分陰), 분양(分陽)의 작용을 밝히고 있다.

가난할 빈

天	영혼이 타락하다, 타락한 영(靈), 더러운 영(靈)
人	마음이 왜곡되다, 심빈(心貧), 타락, 안빈(安貧)
地	가난, 빈함, 빈곤(貧困), 모자라다

가난할 빈(貧)은 나눌 분(分)과 조개 패(貝)로, 우리의 마음이 하늘과 나누어져 타락하고 왜곡된 것이다.

땅의 입장에서 빈(貧)은 가난, 빈함, 빈곤(貧困), 모자라다 등의 뜻으로 해석되지만, 사람의 입장에서는 마음이 왜곡되다, 심빈(心貧), 타락 등 으로, 학문이 부족하면 학문 가난이고, 재덕(才德)이 부족하면 재덕 가 난인 것이다. 가난을 이기는 방법은 주어진 가난에서 편안하면서 진리 를 즐기는 안빈낙도(安貧樂道)이다.

하늘의 입장에서는 영혼이 타락하다, 타락한 영(靈), 더러운 영(靈) 등으로 풀이할 수 있다.

『성경』에서는 '영(靈)이 가난한 자들은 복이 있나니, 천국이 그들의 것임이요'라 하여, 여기서 영(靈)이 가난한 사람은 순수한 영혼을 가진 사람이고, 타락하지 않는 영, 더럽지 않은 영을 가진 사람을 말한다.

『주역』에선 빈(貧)을 직접 찾을 수는 없고, 함께 사용되는 빈천(貧賤) 으로 그 의미를 보면, 「계사」에서는 '낮은 데서 높은 곳으로 진열되니 귀천(貴賤)이 자리하고'(卑高以陳하니 貴賤이 位矣오), '귀천이 배열되는 것 은 자리에 있고'(列貴賤者는 存乎位하고), '삼효는 흉이 많고 오효는 공이 많음은 귀천의 등급이니'(三多凶코 五多功은 貴賤之等也니)라 하여, 귀천(貴

賤)은 여섯 효의 자리에 의해 드러나게 된다.

『서경』「홍범」에서는 '여섯 가지 궁한 것은 첫째는 흉사(凶事)나 젊은 나이에 죽는 것이고, 둘째는 질병이고, 셋째는 근심이고, 넷째는 가난이고, 다섯째는 악함이고, 여섯째는 약함이다'(六極은 一曰凶短折이오 二曰疾이오 三曰憂오 四曰貧이오 五曰惡이오 六曰弱이라)라 하여, 우리가 궁극적(窮極的)으로 극복해야 할 여섯 가지 궁핍(窮乏)한 것의 네 번째가 가난이다.

『논어』에서는 '가난하지만 아첨하지 않고, 부자이지만 교만하지 않으면 어떻습니까? 가난하지만 진리를 즐기고, 부자이면서 예의를 좋아하는 것만 같지 않는 것이다'(子貢이 曰貧而無諂하며 富而無驕하면 何如하니잇고 子ㅣ 曰可也나 未若貧而樂하며 富而好禮者也니라)라 하여, 가난하지만 진리에 편안하여 아첨하지 않는 군자의 삶을 밝히고 있다.

『맹자』에서도 '부귀(富貴)하지만 음란하지 않고, 빈천(貧賤)하지만 옮기지 않으며'(富貴不能淫하며 貧賤不能移하며)라 하여, 부자이지만 예를 좋아하고, 가난하지만 아첨하지 않고 안빈낙도(安貧樂道)하는 대장부(大丈夫)를 밝히고 있다.

또『논어』에서는 '가난하지만 원망하지 않기는 어렵고, 부자이지만 교만하지 않기는 쉬운 것이다'(子ㅣ 曰貧而無怨은 難하고 富而無驕는 易하니라), '군자는 진리를 근심하고 가난을 근심하지 않는다'(君子는 憂道오 不憂貧이니라)라 하였다.

넉 사

天	사상(四象), 사시(四時), 사천(四天), 사신(四神)
人	사덕(四德), 사단(四端), 사례(四禮), 사교(四敎)
地	넷, 네 번, 사방(四方), 사계(四季)

넉 사(四)는 입 구(口)와 걷는 사람 인(儿)으로, 땅에서 사람이 살아가는 네 가지 이치를 의미한다. 사(四)는 단순히 네 가지 범주로 이해할 것이 아니라 모든 작용의 의미를 가지고 있다. 또 사(四)의 음양(陰陽) 작용은 팔(八)로 연결되기 때문에 모든 작용의 이치를 깨우치는 것을 '사통팔달'(四通八達)이라 한다.

『도덕경』에서는 '도(道)는 하나를 낳고, 하나는 둘을 낳고, 둘은 셋을 낳고, 셋은 만물을 낳는다'(道生一 一生二 二生三 三生萬物)라 하여, 삼(三) 다음에는 사(四)가 아니라 만물로 드러나게 된다. 즉, 네 가지는 만(萬) 가지를 표상하는 것이다.

땅의 입장에서 사(四)는 넷, 네 번, 사방(四方), 사계(四季) 등으로 사용되고, 사람의 입장에서는 사덕(四德), 사단(四端), 사례(四禮), 사교(四敎) 등이 있다.

사덕(四德)은 인·예·의·지(仁禮義知)이고, 사단(四端)은 사단지심(四端之心)으로　측은(惻隱)·수오(羞惡)·사양(辭讓)·시비지심(是非之心)이다. 사례(四禮)는 관·혼·상·제(冠婚喪祭)이고, 사교(四敎)는 문·행·충·신(文行忠信)이나 시·서·예·악(詩書禮樂)이다.

하늘의 입장에서는 사상(四象), 사시(四時), 사천(四天), 사신(四神) 등으로 풀이할 수 있다. 사상(四象)은 원·형·이·정(元亨利貞)이고, 사시(四時)는 춘·하·추·동(春夏秋冬)의 의미가 있지만 네 가지 천시(天時)이고, 사천(四天)은 창천(蒼天)·호천(昊天)·민천(旻天)·상천(上天)이고, 사신(四神)은 청룡(靑龍)·백호(白虎)·주작(朱雀)·현무(玄武)이다.

「계사상」에서는 '양의가 사상을 낳고, 사상이 팔괘를 낳으니'(兩儀ㅣ生四象하고 四象이 生八卦하니), '역도(易道)에 사상(四象)이 있음은 계시하는 것이고'(易有四象은 所以示也오)라 하여, 사상(四象)은 역도(易道)의 표상이다.

건괘(乾卦)에서는 '군자가 이 사덕(四德)을 행하는 사람이다'(君子ㅣ 行此四德者라)라 하여, 사덕(四德)을 밝히고 있다. 유학의 핵심 개념인 사덕이 건괘(乾卦) 문언(文言)에 딱 한 번 등장하고 있다.

「계사상」에서는 '사시(四時)와 더불어 그 차례에 합하며'(與四時合其序하며), '변하고 통함은 사시와 짝하고'(變通은 配四時하고), '변하고 통함이 사시보다 큰 것이 없고'(變通이 莫大乎四時하고)라 하여, 네 가지 천시(天時)인 사시(四時)를 밝히고 있다.

일 사, 섬길 사

天	하늘의 일, 상사(象事), 점사(占事), 대사(大事), 사천(事天), 왕사(王事)
人	마음의 일, 소사(小事), 교사(教事), 사리(事理)
地	일, 행위, 임무, 섬기다, 사업(事業), 행사(行事), 사건(事件), 사물(事物)

일 사(事)는 한 일(一)과 입 구(口), 돼지 머리 계(彐)와 갈고리 궐(亅)로, 갈고리를 잡고 하늘과 땅에서 일하는 것이다. 일(一)은 일태극(一太極)으로 하늘, 구(口)는 지방(地方)으로 땅, 계(彐)는 사람의 손을 의미한다.

땅의 입장에서 사(事)는 일, 행위, 임무, 섬기다, 사업(事業), 행사(行事), 사건(事件), 사물(事物) 등으로 사용되고, 사람의 입장에서는 마음의 일, 소사(小事), 교사(教事), 사리(事理) 등으로 해석된다.

하늘의 입장에서는 하늘의 일인데, 상사(象事), 점사(占事), 대사(大事), 사천(事天), 왕사(王事) 등으로 풀이할 수 있다.

『계사상』에서는 '통하고 변하는 것을 사(事)라 하고'(通變之謂ㅣ事오)라 하고, 『계사하』에서는 '그 일을 베풀고 은미하니'(其事ㅣ肆而隱하니)라 하여, 사(事)는 하늘의 변화작용으로, 드러남과 숨김(체용, 體用)의 작용이다. 사(事)는 세상의 일의 의미를 넘어선 하늘의 작용이 드러나는 것임을 알 수 있다.

건괘(乾卦)에서는 '정(貞)은 일의 줄기이니'(貞者는 事之幹也니)라 하여, 원·형·이·정(元亨利貞)에서 정(貞)이 하늘의 일이 되고, 「서괘」에서는 '고괘는 사(事)이니'(蠱者는 事也니)라 하여, 천도 운행(천행, 天行)을 밝힌 고괘를 직접 사(事)라 하였다.

『계사하』에서는 '변화를 이름에 길사(吉事)는 상서로움이 있고, 상사(象事)는 덕기(德器)를 알고, 점사(占事)는 옴을 아는 것이니'(變化云爲에 吉事ㅣ 有祥이라 象事하야 知器하며 占事하야 知來하나니)라 하였고, 또 '혹 왕사를 쫓아서'(或從王事), '교사(敎事)를 익힌다'(習敎事), '소사(小事)는 할 수 있지만 대사(大事)는 할 수 없다'(可小事오 不可大事니) 등을 밝히고 있다.

『대학』에서는 '물(物)에는 근본과 말단이 있고, 일에는 마침과 시작이 있으니, 선후하는 것을 알면 진리에 가까운 것이다'(物有本末하고 事有終始하니 知所先後면 則近道矣리라)라 하여, 사(事)는 단순한 일의 의미를 넘어선, 하늘의 운행 원리인 종시(終始)의 이치를 담고 있는 것이다.

또한 『동의수세보원』에서도 '사람의 일에는 네 가지가 있으니, 첫째는 거처(居處)이고, 둘째는 당여(黨與)이고, 셋째는 교우(交遇)이고, 넷째는 사무(事務)이다'(人事ㅣ 有四하니 一曰居處오 二曰黨與오 三曰交遇오 四曰事務니라)라 하고, '폐(肺)는 사무(事務)에 통달하고'(肺達事務)라 하여, 사(事)의 의미를 하늘의 일로 확장하고 있다.

또 『맹자』에서도 '항상 된 재산이 없어도 항상 된 마음이 있는 사람은 오직 선비가 할 수 있거니와'(無恒産而有恒心者는 惟士爲能이어니와)라 하여, 선비는 진리에 대한 항심(恒心)을 가지고 있어야 한다.

선비 사

天	사부(士夫), 사대부(士大夫)
人	사림(士林), 사기(士氣), 사풍(士風)
地	선비, 지식인, 벼슬, 하사관

　선비 사(士)는 열 십(十)과 한 일(一)로, 땅에서 하늘의 진리를 궁구하고 실천하는 사람을 말한다.

　땅의 입장에서 사(士)는 선비, 지식인, 벼슬, 하사관 등으로, 사(士)는 대부 아래의 벼슬이다. 사람의 입장에서는 도의를 실천하는 사람으로, 선비들이 모인 사림(士林), 선비의 기개인 사기(士氣), 선비의 풍모인 사풍(士風) 등으로 이해할 수 있다.

　하늘의 입장에서는 하늘의 뜻을 궁구하고 따르는 사람인 사부(士夫), 사대부(士大夫)로 풀이된다.

　귀매괘(歸妹卦)에서는 '여자가 열매가 없는 광주리를 이고, 선비가 양을 찔렀는데 피가 없으니, 이로운 것이 없다'(女 ㅣ 承筐无實하고 士 ㅣ 刲羊无血이니 无攸利하니라)라 하여, 사(士)를 언급하고 있다. 여기서 사(士)는 학문을 하는 사람이며, 양은 태괘(兌卦), 피는 감괘(坎卦)이니, 택수곤괘(澤水困卦)를 의미한다.

　또 대과괘(大過卦)에서는 '늙은 지어미가 사부(士夫)를 얻으니'(老婦 ㅣ 得其士夫니)라 하였다.

　『논어』에서는 '선비는 진리에 뜻을 두고, 나쁜 옷이나 나쁜 음식을 부끄러워하면 선비가 될 수 없는 것이다'(士 ㅣ 志於道而恥惡衣惡食者는 未

足與議也니라), '선비가 편안함을 품으면 선비가 될 수 없는 것이다'(士而懷居면 不足以爲士矣니라)라 하여, 선비는 진리에 뜻을 두고 자신의 천명(天命)을 다해야 하는 것이다.

『맹자』에서는 '떳떳한 재산이 없어도 떳떳한 마음이 있는 사람은 오직 선비가 할 수 있거니와'(無恒産而有恒心者는 惟士爲能이어니와)라 하여, 선비는 진리에 대한 항심(恒心)이 있는 사람이지만, 반대로 '사람들이 살아감에 떳떳한 재산이 있으면 떳떳한 마음이 있고, 떳떳한 재산이 없으면 떳떳한 마음이 없으니, 만약 떳떳한 마음이 없으면 방탕하고 편벽되며 삿되고 사치한 짓을 하지 않음이 없을 것이니'(民之爲道也 有恒産者는 有恒心이요 無恒産者는 無恒心이니 苟無恒心이면 放辟邪侈를 無不爲니니)라 하여, 사람들은 항산(恒産)이 없으면 항심(恒心)이 없기 때문에 지도자가 가장 급선무로 삼아야 할 것은 민생의 안정인 것이다.

괘상 상, 코끼리 상

天	상수(象數), 괘상(卦象), 사상(四象)
人	상징(象徵), 형상(形象)
地	꼴, 모양, 법, 본뜨다, 코끼리

코끼리 상(象)은 쌀 포(勹)와 멀 경(冂), 점 주(丶)와 돼지 시(豕)로, 하늘의 진리를 온전히 감싸서 표상하는 의미를 담고 있다. 주(丶)는 하나님이고, 포(勹)와 경(冂)은 감싸는 것이고, 시(豕)는 감괘(坎卦)로 하늘의 진리를 대표한다.

땅의 입장에서 상(象)은 꼴, 모양, 법, 본뜨다, 코끼리 등으로, 코끼리는 대상 사물의 형상을 말한 것이다. 사람의 입장에서는 상징(象徵)하고, 형상(形象)하는 것으로 이해할 수 있다.

하늘의 입장에서는 하늘의 뜻을 표상하는 상수(象數), 괘상(卦象), 사상(四象)으로 풀이된다.

「계사상」에서는 '하늘에 있어서 상을 이루고'(在天成象), '상을 이룬 것이 건이고'(成象之謂ㅣ乾이오), '상을 법 받는 것이 천지보다 큰 것이 없고'(法象이 莫大乎天地하고)라 하여, 상(象)은 하늘에서 이루어지는 것이고, 건도(乾道)를 표상하는 것이다.

「계사상」에서는 '그 수를 지극히 하여 드디어 세상의 상을 정하니'(極其數하야 遂定天下之象하니)라 하여, 수(數)가 상을 드러낸다고 하였고, 「계사하」에서는 '팔괘가 열을 이루니 상이 그 가운데 있고'(八卦成列하니 象在其中矣오), '팔괘는 상으로 고한 것이고'(八卦는 以象告하고)라 하여, 팔괘(八卦)가 상을 드러내는 것이다. 즉, 『주역』의 진리는 기본적으로 수(數)와 팔괘로 표상된다.

성인(聖人)에 의해서 진리는 표상된다. 『주역』은 형이상학으로 성인(聖人)이 아니면 존재할 수 없는 학문이다. 『주역』은 하늘의 학문인 천학(天學)이고, 성인의 말씀인 성학(聖學)이다.

「계사하」에서는 '역도는 상(象)이니 상이라는 것은 상(像)이고'(易者는 象也니 象也者는 像也오), '상이라는 것은 이것을 상(像)한 것이다'(象也者는 像此也라)라 하여, 역도(易道)는 상으로 드러나고, 상(象)은 사람이 표상하는 상(像)이다.

상(象)에 인(人)을 더하면, 형상 상(像)이 된다. 즉, 사람이 하늘의 상(象)을 형상화시킨다는 것이다. 상(像)은 사람의 입장에서 진리를 드러내고 밝히는 것이다.

또 서로 상(相)은 대상적 존재의 모습을 의미한다. 사람의 외모를 보는 것 즉, 관상(觀相), 수상(手相), 족상(足相), 골상(骨相) 등으로 사용하고 있다. 불교에서도 사람이 실재라고 믿는 네 가지 관념을 사상(四相)이라 하고, 아상 (我相), 인상(人相), 수자상(壽者相), 중생상(衆生相)으로 밝히고 있다. 상(相)은 밖으로 드러난 세계를 의미하는데, 이것은 본질적인 것이 아니라 변화하는 과정 속에 존재하는 것이다.

또한 같은 마음의 상이라도, 심상(心象)이나 심상(心像)은 마음에 떠오른 직관적·통찰적 지혜이고, 심상(心想)은 마음 속의 생각이고, 심상(心相)은 대상 사물에 걸린 마음의 형상(形狀)이다.

윗 상

天	형이상(形而上), 상도(上道), 천상(天上), 자상(自上), 상구(上九), 상육(上六)
人	상덕(上德), 상달(上達), 상선(上善), 상수(上壽), 상지(上智)
地	위, 높은 곳, 존귀, 하늘, 군주, 처음, 오르다

윗 상(上)은 점 복(卜)과 한 일(一)로, 땅 위에 진리가 내려온 것이다. 복(卜)은 곤(丨)과 주(丶)로, 하늘의 빛이 곧게 내려오는 것이고, 거북으로 천도(天道) 사상(四象)을 담고 있는 낙서(洛書)를 의미한다.

땅의 입장에서 상(上)은 위, 높은 곳, 존귀, 하늘, 군주, 처음, 오르다 등의 의미이고, 사람의 입장에서는 상덕(上德), 상달(上達), 상선(上善), 상수(上壽), 상지(上智)로 사용된다.

하늘의 입장에서는 상도(上道), 천상(天上), 자상(自上), 상구(上九), 상육(上六)등으로 풀이된다.

『주역』에서는 '상도(上道)를 계승한다'(承上道也), '하늘 위'(天上), '상으로부터 돕는 것이다'(自上祐也), '형이상자(形而上者)를 도라 하고'(形而上者를 謂之道오), '상이 뜻에 합하는 것이다'(上丨 合志也라), '상제를 올리고'(以享上帝), '이괘(離卦)는 상이고'(離者는 上也) 등으로 논하고 있다.

빛 색

天	무색(无色), 공(空)
人	색심(色心), 색덕(色德)
地	빛, 색채, 경치, 용모, 여색(女色), 안색(顔色)

빛 색(色)은 쌀 포(勹)와 땅이름 파(巴)나 뱀 사(巳)로, 뱀 같은 사악한 욕망을 감싸고 있는 것이다.

땅의 입장에서 색(色)은 빛, 색채, 경치, 용모, 여색(女色), 안색(顔色) 등의 의미로, 현상의 세계로 드러나고 보이는 것을 말한다. 사람의 입장에서는 색심(色心), 색덕(色德)으로, 이중적인 의미를 알 수 있다.

『성경』에서는 '음욕을 품고 여자를 바라보는 자는 누구나 그의 마음으로 그녀와 더불어 이미 간음하였느니라'라 하여, 색심(色心)을 경계하고 있다.

하늘의 입장에서는 무색(无色)이고, 색즉시공(色卽是空)이니 공(空)의 의미로 해석할 수 있다.

「잡괘(雜卦)」에서는 '비괘(賁卦)는 무색(无色)이다'(賁는 无色也라)라 하여, 화려하게 꾸미는 의미를 가진 비괘(賁卦)가 색이 없다고 하였다. 즉, 색즉시공(色卽是空)으로 공즉시색(空卽是色)을 논한 것이다.

『논어』에서는 '교묘한 말과 꾸미는 얼굴은 인(仁)이 드문 것이다'(巧言令色이 鮮矣仁이니라), '내가 아직 덕을 좋아하는 것을 색을 좋아하는 것 같이 하는 사람을 보지 못하였다'(吾未見好德이 如好色者也케라)라 하여, 겉으로 드러나는 외모를 좋아하는 사람이 사랑을 실천하기는 드문 것이다.

날 생

天	천생(天生), 대생(大生), 생생(生生), 사생(死生), 생시(生著), 생효(生爻)
人	화생(化生), 생심(生心), 생기(生氣)
地	출생, 살리다, 산 것, 목숨, 생기다, 나오다, 자라다

날 생(生)은 누운 사람 인(亻)과 흙 토(土)로, 이 땅에 진리를 밝힌 성인이 탄생하는 것이다.

「계사하」에서는 '천지(天地)의 위대한 덕은 낳는데 있고, 성인의 위대한 보물은 덕위(德位)에 있으니'(天地之大德曰生이오 聖人之大寶曰位니)라 하여, 생(生)은 천지(天地)의 위대한 덕으로 성인(聖人)이 탄강하는 것이다.

땅의 입장에서 생(生)은 출생, 살리다, 산 것, 목숨, 생기다, 나오다, 자라다의 의미이고, 사람의 입장에서는 화생(化生), 생심(生心), 생기(生氣) 등으로 이해할 수 있다.

하늘의 입장에서는 천생(天生), 대생(大生), 생생(生生), 사생(死生), 생시(生著), 생효(生爻) 등으로 사용하고 있다.

익괘(益卦)에서는 '하늘이 베풀고 땅이 낳으니'(天施地生)라 하여, 천시지생(天施地生)의 이치를 밝히고, 「계사상」에서는 '낳고 낳는 것이 역(易)이고'(生生之謂ㅣ 易이오)라 하여, 역(易)의 진리는 낳고 낳는 이치이다.

생생(生生)은 중생(重生)으로 거듭남이다. 거듭남도 천·인·지(天人地)의 입장에서 보면, 땅의 입장에서 거듭남은 우리의 몸이 어머니 배에서 한 번 태어나고, 정신은 사춘기를 거치면서 다시 태어나는 것이다. 사람의 입장에서는 탐욕의 마음으로 살아가던 내가 욕심을 버리고 계율과 윤리를 실천하면서 살아가는 것이다. 하늘의 입장에서는 관념적 사유나 에고(ego, 自我)로 살아가던 내가 진리로 거듭나는 것이다. 성인의 가르침을 통해 하늘의 진리를 깨우침으로 거듭나는 것이다.

「계사상」에서는 '하늘이 신물(神物)을 낳거늘 성인이 법 받았고'(天生神物이어늘 聖人이 則之하며)라 하여, 하늘이 낳은 진리를 성인이 세상에 밝힌 것이다. '시작에 근원하여 마침으로 돌아가는 것이라 그러므로 죽음과 삶의 말씀을 알며'(原始反終이라 故로 知死生之說하며)라 하여, 생사(生死)가 아니라 사생(死生)의 종시(終始)원리로 논하고 있다.

『예기(禮記)』에서는 죽음에 대한 특별한 말씀이 있는데, '죽음에 조문하지 않는 것이 3가지 있으니, 외사(畏死), 압사(壓死), 익사(溺死)이다'(死而不弔者三, 畏, 厭, 溺)라 하여, 비명횡사(非命橫死)를 엄밀히 경계하고 있다. 외사(畏死)는 자살(自殺)이나 사형(死刑) 등 두려움 속에 죽는 것이고, 압사(壓死)는 건물 · 나무 · 바위 · 자동차 · 사람 등에 눌려서 죽는 것이고, 익사(溺死)는 물이나 기름에 빠져 죽는 것이다.

우리가 자신에게 주어진 소중한 생명을 잘 지키고 살아야 함은 죽음이 있기 때문이다. 『논어』에서는 '증자(曾子)께서 질병에 걸리자 제자들을 물러『시경』의 말씀인 전전긍긍(戰戰兢兢)하여 깊은 연못가를 걷는 듯하며, 얇은 얼음을 밟는 것 같이 한다'(曾子ㅣ 有疾하샤 김門弟子曰 .... 詩云戰戰兢兢하야 如臨深淵하며 如履薄氷이라)라 하여, 삼가고 조심해야 하는 삶을 밝히고 있다.

서녘 서

天	태괘(兌卦), 서산(西山), 서교(西郊)
人	정의(正義), 가을, 서학(西學)
地	서녘, 서쪽, 서방, 서양

　서녘 서(西)는 한 일(一)과 사람 인(儿), 입 구(口)로, 세상에 사람들이 살아가는 것이다. 구(口)는 사람이면서 땅이다.

　서(西)는 땅을 상징하는 구(口)가 위주라면, 동(東)은 하늘을 상징하는 일(日)이 위주이다. 서양(西洋)은 땅의 세계인 형이하의 과학이 중심이라면, 동양(東洋)은 하늘의 세계인 형이상의 철학과 종교가 중심이다. 서양과 동양은 지중해(地中海, Mediterranean Sea)를 기준으로 나누어진 것이다.

　땅의 입장에서 서(西)는 서녘, 서쪽, 서방, 서양 등으로 사용되고, 사람의 입장에서는 정의(正義), 가을, 서학(西學) 등이고, 하늘의 입장에서는 태괘(兌卦), 서산(西山), 서교(西郊)로 풀이된다.

　「설괘」에서는 '태괘는 정 가을이니 만물의 기뻐하는 까닭이니, 그러므로 태괘에서 말씀을 기뻐한다'(兌는 正秋也니 萬物之所說也일새 故로 曰說言乎兌라)라 하여, 서방은 가을이고, 태괘(兌卦)임을 밝히고 있다.

　「설괘」 제5장에서는 문왕팔괘도(文王八卦圖)에 대해 밝히고 있는데, 오직 태괘(兌卦)만 서방이라 하지 않고 정추(正秋)라 하였다. 즉, 태방(兌方)은 서방(西方)이고, 가을이고, 의(義)와 짝한다.

　『주역』에서는 '서남방(西南方)은 벗을 얻는다'(西南得朋), '서남방(西南方)이 이롭다'(利西南)라 하였다.

글 서

天	낙서(洛書), 귀서(龜書), 도서(圖書), 역서(易書), 서계(書契)
人	서경(書經), 시서(詩書), 사서(四書), 경서(經書), 양서(良書)
地	글, 문장, 기록, 책, 편지, 문자, 글씨

글 서(書)는 돼지 머리 계(彐)와 흙 토(土) 그리고 가로 왈(日)로, 땅에서 진리를 잡고 말하는 것이다.

땅의 입장에서 서(書)는 글, 문장, 기록, 책, 편지, 문자, 글씨 등으로 사용되고, 사람의 입장에서는 서경(書經), 시서(詩書), 사서(四書), 경서(經書), 양서(良書) 등 하늘의 진리를 말씀으로 드러낸 책을 의미한다.

하늘의 입장에서는 낙서(洛書), 귀서(龜書), 도서(圖書), 역서(易書), 서계(書契) 등으로 사용하고 있다.

귀서(龜書)는 낙서(洛書)를 말하는 것이고, 도서(圖書)는 하도(河圖)와 낙서(洛書)를 말하는 것이다. 하늘의 진리를 표상하는 신물(神物)이다.

「계사상」에서는 '하수에서 그림이 나오고 낙수에서 서(書)가 나오거늘 성인이 법 받았으니'(河出圖하며 洛出書어늘 聖人이 則之하니)라 하여, 하늘이 낸 하도(河圖)와 낙서(洛書)를 성인이 법 받아서 완성한 것이다.

또 「계사하」에서는 '역의 서계(書契)로써'(易之以書契), '역의 글됨이'(易之爲書也)라 하여, 서(書)는 역의 진리를 표상한 것이다.

낙서의 이치는 「계사상」 제9장에서 구체적으로 밝히고 있다. 낙서의 그림은 다음과 같다.

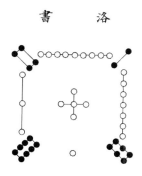

洛 書		
4	9	2
3	5	7
8	1	6

위의 그림을 보면, 낙서는 네 정방의 구(九)와 일(一)·칠(七)과 삼(三)의 천수(天數)와 네 모퉁이의 팔(八)과 이(二)·육(六)과 사(四)의 지수(地數) 그리고 가운데 오(五)로 구성되어 있다. 네 정방과 네 모퉁이에서 서로 마주보고 있는 수의 합은 十이 된다.

따라서 낙서는 십(十)을 본체로 9⑴ → 8⑵ → 7⑶ → 6⑷ → ⑸로 작용하는 체십용구(體十用九)를 표상하고 있다. 또 낙서에서 가운데 5를 제외한 네 정방의 구(九)와 일(一)은 태양(太陽, ▬▬), 칠(七)과 삼(三)은 소양(少陽, ▬ ▬)이고, 네 모퉁이의 팔(八)과 이(二)는 소음(少陰, ▬▬), 육(六)과 사(四)는 태음(太陰, ▬ ▬)으로, 음양이 분리된 사상(四象)원리를 표상하고 있다.

石

돌 석

天	간괘(艮卦), 석과(碩果)
人	마음이 견고하다, 개우석(介于石), 석경(石經)
地	돌, 암석(巖石), 돌비석

돌 석(石)은 한 일(一)과 삐침 별(丿) 그리고 구(口)로, 땅에서 자신을 다스리는 것이다.

땅의 입장에서 석(石)은 돌, 암석(巖石), 돌비석 등의 의미이고, 사람의 입장에서는 마음이 견고하다, 개우석(介于石), 석경(石經) 등이고, 하늘의 입장에서는 간괘(艮卦), 석과(碩果)로 풀이된다.

「설괘」에서는 '간괘(艮卦)는 작은 돌이 되고'(艮은 爲小石)라 하여, 석(石)은 소남(少男)인 간괘(艮卦)를 상징한다.

예괘(豫卦)에서는 '돌에서 굳은 것이라 하루를 마치지 않는다'(介于石이라 不終日이니)라 하고, 「계사하」에서는 '돌과 같이 굳으니 어찌 하루를 마치도록 쓰겠는가 결단하여 아는 것이로다. 군자는 은미함을 알고 드러남을 알며 부드러움을 알고 강함을 아니 만부가 우러러 본다'(介如石焉커니 寧用終日이리오 斷可識矣로다 君子ㅣ 知微知彰知柔知剛하나니 萬夫之望이라)라 하여, 석(石)은 간군자(艮君子)를 상징한다.

석(石)은 클 석(碩)과 짝이 되는데, 박괘(剝卦)에서는 '큰 과일은 먹지 않는다'(碩果不食)라 하여, 내년의 씨로 쓸 석과(碩果)는 남겨두는 하늘의 섭리를 밝히고 있다.

착할 선

天	진리의 속성, 천지지선(天地之撰), 이간지선(易簡善), 지선(至善), 지덕(至德), 계선(繼善)
人	선덕(善德), 적선(積善)
地	착하다, 선하다, 좋음, 잘함, 친하다, 선행(善行), 선량(善良), 선우(善友)

착할 선(善)은 양 양(羊)과 여덟 팔(八), 한 일(一)과 입 구(口)로, 양 여덟 마리가 한 사람으로 돌아오는 것이다. 하늘의 팔괘(八卦)를 깨우치는 것이 착한 것이다.

땅의 입장에서 선(善)은 착하다, 선하다, 좋음, 잘함, 친하다, 선행(善行), 선량(善良), 선우(善友) 등의 의미이고, 사람의 입장에서는 선덕(善德), 적선(積善) 등이 있다. 하늘의 입장에서는 진리의 속성으로 천지지선(天地之撰), 이간지선(易簡善), 지선(至善), 지덕(至德), 계선(繼善)으로 사용하고 있다.

건괘(乾卦)에서는 '원(元)이라는 것은 선(善)의 어른이고'(元者는 善之長也오)라 하여, 원·형·이·정(元亨利貞)의 근본인 원(元)과 선(善)이 서로 짝이 된다. 「계사상」에서는 '이간(易簡)의 선(善)은 지덕(至德)과 짝한다'(易簡之善은 配至德하니라)라 하여, 선(善)은 음양(陰陽)작용하는 천도(天道)를 계승한 것이고, 지극한 덕과 짝하는 건곤(乾坤)의 선(善)이다.

선(善)이 하늘의 마음이기 때문에 깨우친 사람과 깨우친 척하는 사이비(似而非)를 구분하는 기준이 된다. 그 사람이 착한 마음으로 대중을 대하는 것과 위압이나 권위로 대하는 것이 나누어진다.

또 선(善)은 불교의 탐·진·치(貪瞋癡) 삼독심(三毒心)을 극복하는 관용(寬容)·자애(慈愛)·지혜(智慧)의 근원이다. 불교 경전에서 선남자(善男子)와 선여인(善女人)은 이것을 실천하는 사람이다.

곤괘(坤卦)에서는 '선을 쌓은 집에는 반드시 나머지 경사가 있고, 불선(不善)을 쌓은 집에는 반드시 나머지 재앙이 있으니'(積善之家는 必有餘慶하고 積不善之家는 必有餘殃하나니)라 하여, 적선(積善)을 밝히고, 대유괘(大有卦)에서는 '악(惡)을 막고 선(善)을 드날려서 하늘을 따르고 천명(天命)을 편안하게 한다'(遏惡揚善하야 順天休命하나니라)라 하였다.

먼저 선

天	선천(先天), 선왕(先王), 선성(先聖)
人	선덕(先德), 선구자(先驅者), 선각(先覺), 선지(先知), 선견(先見), 급선무(急先務)
地	먼저, 먼저 하다, 최초로, 우선(于先), 선후(先後), 선진(先進)

먼저 선(先)은 누운 사람 인(亻)과 돼지 머리 두(亠) 그리고 걷는 사람 인(儿)으로, 성인이 하늘의 진리를 먼저 실천하는 것이다. 진리를 깨우친 성인의 말씀을 실천하는 것이 먼저이다.

땅의 입장에서 선(先)은 먼저, 먼저 하다, 최초로, 우선(于先), 선후(先後), 선진(先進) 등으로 사용되고, 사람의 입장에서는 선덕(先德), 선구자(先驅者), 선각(先覺), 선지(先知), 선견(先見), 급선무(急先務) 등이고, 하늘의 입장에서는 선천(先天), 선왕(先王), 선성(先聖)으로 풀이된다.

『주역』에서 선(先)이라 하면, 선천(先天)이나 후천(後天)의 고유 명사를 떠올릴 수 있지만, 그러한 개념은 『주역』에 존재하지 않는다.

건괘(乾卦)에서는 '하늘보다 먼저 해도 하늘이 절대로 어기지 않고, 하늘보다 뒤에 해도 천시(天時)가 받드니'(先天而天弗違하며 後天而奉天時하나니)라 하여, 선천(先天)과 후천(後天)이 나오지만, 여기서는 고유명사가 아니라 하늘보다 먼저 하고, 하늘보다 뒤에 한다는 동사이다.

곤괘(坤卦)에서도 '먼저 하면 미혹하여 도를 잃어버리고, 뒤에 하면 상도를 얻으리니'(先하면 迷하야 失道하고 後하면 得常하리니)라 하고, 또 '먼저

는 비색되고 뒤에는 기쁘다'(先否코 後喜로다), '먼저는 엉엉 울고 뒤에는
웃는다'(先號咷而後笑), '먼저는 웃고 뒤에는 엉엉 울다'(先笑後號咷), '먼저
는 어렵고 뒤에는 쉽다'(先難而後易)라 하여, 선후(先後)로 밝히고 있다.

『주역』에서 선천(先天)과 후천(後天)은 소옹(邵雍)의 선천학에 연원하
고 있다. 그는 「설괘」 제3장을 '복희선천팔괘도'라 하고, 제5장을 '문왕
후천팔괘도'라 하여, 선천과 후천을 나누었지만, 이는 「설괘」 제6장의
정역팔괘도(正易八卦圖)를 알지 못하고 말한 것이다. 「설괘」 제6장의 정
역팔괘도(正易八卦圖)를 모르는 것은 『주역』의 진리를 알지 못하는 것이
다. 소강절은 선천과 후천을 『주역』에 끌어들임으로써 역도(易道)를 왜
곡하는 일을 저지른 것이다.

『정역』에서도 선천(先天)과 후천(后天)을 밝히고 있지만, 후천에 뒤 후
(後)를 쓰지 않고, 왕후 후(后)로 사용하고 있다.

특히 '선천이 후천이고, 후천이 선천이고'(先天而后天이요 … 后天而先
天이요)라 하여, 선천과 후천을 일체적인 관계로 밝히고 있다. 또 '후천
은 선천에 정사하니 수화기제괘이다. 선천은 후천에 정사하니 화수미
제괘이다'(后天은 政於先天하니 水火니라 先天은 政於后天하니 火水니라)라 하
여, 선천과 후천은 서로서로 작용하는 관계로 『주역』의 기제괘(旣濟卦)
와 미제괘(未濟卦)로 논하고 있다.

선천(先天)과 후천(后天)은 하나이면서 둘인 음양의 관계로 풀이된다.
역학(易學)의 선천(先天)과 후천(后天)은 불교의 삼세(三世) 윤회(輪回)와
서로 짝이 되는 것으로 이해된다.

성품 성

天	성리(性理), 성명(性命), 천명(天命)
人	성성(成性), 진성(盡性), 선성(善性)
地	성품(性稟), 성질(性質), 마음, 모습

성품 성(性)은 마음 심(忄)과 날 생(生)으로, 마음을 낳는 본성(本性)이다. 땅의 입장에서 성(性)은 성품(性稟), 성질(性質), 마음, 모습 등으로 사용되고, 사람의 입장에서는 성성(成性), 진성(盡性), 선성(善性) 등이고, 하늘의 입장에서는 성리(性理), 성명(性命)으로 이해할 수 있다.

「계사상」에서는 '한 번 음으로 작용하고 한 번 양으로 작용하는 것을 도(道)라 하고, 계승한 것이 선(善)이고 완성된 것이 성(性)이다'(一陰一陽之謂ㅣ道니 繼之者ㅣ 善也오 成之者ㅣ 性也라)라 하여, 천도(天道)의 음양(陰陽) 작용이 인간 본성으로 내재화되어 선성(善性)이 되었다. 『중용』에서는 '하늘이 명한 것이 성(性)이고'(天命之謂性이오)라 하여, 성(性)은 천명(天命)이 내재화 된 것이다.

「설괘」에서는 '옛날에 성인이 『주역』을 지은 목적이 군자로 하여금 성명의 이치(性命之理)에 순응하게 하고자 함이니'(昔者聖人之作易也는 將以順性命之理니)라 하고, 건괘(乾卦)에서는 '건도(乾道)가 변화함에 각각 성명(性命)을 바르게 하나니'(乾道變化에 各正性命하니)라 하여, 인간 본성을 '성(性)'과 '명(命)'의 구조로 논하고 있다.

성명(性命)과 인·예·의·지(仁禮義知) 사덕(四德)의 관계를 정리하면, 「계사상」에서는 '이것을 이룬 것이 성(性)이니, 어진 자가 보면 인(仁)이라 하고 지혜로운 자가 보면 지(知)라고 한다'(成之者ㅣ 性也니 仁者ㅣ 見之에 謂之仁하고 知者ㅣ 見之에 謂之知니)라 하여, 선성(善性)의 내용이 인(仁)과 지(知)임을 밝히고 있다.

『중용』에서도 '정성(誠)이라는 것은 자기를 이룰 뿐만 아니라 사물을 완성시키니, 자신을 완성시키는 것은 인(仁)이고 사물을 완성시키는 것은 지(智)이니, 성의 덕으로 내외를 합하는 도이다'(誠者는 非自成己而已也라 所以成物也니 成己는 仁也오 成物은 知也니 性之德也라 合內外之道也니)라 하여, 인과 지가 성(性)임을 밝히고 있다.

또 『서경』에서는 '의(義)로써 사물을 다스리고, 예(禮)로써 마음을 다스린다'(以義制事하시고 以禮制心하사)라 하고, 곤괘(坤卦)에서는 '경(敬)으로 안을 바르게 하고 의(義)로써 밖을 바르게 하면 경과 의가 바르게 서고 덕이 외롭지 않는다'(君子ㅣ 敬以直內하고 義以方外하여 敬義立而德不孤하나니)라 하여, 예(禮)는 내면의 마음을 다스리는 것이고, 의(義)는 밖의 사물을 다스리는 것이라 하였다.

『맹자』에서는 '의는 길이고 예는 문이니 오직 군자만이 능히 이 길에 말미암으며 이 문으로 출입하는 것이니'(夫義는 路也오 禮는 門也니 惟君子能由是路하며 出入是門也니)라 하여, 군자는 예와 의로 행동한다고 하였다. 『논어』에서는 '자신을 이겨서 예(禮)로 돌아가는 것이 인(仁)이니'(子曰 克己復禮爲仁이니)라 하여, 인과 예를 체용의 관계로 논하고 있다.

이상에서 성과 명은 체용(體用)의 관계로, 인(仁)과 지(知)가 본체이고 예(禮)와 의(義)가 작용임을 알 수 있다. 또 인(仁)과 예(禮)는 마음을 다스리는 것에서 체용의 관계이고, 지(知)와 의(義)는 사물을 다스리는 것에서 체용의 관계인 것이다.

이룰 성

天	성역(成易), 성괘(成卦), 성상(成象), 시성(時成)
人	성기(成器), 입성(立成), 성남(成男), 성녀(成女), 성물(成物), 재성(財成), 화성(化成)
地	이루다, 성취(成就), 성숙(成熟), 다스리다, 생기다

이룰 성(成)은 쌀 포(勹)와 창 과(戈)로, 창을 감싸는 것이다. 창은 땅의 뜻을 대행하는 이괘(離卦)를 상징하기 때문에 하늘의 뜻이 땅에서 이루어지는 것이다.

땅의 입장에서 성(成)은 이루다, 성취(成就), 성숙(成熟), 다스리다, 생기다, 성공(成功), 성립(成立), 성형(成形) 등의 의미이고, 사람의 입장에서는 성기(成器), 입성(立成), 성남(成男), 성녀(成女), 성물(成物), 재성(財成), 화성(化成), 성언(成言), 졸성(卒成), 성명(成名), 성무(成務), 곡성(曲成), 성위(成位) 등이다.

하늘의 입장에서는 성역(成易), 성괘(成卦), 성상(成象), 성성(成性), 대성(大成), 무성(无成), 시성(時成), 성장(成章) 등으로 사용되고 있다.

「계사상」에서는 '하늘에 있어서는 상(象)이 이루어지고 땅에 있어서는 형(形)이 이루어지니'(在天成象코 在地成形하니), '상(象)을 이룬 것은 건(乾)이라 하고'(成象之謂ㅣ 乾이오), '건도(乾道)는 남자를 이루고, 곤도(坤道)는 여자를 이루니 건도가 위대한 시작을 주관하고 곤도가 만물을 완성하는 것이다'(乾道ㅣ 成男하고 坤道ㅣ 成女하니 乾知大始오 坤作成物이라),

'네 번 경영하여 역(易)을 완성하고'(四營而成易하고)라 하여, 성상(成象), 성역(成易), 성형(成形), 성남(成男), 성녀(成女)를 밝히고 있다.

「설괘」에서는 '역이 여섯 획으로 괘를 완성하고, 역이 여섯 위에서 빛을 완성하는 것이다'(易이 六畫而成卦하고 …… 易이 六位而成章하나니라)라 하여, 성괘(成卦), 성장(成章)을 논하고 있다.

비괘(賁卦)에서는 '인문(人文)에서 보고 세상을 화성(化成)하는 것이다'(觀乎人文하야 以化成天下하나니라)라 하고, 항괘(恒卦)에서는 '성인이 그 도에 오래하고 세상을 화성(化成)하니'(聖人이 久於其道而天下ㅣ化成하나니)라 하여, 성인이 진리를 밝혀 세상의 사람을 감화시키고 완성하는 것이다.

또 '여섯 위에서 천시가 이루어지고'(六位時成), '덕을 이루어 행하고'(以成德爲行), '이룸은 없고 대신 마침이 있다'(无成而代有終), '천지의 도를 재성한다'(財成天地之道), '변화하고 능히 오래 이룬다'(變化而能久成), '만물을 곡직하게 이룬다'(曲成萬物), '본성을 이루어 보존하고 보존한다'(成性存存), '물(物)을 열어 일을 이룬다'(開物成務) 등으로 밝히고 있다.

진실로 성

天	성자(誠者), 존성(存誠), 입성(立誠), 지성(至誠)
人	진실, 성심(誠心), 성신(誠信), 성지(誠之) 사성(思誠)
地	정성(精誠), 성실(誠實), 진심(眞心), 진실

　진실로 성(誠)은 말씀 언(言)과 이룰 성(成)으로, 하늘의 말씀이 이루어지는 것이다.

　「설괘」에서는 '간괘(艮卦)는 동북방의 괘이니, 만물이 마침을 이루고 시작을 이루기 때문에 그러므로 말하기를 간괘에서 말씀이 이루어진다'(艮은 東北之卦也니 萬物之所成終而所成始也일새 故로 曰成言乎艮이라)고 하여, 만물의 성종(成終)과 성시(成始)를 완성하는 간군자(艮君子)의 성(誠)이다.

　땅의 입장에서 성(誠)은 정성(精誠), 성실(誠實), 진심(眞心), 진실 등의 의미이고, 사람의 입장에서는 진실, 성심(誠心), 성신(誠信), 성직(誠直), 성지(誠之), 사성(思誠) 등이고, 하늘의 입장에서는 성자(誠者), 존성(存誠), 입성(立誠)으로 풀이된다.

　건괘(乾卦)에서는 '삿된 것을 막고 그 성(誠)을 보존한다'(閑邪存其誠), '말씀을 닦아서 그 성(誠)을 세운다'(修辭立其誠)라 하여, 존성(存誠)과 입성(立誠)을 밝히고 있다.

　『중용』에서는 '성(誠)이라는 것은 하늘의 도이고, 성(誠)을 하는 것은 사람의 도이니, 진실은 힘쓰지 않아도 적중하며 생각하지 않아도 얻어서 용(容)을 좇고 도에 적중하니 성인이고, 진실하게 하는 것은 선을 택하여 굳게 잡는 것이다'(誠者는 天之道也오 誠之者는 人之道也니 誠者는 不勉而中하며 不思而得하야 從容中道하나니 聖人也오 誠之者는 擇善而固執之者也니라), '오직 천하에 지극한 진실이어야 능히 그 본성을 다할 수 있으니, 그 본성을 다하면 능히 다른 사람의 본성을 다하고'(惟天下至誠이아 爲能盡其性이니 能盡其性則能盡人之性이오)라 하여, 성자(誠者)와 성지자(誠之者)를 구분하고, 지성(至誠)을 밝히고 있다.

『중용』의 성(誠)은 건괘(乾卦)에 연원을 둔 것으로, 성자(誠者)는 천도(天道)이자 성인(聖人)인 것이다.

또 『맹자』에서는 '성(誠)이라는 것은 하늘의 도이고, 성(誠)을 생각하는 것은 사람의 도이다'(誠者는 天之道也요 思誠者는 人之道也니라)라 하여, 성자(誠者)와 사성(思誠)으로 논하고 있다.

『대학』에서는 '그 마음을 바르고 하고자 하는 사람은 먼저 그 뜻을 진실하게 하고, 그 뜻을 진실하게 하고자 하는 사람은 먼저 그 지혜에 이르러야 하니'(欲正其心者는 先誠其意하고 欲誠其意者는 先致其知하니)라 하여, 팔조목(八條目)에서 성의(誠意)를 밝히고 있다. 성의(誠意)를 보통 '뜻을 성실히 하고'나 '뜻을 정성스럽게 하고'라 하는데, 여기서 성(誠)은 '진실하다'로 해석해야 한다. 왜냐하면 도둑이나 악인(惡人)들도 자신이 하는 일이나 뜻을 성실하고 정성스럽게 하지만, 진실하지는 못하기 때문이다.

성스러울 성

天	성령(聖靈), 성학(聖學), 성인지도(聖人之道)
人	성심(聖心), 성현(聖賢), 성덕(聖德), 성공(聖功)
地	성스러움, 성인(聖人)

성스러울 성(聖)은 귀 이(耳)와 입 구(口), 임금 왕(王)으로, 하늘의 소리를 듣고 말씀하는 왕이다. 이(耳)는 감괘(坎卦), 구(口)는 태괘(兌卦)이다.

땅의 입장에서 성(聖)은 성스러움, 성인(聖人) 등이고, 사람의 입장에서는 성심(聖心), 성현(聖賢), 성덕(聖德), 성공(聖功) 등이 있고, 하늘의 입장에서는 성령(聖靈), 성학(聖學), 성인지도(聖人之道)로 풀이된다.

건괘(乾卦)에서는 '그 오직 성인(聖人)이구나 나아가고 물러남과 보존하고 망함을 알고 그 정도를 잃지 않는 사람은 그 오직 성인구나' (其唯聖人乎아 知進退存亡而不失其正者ㅣ 其唯聖人乎인져)라 하여, 오직 성인을 강조하고 있다.

「계사」에서는 '성인이 역(易)을 지음에'(聖人之作易也)와 '역(易)에 성인의 진리가 있으니'(易有聖人之道)라 하여, 성인이 『주역』을 짓고, 진리를 밝힌 것이다. 또 '성인이 현인을 기르고'(聖人이 養賢하야), '성인이 신도(神道)로써 가르침을 베풀고'(聖人이 以神道設敎), '정도로 기르는 것은 성인의 공이다'(以養正이 聖功也니라), '성인이 지음에 만물이 드러난다'(聖人이 作而萬物이 覩하나니)고 하여, 성인의 일을 밝히고 있다.

물 수

天	감괘(坎卦), 천수(天水)
人	생명수(生命數), 오행의 수(水), 윤하(潤下), 겨울, 북방
地	물, 홍수(洪水), 호수(湖水)

물 수(水)는 팔괘에서 감괘(坎卦, ☵)를 옆으로 세운 모습(☵)이다. 가운데 궐(丨)을 중심으로 양쪽에서 두개의 점 주(丶)가 각각 흘러가는 것이다. 주(丶)를 합하면 4개로, 사상(四象)을 상징한다.

땅의 입장에서 수(水)는 물, 홍수(洪水), 호수(湖水) 등으로 사용되고, 사람의 입장에서는 생명수(生命數), 윤하(潤下), 겨울, 북방 등이고, 하늘의 입장에서는 감괘(坎卦), 천수(天水), 오행의 수(水)로 풀이할 수 있다.

『설괘』에서는 '감괘(坎卦)는 물이니 정 북방(北方)의 괘이니'(坎者는 水也니 正北方之卦也니), '감괘(坎卦)는 물이 되고'(坎은 爲水), '만물을 윤택하게 하는 것은 물보다 젖는 것이 없다'(潤萬物者ㅣ 莫潤乎水하고)라 하여, 물은 감괘(坎卦)를 상징한다.

감괘(坎卦)에서는 '물이 흘러 웅덩이를 채우지 못하며, 어려움을 행하지만 그 진실된 믿음을 잃지 않는 것이다'(水流而不盈하며 行險而不失其信이라)라 하여, 물은 웅덩이를 채우지 않으면 흐르지 않듯이 자신에게 주어진 일을 마쳐야 다음으로 넘어가는 것이다. 또 물은 하늘이 준 시련이지만 진리에 대한 믿음을 잃어버리지 않아야 한다.

數

셀 수, 헤아릴 수

天	역수(易數), 역수(曆數), 이수(理數), 천수(天數), 지수(地數), 양수(陽數), 음수(陰數), 대연지수(大衍之數), 역수(逆數), 수도(數度)
人	심수(心數), 수학(數學), 책수(策數), 명수(命數), 운수(運數)
地	셈하다, 숫자, 수량, 계산, 자주

    셀 수(數)는 입 구(口) 2개와 열 십(十), 계집 녀(女)와 칠 복(攵)으로, 땅의 사람들이 하늘의 진리인 십일(十一)의 이치를 헤아리는 것이다. 수(數)는 진리를 드러낸다는 의미에서 이수(理數)이다.

    땅의 입장에서 수(數)는 셈하다, 숫자, 수량, 계산, 자주 등의 의미이고, 사람의 입장에서는 심수(心數), 수학(數學), 책수(策數), 명수(命數), 운수(運數) 등이 있다.

    하늘의 입장에서는 역수(易數), 역수(曆數), 이수(理數), 천수(天數), 지수(地數), 양수(陽數), 음수(陰數), 대연지수(大衍之數), 역수(逆數) 등으로 사용하고 있다.

    「계사상」에서는 '수(數)를 지극히 하여 옴을 아는 것이 점(占)이라 하고'(極數知來之謂ㅣ 占이오)라 하여, 하늘의 뜻을 헤아리는 점(占)은 수(數)를 헤아리는 것이다. 또 '그 수를 다하여 드디어 세상의 상(象)을 정하니'(極其數하야 遂定天下之象하니), '역(易)은 수를 맞이하는 것이다'(易은 逆數也라)라 하여, 『주역』의 상(象)과 역도(易道)는 모두 수(數)와 관계된다.

    『주역』에서 수(數)는 하도와 낙서를 의미한다. 「계사상」에서는 직접 '천수(天數)가 다섯이고, 지수(地數)가 다섯이니 다섯 위에서 서로 얻으며 각각 합덕하니, 천수는 25이고 지수는 30이다. 무릇 천지지수(天地之數)가 55이니 이것이 변화를 이루고 귀신지도를 행하는 것이다'(天數ㅣ 五오 地數ㅣ 五니 五位相得하며 而各有合하니 天數ㅣ 二十有五오 地數ㅣ 三十이라 凡天地之數ㅣ 五十有五니 此ㅣ 所以成變化하며 而行鬼神也라.), '대연(大衍)의 수 50이니'(大衍之數ㅣ 五十이니)라 하여, 1에서 10까지의 수(數)가 천도(天道)와 지도(地道)를 표상한다.

또 술수(術數)는 땅의 입장에서 세상과 사람을 풀이한 것이고, 책수(策數)는 사람의 입장에서 시간을 셈한 수이고, 이수(理數)는 하늘의 이법을 수리(數理)로 표상한 것이다. 따라서 이수(理數)를 근거로 책수(策數)를 헤아리고, 술수(術數)를 필요에 따라 쓸 수 있어야 한다.

修

닦을 수

天	수덕(修德), 수정(修井)
人	수양(修養), 수신(修身), 수사(修辭), 수성(修省)
地	닦다, 다스리다, 수행(修行)

닦을 수(修)는 사람 인(亻)과 뚫을 곤(丨), 칠 복(攵)과 터럭 삼(彡)으로, 사람이 하늘의 진리를 뚫고자 삼재지도(三才之道)를 익히는 것이다.

수(修)와 수(脩)는 같은 뜻인데, 수(修)는 천·인·지(天人地)의 진리를 근거로 닦는 것이고, 수(脩)는 음양(陰陽)의 이치를 근거로 닦는 것이다.

땅의 입장에서 수(修)는 닦다, 다스리다, 수행(修行) 등의 의미이고, 사람의 입장에서는 수양(修養), 수신(修身), 수사(修辭), 수성(修省) 등이고, 하늘의 입장에서는 수덕(修德), 수정(修井)으로 사용하고 있다.

건괘(乾卦)에서는 '군자가 덕에 나아가고 사업을 닦으니, 충신(忠信)이 덕에 나아가는 것이고 말씀을 닦아서 성(誠)을 세우는 것이 사업에 거처하는 것이다'(君子ㅣ 進德修業하나니 忠信이 所以進德也오 修辭立其誠이 所以居業也라), '군자가 덕에 나아가고 사업을 닦음은 천시(天時)에 미치고자 함이니'(君子 進德修業은 欲及時也니)라 하여, 진덕수업(進德修業)과 수사(修辭)를 밝히고 있다.

또 '몸을 닦는 것이다'(以修身也), '덕의 닦음이다'(德之修也), '몸으로 돌아가 덕을 닦는다'(反身脩德), '우물을 닦는다'(脩井也), '두려움으로 닦아서 성찰한다'(恐懼脩省)라 하였다. 수정(修井)에서 우물 정(井)은 구궁도(九宮圖)로 천도(天道)인 낙서원리를 상징한다.

『대학』에서는 '물(物)에 나아간 이후에 지혜가 이르게 되고, 지혜에 이른 이후에 뜻이 정성스럽게 되고, 뜻을 정성스럽게 한 이후에 마음이 바르게 되고, 마음을 바르게 한 이후에 몸이 닦여지고, 몸을 닦은 이후에 가정이 바르게 되고, 가정을 바르게 한 이후에 나라가 다스려지고, 나라를 다스린 이후에 천하가 바로잡아지는 것이다'(物格而后에 知至하고 知至而后에 意誠하고 意誠而后에 心正하고 心正而后에 身修하고 身修而后에 家齊하고 家齊而后에 國治하고 國治而後에 天下平이니라)라 하여, 수신(修身)이 격물치지(格物致知)·성의정심(誠意正心)과 제가(齊家)·치국평천하(治國平天下)를 연결하는 핵심적 조목(條目)임을 알 수 있다.

『논어』에서는 '공경으로써 자기를 닦고, 자기를 닦고 사람들을 편안하게 하며, 자기를 닦고 백성을 편안하게 하는 것이다'(子ㅣ 曰脩己以敬이니라 曰如斯而已乎잇가 曰脩己以安人이니라 曰如斯而已乎잇가 曰脩己以安百姓이니)라 하여, 유학의 궁극적 지향인 수기안인(脩己安人), 수기안백성(脩己安百姓)을 밝히고 있다.

『맹자』에서는 '옛날 사람이 뜻을 얻어서는 은택이 백성에게 더하고, 뜻을 얻지 못하여서는 몸을 닦아서 세상에 나타내는 것이니, 궁하면 그 몸을 선하게 하고 영달하면 세상에 선을 겸하는 것이다'(古之人이 得志하얀 澤加於民하고 不得志하얀 修身見於世하니 窮則獨善其身하고 達則兼善天下니라)라 하여, 독선기신(獨善其身)과 겸선천하(兼善天下)가 수신(修身)에 근본하고 있다.

손 수

天	간괘(艮卦), 십수(十手), 수지상수(手指象數), 천수(千手)
人	마음의 손, 양수(良手)
地	손, 손가락, 잡다, 도움

   손 수(手)는 삐침 별(丿)과 두 이(二), 갈고리 궐(亅)로, 음양의 이치를 갈고리질하여 다스리는 것이다. 진리는 손으로 표상된다.

   땅의 입장에서 수(手)는 손, 손가락, 잡다, 도움 등의 의미이고, 사람의 입장에서는 마음의 손, 양수(良手) 등이고, 하늘의 입장에서는 간괘(艮卦), 십수(十手), 수지상수(手指象數), 천수(千手) 등으로 풀이된다.

   「설괘」에서는 '간괘는 손이 되고'(艮爲手오), '간괘는 손가락이 되고'(艮은 爲指)라 하여, 수(手)와 지(指)는 간괘(艮卦)를 상징한다.

   「계사상」에서는 '대연의 수(數)가 50이니, 그 작용은 49이다. 나누어 둘이 되어서 둘을 표상하고, 하나를 걸어서 셋을 상징하고, 넷으로 헤아려서 사시(四時)를 상징하고 새끼손가락에 기수(奇數)로 돌아가서 윤(閏)을 상징하니, 다섯 해에 윤을 거듭하니 그러므로 새끼손가락을 거듭한 이후에 거는 것이다'(大衍之數ㅣ 五十이니 其用은 四十有九라 分而爲二하야 以象兩하고 掛一하야 以象三하고 揲之以四하야 以象四時하고 歸奇於扐하야 以象閏하나니 五歲에 再閏이라 故로 再扐而後에 掛하나니라)라 하여, 걸 괘(掛 = 扌 + 卦) 2회, 셀 설(揲 = 扌 + 枼), 륵(扐 = 扌 + 力) 2회로, 수(扌, 手)를 다섯 번 사용하여 다섯 손가락을 상징하고 있다.

수지상수는 『정역』에서 다시 밝히고 있는데, '들면 문득 무극(无極)이니 십(十)이다. 십(十)은 곧 태극(太極)이니 일(一)이다'(擧便无極이니 十이니라 十便是太極이니 一이니라)라 하였다.

손바닥을 펼쳐 들면 십(十)인데, 여기서 엄지(拇指)부터 새끼손가락(小指) 순서로 굽혀나가는 것이다. 엄지를 굽히면 1·9, 검지(食指)를 굽히면 2·8, 중지(中指)를 굽히면 3·7, 약지(無名指)를 굽히면 4·6이 되고 마지막으로 새끼를 굽히면 오(五)가 되어 손바닥(方)이 주먹(圓)으로 전환된다.

또 주먹(圓)은 오(五)를 본체(本體)로 하고, 새끼손가락에서 엄지까지 펼쳐가는 것이다. 새끼를 펴면 1·6, 약지를 펴면 2·7, 중지를 펴면 3·8, 검지를 펴면 4·9, 엄지를 펴면 5·10이 되어, 주먹(圓)이 손바닥(方)으로 펼쳐진다.

『논어』에서는 '하늘의 뜻과 감통하는 인간의 행위인 체(禘)제사가 손바닥에 있다'(其如示諸斯乎인뎌하시고 指其掌하시다)라 하고, 『孟子』에서도 '천하를 다스리는 것은 손바닥 위에서 운영하는 것과 같다'(治天下는 可運於掌上이니라)라 하여, 손바닥이 진리를 상징하고 있다고 하였다.

따를 순

天	곤괘(坤卦), 순천(順天), 지순(至順), 순역(順逆)
人	화순(和順), 순덕(順德), 순동(純動), 순사(順事)
地	순하다, 따르다, 좇다, 온순(溫順), 순행(順行)

따를 순(順)은 내 천(川)과 머리 혈(頁)로, 하늘의 뜻이 흘러가는 것에 순응하는 것이다. 혈(頁)은 일(一)과 팔(八), 자(自)로 스스로 그러한 진리의 의미이다.

땅의 입장에서 순(順)은 순하다, 따르다, 좇다, 온순(溫順), 순행(順行) 등의 의미이고, 사람의 입장에서는 화순(和順), 순덕(順德), 순동(純動), 순사(順事) 등이고, 하늘의 입장에서는 곤괘(坤卦), 순천(順天), 지순(至順), 순역(順逆)으로 풀이할 수 있다.

「설괘」에서는 '곤괘(坤卦)는 순응이고'(坤은 順也오)라 하고, 곤괘(坤卦)에서는 '곤도(坤道)는 그 순응하는 것이구나 하늘을 계승하고 천시(天時)를 행하는 것이다'(坤道ㅣ 其順乎인져 承天而時行하나니라)라 하여, 순(順)은 곤괘(坤卦)를 상징한다.

또 「설괘」에서는 '감을 헤아리는 것은 순(順)이고 옴을 아는 것은 역(逆)이니'(數往者는 順하고 知來者는 逆하니)라 하여, 순역(順逆)과 왕래(往來)를 연결시키고 있다. 왕래(往來)는 가고 오는 것으로, 근본적으로는 하도와 낙서의 작용원리이다.

따라서 순(順)은 하늘의 뜻이 사람에게 내재화되는 것이라면, 역(逆)은 사람이 하늘의 뜻을 추구하는 것이다. 소과괘(小過卦)에서는 '위로 올라가는 것은 역(逆)이고, 아래로 내려오는 것은 순(順)이다'(上逆而下順也)라 하여, 사람의 마음이 위로 향하는 것은 역(逆)이고, 하늘이 사람으로 내려오는 것은 순(順)이다.

「계사하」에서는 '하늘이 돕는 것은 순응함이고, 사람이 돕는 것은 믿음이니'(天之所助者ㅣ順也오 人之所助者ㅣ信也니)라 하여, 하늘을 따르는 사람을 하늘이 돕는 것이다.

또 '하늘에 순응하고 천명을 아름답게 한다'(順天休命), '순응하여 행동한다'(順動), '명(命)에 순응한다'(順命), '천명(天命)에 순응한다'(順天命), '덕(德)에 순응한다'(順德), '하늘에 순응한다'(順乎天), '도덕에 화합하고 따른다'(和順於道德), '성명의 이치에 따른다'(順性命之理) 등이라 하였다.

純

순수할 순

天	순수(純粹), 순리(純理)
人	순기(純氣), 순애(純愛)
地	순수하다, 천진(天眞), 좋다, 착하다, 온화하다, 생사(生絲)

순수할 순(純)은 실 사(糸)와 둔괘 둔(屯)으로, 하늘의 작용이 시생(始生)되는 순수함이다. 둔(屯)은 삐침 별(丿)과 풀 철(屮)로 풀이 땅을 뚫고 나오는 것이다.

땅의 입장에서 순(純)은 순수하다, 천진(天眞), 좋다, 착하다, 온화하다, 생사(生絲) 등의 의미이고, 사람의 입장에서는 순기(純氣), 순애(純愛) 등이고, 하늘의 입장에서는 순수(純粹), 순리(純理)로 사용하고 있다.

건괘(乾卦)에서는 '위대하구나 건도(乾道)여 강건(剛健) · 중정(中正) · 순수(純粹)한 정수(精髓)이고'(大哉라 乾乎여 剛健中正純粹ㅣ 精也오)라 하여, 건도(乾道)의 속성을 밝히면서 딱 한 번 순(純)을 논하고 있다. 순수함은 하늘의 마음으로 '적자지심'(赤子之心)과 통하는 것이다.

때 시

天	천시(天時), 사시(四時), 시중(時中), 시의(時義), 시변(時變)
人	여시(與時), 시발(時發), 시행(時行), 수시(隨時), 시용(時用)
地	때, 세월(歲月), 기회, 때때로, 시간(時間)

때 시(時)는 날 일(日)과 문지기 시(寺)로, 진리의 빛이 땅에 절도 있게 비치는 것이다.

시(寺)는 '간괘(艮卦)는 문지기가 되고'(艮은 爲閣寺)라 하여, 큰 문을 지키는 혼시(閣寺)로, 간군자(艮君子)를 상징한다. 따라서 시(時)는 군자의 마음에 하늘의 빛이 들어오는 때이다. 천시(天時)에 맞게 살아가는 존재가 군자이다.

땅의 입장에서 시(時)는 때, 세월(歲月), 기회, 때때로, 시간(時間) 등의 의미이고, 사람의 입장에서는 여시(與時), 시발(時發), 시행(時行), 수시(隨時), 시용(時用), 시승(時升), 시지(時止), 실시(失時), 대시(待時) 등이 있다.

하늘의 입장에서는 천시(天時), 사시(四時), 시중(時中), 시의(時義), 시변(時變), 유시(有時), 시승(時乘)을 찾을 수 있다.

「잡괘(雜卦)」에서는 '대축괘(大畜卦)는 시(時)이고'(大畜은 時也오)라 하여, 산천대축(山天大畜)이 시(時)를 상징한다.

건괘(乾卦) 등에서는 '하늘을 계승하고 시(時)를 행한다'(承天而時行), '하늘에 응하고 시를 행하며'(應乎天而時行), '천문(天文)을 보고 시변(時變)을 살피며'(觀乎天文하야 以察時變하며)라 하여, 시(時)는 하늘의 작용으로 천시(天時)이다.

건괘(乾卦)에서는 '종시(終始)를 크게 밝히면 여섯 위가 시(時)를 이루니 시(時)가 여섯 용을 타서 하늘을 어거한다'(大明終始하면 六位時成하나니 時乘六龍하야 以御天하나니라)라 하고, 간괘(艮卦)에서는 '시(時)가 그치면 그치고, 시(時)가 행하면 행하여 움직이고 고요함에 그 시(時)를 잃어버리지 않는다'(時止則止하고 時行則行하야 動靜不失其時)라 하여, 천시(天時)의 작용과 그것을 따르는 군자의 행동을 밝히고 있다.

또 '시중(時中)을 행한다'(行時中也), '예괘의 시의(時義)'(豫之時義), '수시(隨時)의 뜻'(隨時之義), '유시(有時)에 응하다'(應有時), '시승(時升)하다'(以時升), '시(時)와 더불어 함께 행하다'(與時偕行), '시(時)로써 발하다'(以時發), '시(時)를 기다려 움직이다'(待時而動), '오직 시물(時物)이다'(唯其時物) 등으로 사용하고 있다.

『주역』에서 시(時)는 천시(天時)로, 대상적 시간(時間)의 관념과는 차원이 다르다. 『주역』의 핵심 개념인 시(時)를 사람이 과거-현재-미래로 인식하는 물리적 내지 인식론적 시간으로 해석함으로써 역학(易學)을 미래를 예견하는 것으로 오해하였다. 『주역』의 시(時)는 마친 즉 시작이 있는 천도(天道) 운행이 드러나는 것이며, 이것은 인간의 인식을 넘어선 영원한 현재인 순간(瞬間, 刹那)을 의미한다. 『주역』은 천·인·지(天人地) 삼재지도(三才之道)의 형이상학적 원리를 밝힌 경전으로, 사람의 시간의식인 과거-현재-미래를 논하지 않고 있다.

처음 시

天	종시(終始), 건시(乾始), 대시(大始), 원시(原始)
人	자시(資始), 시교(始交), 성시(成始)
地	처음, 시초(始初), 근본, 시작함, 비로소

처음 시(始)는 계집 녀(女)와 별 태(台)로, 십일(十一)의 진리가 나와 세상에 처음으로 시작되는 것이다. 태(台)는 나 사(厶)와 구(口)로, 나와 세상을 의미한다.

땅의 입장에서 시(始)는 처음, 시초(始初), 최초에, 근본, 시작함, 비로소, 시작(始作), 시생(始生) 등의 의미이고, 사람의 입장에서는 자시(資始), 시교(始交), 성시(成始), 시구(始求), 모시(謀始) 등이 있고, 하늘의 입장에서는 종시(終始), 건시(乾始), 대시(大始), 음시(陰始), 원시(原始) 등을 찾을 수 있다.

고괘(蠱卦)에서는 '마친 즉 시작이 있음은 천도 운행이다'(終則有始ㅣ 天行也라)라 하고, 「계사하」에서는 '종시(終始)를 두려워 함'(懼以終始)이라 하여, 종시(終始)가 천행(天行)이라 하였다.

건괘(乾卦)에서는 '건도의 시작이 능히 아름다운 이로움으로 세상을 이롭게 한다'(乾始ㅣ 能以美利로 利天下라), 「계사상」에서는 '건도가 위대한 시작을 주관하고'(乾知大始오)라 하여, 건시(乾始)와 대시(大始)는 하늘의 시작이다.

또 '만물이 비로소 시작하니'(萬物이 資始하니), '음이 비로소 응결되니'(陰始凝也), '비로소 사귀어 어렵게 나오니'(始交而難生) 등이 있다.

이 시, 옳을 시

天	시고(是故), 즉시(則是)
人	정심(正心), 시비지심(是非之心), 시생(是生), 어시(於是)
地	이것, 여기, 옳음, 바름, 바르게 하다

이 시(是)는 날 일(日)과 한 일(一) 그리고 그칠 지(止)로, 진리의 빛이 하나에서 그쳐 있는 것이다. 내 마음에서 시비(是非)를 정확하게 하기 위해서 진리의 빛을 하나로 해야 한다.

땅의 입장에서 시(是)는 이것, 여기, 옳음, 바름, 바르게 하다 등의 의미이고, 사람의 입장에서는 정심(正心), 시비지심(是非之心), 시위(是謂), 시생(是生), 어시 (於是), 시흥(是興) 등이고, 하늘의 입장에서는 시고(是故), 즉시(則是)로 이해할 수 있다.

『주역』에서 시(是)는 '시고(是故)로'가 가장 많은데, '그러므로'나 '이러한 까닭에'로 번역하고 있다. 시고(是故)는 연고 고(故)의 의미가 중요한 것이다. 고(故)는 하늘의 변고(變故)로 변화(變化)의 연고이기 때문에 '시고(是故)로'는 '하늘의 변화가 이러하기 때문에'로 해석된다.

또 '즉시(則是) 천지가 사귀고 만물이 통하며'(則是天地ㅣ 交而萬物이 通也며), '이에 신물(神物)을 흥작하여'(是興神物), '이에 비로소 팔괘를 지어서'(於是에 始作八卦하야)라 하여, 시(是)를 밝히고 있다.

건괘(乾卦) 등에서는 '옳음을 보지 못해도 근심이 없다'(不見是而无悶)라 하고, '옳음과 그름을 변별하다'(辨是與非), '옳음을 잃어버리다'(失是)라 하여, 옳음으로 사용하고 있다.

베풀 시

天	천시(天施), 덕시(德施), 우시(雨施)
人	시록(施祿), 시명(施命), 평시(平施)
地	베풀다, 시행하다, 은혜, 기뻐하다

베풀 시(施)는 모 방(方)과 누운 사람 인(⺅), 종결 어미 어조사 야(也)로, 사방에 성인의 가르침을 끝까지 베푸는 것이다. 시(施)는 하늘이 은혜를 베푸는 것이고, 사람들이 서로 마음을 나누는 것이다.

땅의 입장에서 시(施)는 베풀다, 시행하다, 은혜, 기뻐하다 등의 의미이고, 사람의 입장에서는 시록(施祿), 시명(施命), 평시(平施) 등이 있고, 하늘의 입장에서는 천시(天施), 덕시(德施), 우시(雨施)로 사용하고 있다.

익괘(益卦) 등에서는 '하늘이 베풀고 땅이 낳는다'(天施地生)라 하고, '구름이 행하고 비가 베풀어져서 세상이 평화롭게 된다'(雲行雨施라 天下平也라), '위가 베풀어 빛난다'(上施ㅣ光也라)라 하여, 하늘이 베푸는 것이다.

또 '덕을 베풂이 넓고'(德施普), '만물을 저울질하여 고르게 베푼다'(稱物平施), '천록을 베풀어 아래에 비치게 한다'(施祿及下), '천명을 베풀어 사방에 알린다'(施命誥四方) 등으로 사용하고 있다.

밥 식, 먹을 식

天	음식지도(飮食之道), 식구덕(食舊德), 한천식(寒泉食)
人	주식(酒食), 우식(于食), 식기(食氣), 식언(食言)
地	밥, 음식(飮食), 먹다, 식사, 생활하다

밥 식(食)은 사람 인(人)과 어질 량(良)으로, 사람에게 착하고 어진 것이다. 양(良)은 주(丶)와 그칠 간(艮)으로, 하늘이 그쳐 있는 양심(良心)이다. 우리가 『주역』을 공부하는 것은 마음의 양식(良識)을 먹는 것이다.

땅의 입장에서 식(食)은 밥, 음식(飮食), 먹다, 식사, 생활하다, 생계(生計) 등의 의미이고, 사람의 입장에서는 주식(酒食), 우식(于食), 식기(食氣), 식언(食言) 등으로 해석할 수 있다. 하늘의 입장에서는 음식지도(飮食之道), 식구덕(食舊德), 한천식(寒泉食)에서 찾을 수 있다.

「잡괘」에서는 '서합괘(噬嗑卦)는 먹는 것이고'(噬嗑은 食也오)라 하여, 서합괘(噬嗑卦)는 하늘의 진리를 씹어 먹는 것이다. 또 서괘(序卦)에서는 '수괘(需卦)는 음식지도(飮食之道)이다'(需者는 飮食之道也라)라 하여, 음식(飮食)이 단순히 먹고 마시는 것이 아니라 음식지도(飮食之道)이다.

송괘(訟卦) 등에서는 '옛 덕을 먹음은 위를 쫓는 것이라 길하다'(食舊德은 從上이라야 吉也니라), '찬 샘물을 먹음은 중정(中正)이다'(寒泉之食은 中正也라)라 하여, 옛 성인지도(聖人之道)를 먹고, 차가운 샘물의 진리를 먹는 것이다.

귀신 신

天	신(神), 신명(神明), 신도(神道), 신덕(神德), 지신(至神)
人	귀신(鬼神), 우신(祐神), 신물(神物), 입신(入神)
地	신(神), 신선(神仙), 신령(神靈), 정기(精氣), 신묘함

　귀신 신(神)은 보일 시(示)와 납 신(申)으로, 하늘의 뜻이 세상에 펼쳐지는 것이다. 「계사상」에서는 '백성들이 모두 쓰는 것을 신(神)이라 한다'(民咸用之를 謂之神이라)라 하여, 하늘의 뜻을 이 땅의 사람들이 모두 쓰는 것이다.

　시(示)는 이(二)와 소(小)로, 음양의 작용이 작게 드러남이고, 신(申)은 십(十)과 구(口)로, 세상에 하늘이 드러나는 것이다. 신(神)은 사람의 말과 행동에 의해서 펼쳐지고 완성되는 것이다.

　땅의 입장에서 신(神)은 신(神), 신선(神仙), 신령(神靈), 정기(精氣), 신묘함 등으로 사용하고, 사람의 입장에서는 귀신(鬼神), 우신(祐神), 신물(神物), 입신(入神), 궁신(窮神), 진신(盡神) 등이 있다.

　하늘의 입장에서는 신(神), 신명(神明), 신도(神道), 신덕(神德), 지신(至神) 등으로 풀이된다. 신(神)은 천 · 인 · 지(天人地) 삼재지도를 일관하는 것이다.

　「계사상」에서는 '음양을 헤아릴 수 없는 것을 신(神)이라 하고'(陰陽不測之謂ㅣ神이라)라 하고, 「설괘」에서는 '신(神)이라는 것은 만물의 묘함이 말씀이 된 것이니'(神也者는 妙萬物而爲言者也니)라 하여, 신(神)을 정의하고 있다. 신(神)은 음양이 합덕된 만물의 오묘한 것을 말씀으로 한 것이다.

또 '변화의 도를 아는 사람은 그 신(神)이 하는 바를 아는 것이구나'(知變化之道者ㅣ 其知神之所爲乎ㄴ져), '신(神)이 옴을 아는 것이고'(神以知來코)라 하여, 신(神)은 변화지도(變化之道)이고, 왕래(往來)를 아는 것이다.

「계사상」에서는 '신(神)은 방소가 없고, 역(易)은 본체가 없다'(神无方而易无體), '오직 신(神)한 까닭으로 빠르지 않은데 빠르며 행하지 않았는데 이르는 것이니'(唯神也故로 不疾而速하며 不行而至하나니)라 하여, 신(神)의 작용을 밝히고 있다.

또 '하늘의 신도(神道)'(天之神道), '신도를 설교하다'(神道設敎), '신덕(神德)을 행하다'(神德行), '가히 더불어 신(神)을 돕다'(可與祐神), '세상의 지극한 신(神)'(天下之至神), '신을 다하다'(以盡神), '신(神)하고 밝히다'(神而明之), '정미한 정의로 신에 들어가다'(精義入神), '신을 궁구하여 변화를 안다'(窮神知化) 등으로 밝히고 있다.

신(神)에 대한 문제는 차원을 높이지 않으면 오해를 불러일으킨다. 예를 들면, 목사(牧師)를 양성하는 '신학교'(神學校)를 대상적으로 이해하면 마귀(魔鬼)나 잡신(雜神)을 배우는 곳이 된다. 차원을 높여서 귀신(鬼神)은 성인지도(聖人之道)이고, 하늘의 뜻이 작용하는 것으로 이해하면, 신학교(神學校)는 정확한 의미가 된다.

믿을 신

天	충신(忠信), 굴신(屈信)
人	신심(信心), 신의(信義), 신지(信志), 이신(履信)
地	믿음, 신뢰, 공경하다, 퍼지다

믿을 신(信)은 사람 인(亻)과 말씀 언(言)으로, 사람의 말을 믿는 것이다. 언(言)은 일반 사람의 말이 아니라, 천언(天言)이고 성인(聖人)의 말씀이다. 뜻을 세운 군자가 성인의 말씀, 진리의 말씀을 믿는 것이다.

땅의 입장에서 신(信)은 믿음, 신뢰, 공경하다, 퍼지다 등의 의미이고, 사람의 입장에서는 신심(信心), 신의(信義), 신지(信志), 이신(履信), 신념(信念) 등이고, 하늘의 입장에서는 충신(忠信), 굴신(屈信)으로 풀이할 수 있다.

「잡괘」에서는 '중부괘(中孚卦)는 믿음이다'(中孚는 信也라)라 하여, 믿음이 하늘의 뜻임을 알 수 있다. 중부(中孚)에서 부(孚)도 믿음인데, 부(孚)는 하늘에 대한 절대적 믿음이라면, 신(信)은 성인의 말씀에 대한 믿음이다.

건괘(乾卦)에서는 '충(忠)과 신(信)이 덕에 나아가는 것이고'(忠信이 所以進德也오)라 하고, 「계사상」에서는 '하늘이 돕는 것은 순응이고, 사람이 돕는 것은 믿음이니, 믿음을 밟고 순응함을 생각하고 또 어진 이를 숭상함이라, 이로써 하늘로부터 도와서 이롭지 않음이 없는 것이다'(天之所助者ㅣ順也오 人之所助者ㅣ信也니 履信思乎順하고 又以尙賢也라 是以自天祐之吉无不利也니라)라 하여, 믿음은 본성의 덕에 나아가는 것이고, 하늘이 돕는 길이다.

대유(大有)괘에서는 '그 믿음으로 사귀는 것 같음은 믿음으로 뜻을 발하는 것이고'(厥孚交如는 信以發志也오)라 하고, 혁괘(革卦)에서는 '천명을 바꾸어서 길한 것은 하늘의 뜻을 믿기 때문이다'(改命之吉은 信志也ㅣ새라)라 하여, 신지(信志)는 뜻을 믿는 것이라 하겠다.

『논어』에서는 '네 가지를 가르치시니 문(文)·행(行)·충(忠)·신(信)인 것이다'(子ㅣ 以四教하시니 文行忠信이니라)라 하고, '믿음을 돈독하게 하고 성학(聖學)을 좋아하면 죽음을 지키고 진리를 선하게 하는 것이다'(子ㅣ 曰篤信好學하며 守死善道니라), '믿음을 좋아하고 학문을 좋아하지 않으면 그 폐단은 해치는 것이고'(好信不好學이면 其蔽也ㅣ 賊이오)라 하여, 맹목적인 믿음을 경계하면서 성인의 말씀을 믿고 성인의 가르침을 따라야 함을 알 수 있다.

『맹자』에서는 '인륜을 가르치시니, 부자유친이며 군신유의이며, 부부유별이며, 장유유서이며, 붕우유신(朋友有信)인 것이다'(教以人倫하시니 父子有親하며 君臣有義하며 夫婦有別하며 長幼有序하며 朋友有信이니라)라 하여, 오륜(五倫)을 밝히고, 또 '인(仁)·의(義)·충(忠)·신(信)·락선(樂善)·불권(不倦)은 천작(天爵)이고'(仁義忠信樂善不倦은 此天爵也요)라 하여, 믿음은 하늘의 작위(爵位)라 하였다.

몸 신

天	반신(反身), 수신(修身)
人	존신(存身), 안신(安身), 신안(身安), 실신(失身)
地	몸, 신체, 친히

몸 신(身)은 점 주(丶)와 육달 월(月), 한 일(一)과 삐침 별(丿)로, 하늘이 내려와 있는 육신(肉身)이다.

우리 말인 몸과 맘은 'ㅗ'와 'ㅏ'의 차이로, 입장만 다르지 하나라는 의미이다. 신(身)에는 심(心)이 포함되어 있는데, 인격적 마음이 있으면 아름다운 몸이 되고, 탐욕심이 있으면 더러운 몸이 된다.

땅의 입장에서 신(身)은 몸, 신체, 친히 등의 뜻이고, 사람의 입장에서는 존신(存身), 안신(安身), 신안(身安), 실신(失身) 등이고, 하늘의 입장에서는 반신(反身), 수신(修身)으로 풀이할 수 있다.

복괘(復卦)에서는 '멀지 않아서 돌아옴은 몸을 닦는 것이다'(不遠之復은 以修身也라)라 하고, 가인괘(家人卦)에서는 '몸으로 돌아감을 이른다'(反身之謂也), 건괘 (蹇卦)에서는 '몸으로 돌아가 덕을 닦는다'(反身修德)라 하여, 수신(修身)과 반신(反身)은 모두 자신의 본성으로 돌아가는 것이다.

또 '그 몸에서 얻지 못하며'(不獲其身), '말씀이 몸에서 나오며'(言出乎身), '가까이에서는 몸에서 취하고'(近取諸身), '이롭게 쓰고 몸을 편안하게 함은 덕을 숭상하는 것이니'(利用安身은 以崇德이니), '몸에 덕기를 감추고'(藏器於身), '몸을 잃어버리고'(失身) 등으로 밝히고 있다.

새 신

天	일신(日新)
人	취신(取新)
地	새, 새로움, 혁신(革新)

새 신(新)은 설 립(立)과 나무 목(木), 날 근(斤)으로, 나무를 갈라서 세우는 것이다. 립(立)은 입지(立志)이고, 목(木)은 손괘(巽卦)로 신도(神道)이고, 근(斤)은 결단이다. 새로움은 스스로 결단하여 하늘의 신도를 바로 세울 때 가능한 것이다.

땅의 입장에서 신(新)은 새, 새로움, 혁신(革新) 등의 의미이고, 사람의 입장에서는 취신(取新) 등이고, 하늘의 입장에서는 일신우일신(日新又日新)과 일신기덕(日新其德)의 일신(日新)으로 풀이할 수 있다.

대축괘(大畜卦) 등에서는 '날마다 그 덕을 새롭게 한다'(日新其德), '날마다 새롭게 함을 일러 성대한 덕이라 하고'(日新之謂ㅣ盛德이오)라 하여, 일신(日新)은 본성의 덕을 기르는 것이다. 『성경』에서는 '새 포도주를 새 가죽 부대에 부으면 둘 다 보존되느니라'라 하였다.

「잡괘」에서는 '정괘(鼎卦)는 새로움을 취함이다'(鼎은 取新也라)라 하여, 솥에 음식을 삶아서 사람들에게 먹이는 것은 새로운 마음의 양식을 얻음이다.

신하 신

天	신도(臣道), 지도(地道)
人	신심(臣心), 신첩(臣妾), 득신(得臣), 기신(其臣)
地	신하, 군신(君臣)

신하 신(臣)은 상자 방(匸)과 입 구(口)로, 상자 속에 사람이 있는 것이다.

땅의 입장에서 신(臣)은 신하, 군신(君臣) 등의 의미이고, 사람의 입장에서는 신심(臣心), 신첩(臣妾), 득신(得臣), 기신(其臣) 등이 있고, 하늘의 입장에서는 신도(臣道), 지도(地道)로 사용하고 있다.

곤괘(坤卦)에서는 '지도(地道)이며, 처도(妻道)이며, 신도(臣道)이니'(地道也며 妻道也며 臣道也니)라 하여, 신(臣)은 신도(臣道)이자 지도(地道)를 상징한다.

또 '신하가 그 임금을 시해하며'(臣弑其君), '신하와 첩을 기르는 것이 길하다'(畜臣妾吉), '신하를 얻음에 집이 없다'(得臣无家), '그 신하를 만나다'(遇其臣) 등으로 신도(臣道)의 의미로 논하고 있다.

잃을 실

天	실도(失道), 실상(失常), 실시(失時), 실률(失律), 실성(失性)
人	실례(失禮), 실심(失心), 실성(失性), 실칙(失則)
地	잃다, 놓치다, 잘못하다, 과실(過失)

잃을 실(失)은 누운 사람 인(亻)과 큰 대(大)로, 사람이 땅을 뚫고 올라가는 것에 그쳐야 하는데, 하늘(성인)을 넘어선 것이다. 비슷한 화살 시(矢)는 성인의 말씀에서 사람들이 살아가는 것이다.

땅의 입장에서 실(失)은 잃다, 놓치다, 잘못하다, 과실(過失)의 의미이고, 사람의 입장에서는 실례(失禮), 실심(失心), 실성(失性), 실칙(失則), 실가절(失家節) 등이 있고, 하늘의 입장에서는 실도(失道), 실상(失常), 실시(失時), 실율(失律), 실실(失實), 실상하(失上下), 실성(失性)으로 사용하고 있다.

곤괘(坤卦)에서는 '먼저 하면 미혹하여 실도(失道)하고'(先하면 迷하야 失道하고), 감괘(坎卦)에서는 '거듭된 감이 구덩이에 들어감은 실도(失道)이다'(習坎入坎은 失道라)라 하여, 실(失)은 도를 잃어버리는 것이다.

또 '천시(天時)를 잃어버림이 다하다'(失時ㅣ 極也라), '그 천시를 잃어버리지 않으니 아직 정도를 잃어버린 것이 아니다'(不失其時이니 未失正也라)라 하여, 천시(天時)를 잃어버린 것이다. 또한 '가정의 절도를 잃어버리다'(失家節), '법을 잃어버리다'(失律), 등으로, 상도(常道)와 정의(正義)를 잃어버린 것이다.

열매 실

天	실존(實存), 실체(實體), 실지(實知), 현실(現實)
人	독실(篤實), 구실(口實), 무실(无實), 실심(實心)
地	열매, 과실(果實), 씨, 참, 진실로, 채우다

열매 실(實)은 집 면(宀)과 꿰뚫을 관(毌), 조개 패(貝)로, 일정한 공간에서 하늘의 작용을 꿰뚫은 것이다. 나무에 열매가 열리는 것은 뜨거운 여름과 수 많은 고난을 이겨내고 이루어진 결과이다.

땅의 입장에서 실(實)은 열매, 과실(果實), 씨, 참, 진실로, 채우다 등의 의미이고, 사람의 입장에서는 독실(篤實), 구실(口實), 무실(无實), 실심(實心), 실의(實意), 실정(實情) 등이 있고, 하늘의 입장에서는 실존(實存), 실체(實體), 실지(實知), 현실(現實)로 풀이할 수 있다.

대축괘(大畜卦) 등에서는 '독실하고'(篤實), '홀로 실다움을 멀리 한다'(獨遠實), '모두 실다움을 잃은 것이다'(皆失實), '스스로 입에 실다움을 구하다'(自求口實), '실다움이 없다'(无實)고 하여, 실(實)은 하늘과 사람의 실다움인 것이다.

우리가 가장 많이 사용하는 현실(現實)이라는 개념도 그 본질적 의미를 생각하게 된다. 현실(現實)은 사람들의 욕망이 엉켜있는 지금 여기의 세계이지만, 그 의미는 실다운 세계가 나타난 것이니, 진리가 드러난 세계이다.

마음 심

天	천심(天心), 천지지심(天地之心), 혜심(惠心), 심령(心靈)
人	네 가지 마음, 중심(中心), 입심(立心), 훈심(薰心), 동심(同心), 세심(洗心)
地	마음, 맘, 의식(意識), 정신(精神), 생각, 가슴

　마음 심(心)은 점 주(丶) 네 개인 불 화(灬)에서 한 획이 길게 작용한 것이다. 네 개에서 한 획이 만물의 시생을 의미하는 을(乙)이 된 것이다. 네 가지 마음은 측은지심(惻隱之心)·사양지심(辭讓之心)·수오지심(羞惡之心)·시비지심(是非之心)이다.

　땅의 입장에서 심(心)은 마음, 맘, 의식(意識), 정신(精神), 생각, 가슴, 가운데, 근본 등의 의미이고, 사람의 입장에서는 네 가지 마음, 중심(中心), 심의(心意), 입심(立心), 훈심(薰心), 동심(同心), 세심(洗心), 심덕(心德), 심법(心法), 심리(心理) 등이 있다.

　하늘의 입장에서는 천심(天心), 심상(心象), 천지지심(天地之心), 혜심(惠心), 심령(心靈)으로 풀이할 수 있다.

　심(心)을 다른 측면에서 보면, 하늘의 입장에서는 심령(心靈)이고, 사람의 입장에서는 심기(心氣)이고, 땅의 입장에서는 심신(心身)으로 나누어 볼 수 있다.

　복괘(復卦) 등에서는 '천지의 마음을 본다'(見天地之心), '한 마음'(同心), '은혜로운 마음에 믿음이 있다'(有孚惠心)고 하여, 근원적인 입장에서 마음을 밝히고 있다.

또 '마음 가운데에서 얻다'(中心得), '오직 마음의 형통'(維心亨), '사람의 마음에 감응하다'(感人心), '명이(明夷)의 마음을 얻다'(獲明夷之心), '마음의 뜻을 얻다'(獲心意), '마음을 세워 항상하지 않다'(立心勿恒), '나의 마음이 측은하다'(爲我心惻), '마음을 씻다'(洗心)라 하여, 마음의 의미를 다양하게 논하고 있다.

심(心)의 네 가지 마음을 사상철학으로 설명하면, 태음인(太陰人)은 측은지심, 태양인(太陽人)은 사양지심, 소음인(少陰人)은 수오지심, 소양인(少陽人)은 시비지심이 각각 길게 작용하는 것이다.

태음인은 인(仁)을 버리고 자기 욕심만 차리고, 태양인은 예(禮)를 버리고 멋대로 행동하고, 소음인은 의(義)를 버리고 안일하게 게으르고, 소양인은 지(知)를 버리고 자기 마음대로 생각하는 것을 경계해야 한다.

열 십

天	십익(十翼), 십붕(十朋), 십수(十手), 십목(十目)
人	십방(十方), 십계(十誡)
地	열, 열 번

열 십(十)은 한 일(一)과 뚫을 곤(丨)으로, 하늘의 진리가 이 땅에 내려온 것이다. 또 음양이 일체화된 진리의 세계를 상징하기 때문에 모든 종교에서 하나님을 의미한다.

십(十)과 일(一)이 모두 하나님을 상징하지만, 십(十)은 십무극(十无極)으로 본체적 의미라면, 일(一)은 일태극(一太極)으로 작용의 입장이다.

땅의 입장에서 십(十)은 열, 열 번의 의미이고, 사람의 입장에서는 십방(十方), 십계(十誡) 등이 있고, 하늘의 입장에서는 십익(十翼), 십붕(十朋), 십유팔변(十有八變), 십수(十手), 십목(十目)으로 사용하고 있다.

「계사상」에서는 '십(十)하고 팔(八) 변하여 괘를 이루고'(十有八變而成卦), '천수(天數) 칠, 지수(地數) 팔, 천수 구, 지수 십이니'(天七地八天九地十), '십(十)이 벗하고'(十朋之)라 하여, 음양이 합덕된 작용이다.

특히 공자가 『주역』에 해설한 십익(十翼)은 단상(彖上), 단하(彖下), 상사상(象辭上), 상사하(象辭下), 문언(文言), 계사상(繫辭上), 계사하(繫辭下), 설괘(說卦), 서괘(序卦), 잡괘(雜卦)이다.

『정역』에서는 '들면 곧 무극(无極)이니 십(十)인 것이다. 십(十)은 곧 이것이 태극(太極)이니 일(一)인 것이다'(舉便无極이니 十이니라. 十便是太極이니 一이니라)라 하여, 십무극(十无極)과 일태극(一太極)의 이치를 밝히고 있다.

나 아

天	하늘의 나, 기(己)
人	본성의 나, 오(吾), 여(余), 아(我), 아심(我心), 아덕(我德)
地	현실의 나, 사(厶), 여(予)

나 아(我)는 손 수(扌)와 창 과(戈)로, 땅에 발을 딛고 살아가는 나이다. 창 과(戈)는 곤괘(坤卦)의 중정지기인 이괘(離卦)를 상징한다. 이괘(離卦)는 이 땅에 탄강한 대인(大人)을 상징하기 때문에 아(我)는 나의 의미를 넘어서 성인(聖人)을 말하는 것이다.

땅의 입장에서 아(我)는 현실의 나로, 사(厶), 여(予) 등이 있고, 사람의 입장에서는 본성의 나로, 오(吾), 여(余), 아(我), 아심(我心), 아덕(我德) 등이 있다. 하늘의 입장에서는 하늘의 나, 기(己)로 사용하고 있다.

'나는 누구인가?'는 실존적 존재로서의 나에 대한 근본을 묻는 질문이다. 한자에서 만큼 '나'에 대한 글자가 많은 문자는 없다. 하늘의 입장에서 기(己)는 천간(天干)에서 온전한 수(數)인 십(十)과 만나는 기십(己十)이다. 기(己)는 온전한 나, 양심을 가진 나를 의미한다.

오(吾)는 실존적 나의 의미이다. 오(吾)는 다섯 오(五)와 입 구(口)로, 사람을 상징하는 숫자인 오(五)가 입을 가진 나와 만난 것이다. 오(吾)는 오황극(五皇極)의 뜻을 가진 실존적 나이다. 여(余)는 인(人)과 어조사 우(于) 그리고 여덟 팔(八)로, 세상에 살아가는 나이다.

여(予)는 사(厶)와 궐(亅) 그리고 일(一)로, 땅의 욕망으로 살아가는 사람이다. 특히 나 사(厶)는 나이자 사사롭다는 뜻으로, 동물적 욕심을 벗어나지 못한 나이다.

몽괘(蒙卦)에서는 '내가 어린 아이를 구하는 것이 아니라 어린 아이가 나를 구하니'(匪我丨求童蒙이라 童蒙이 求我니)라 하고, 중부괘(中孚卦)에서는 '나에게 좋은 작위가 있어서 내 너와 함께 하고자 하니'(我有好爵하야 吾與爾靡之라하니)라 하여, 아(我)는 진리를 밝힌 성인임을 알 수 있다.

또 '나의 덕을 은혜롭게 하는 것이 뜻을 크게 얻음이다'(惠我德이 大得志也라), '나의 마음은 불쾌하다'(我心은 不快로다) 등으로 밝히고 있다.

볕 양

天	음양(陰陽), 일양(一陽), 양괘(陽卦), 분양(分陽)
人	마음이 따뜻하다, 양기(陽氣), 양물(陽物), 내양(內陽)
地	볕, 양지, 남성, 낮, 밝음, 따뜻함

볕 양(陽)은 언덕 부(阝)와 날 일(日), 한 일(一)과 말 물(勿)로, 언덕에서 빛이 드는 곳이다. 물(勿)은 달 월(月)로 해석하기도 하여, 일월(日月)의 사이에 일(一, 陽數)이 들어 있다.

땅의 입장에서 양(陽)은 볕, 양지, 남성, 낮, 밝음, 따뜻함 등의 의미이고, 사람의 입장에서는 마음이 따뜻하다, 양기(陽氣), 양물(陽物), 내양(內陽) 등이고, 하늘의 입장에서는 음양(陰陽), 일양(一陽), 양괘(陽卦), 분양(分陽)으로 사용되고 있다.

양(陽)에 대해서 이야기하면 음(陰)은 빠질 수가 없다. 음(陰)은 언덕 부(阝)와 이제 금(今), 두 이(二)와 나 사(厶)로, 언덕에 그늘이 지는 곳이다. 또 금(今)과 사(厶)의 사이에 이(二, 陰數)가 들어 있다.

「계사상」에서는 '한 번 음하고 한 번 양하는 것을 도(道)라 하고'(一陰一陽之謂ㅣ 道니), '음양(陰陽)의 뜻은 일월(日月)과 짝하고'(陰陽之義는 配日月하고)라 하고, 「설괘」에서는 '천도(天道)를 세워서 음(陰)과 양(陽)이라 하고'(立天之道曰陰與陽), '음양(陰陽)에서 변화를 보고 괘를 세우고'(觀變於陰陽而立卦)라 하여, 음양(陰陽)은 천도(天道)의 작용임을 알 수 있다.

「계사하」에서는 '건괘(蹇卦)는 양물(陽物)이고, 곤괘(坤卦)는 음물(陰物)

이니 음양(陰陽)이 합덕(合德)하여 강유(剛柔)의 본체가 있게 된다'(乾은 陽物也오 坤은 陰物也니 陰陽이 合德하야 而剛柔ㅣ 有體라)라 하여, 음양(陰陽)은 건곤(乾坤)을 상징하는 것으로 본체가 되고, 강유(剛柔)는 지도(地道)로 작용이 된다.

또 '양괘는 음이 많고, 음괘는 양이 많으니'(陽卦는 多陰하고 陰卦는 多陽하니), '음으로 나누어지고 양으로 나누어지며 유강(柔剛)이 갈마 들어 작용하고'(分陰分陽하며 迭用柔剛이라), '양기(陽氣)가 잠겨서 감춰지고'(陽氣潛藏), '안은 양이고 밖은 음이며, 안은 음이고 밖은 양이며'(內陽而外陰하며 內陰而外陽하며) 등으로 논하고 있다.

양 양

天	태괘(兌卦), 상양(喪羊)
人	백성, 저양(羝羊)
地	양, 온순, 착함

양 양(羊)은 여덟 팔(八)과 두 이(二) 그리고 열 십(十)으로, 하늘과 땅 사이에 십(十)이 펼쳐지는 것이다.

땅의 입장에서 양(羊)은 양, 온순, 착함 등의 의미이고, 사람의 입장에서는 백성, 저양(羝羊) 등이 있고, 하늘의 입장에서는 태괘(兌卦), 상양(喪羊)으로 풀이할 수 있다.

「설괘」에서는 '태괘는 양(羊)이 된다'(兌爲羊)라 하여, 양은 태괘(兌卦)로 백성을 상징한다.

양(羊)이 백성을 상징하는 것은 동서양이 한 가지이다. 『성경』에서도 백성들을 어린 양에 비유하고 있다.

양치기가 앞에서 이끌어 가면 양은 사방으로 흩어지지만, 뒤에서 몰이를 하면 양치기가 원하는 방향으로 가게 된다. 백성들도 마찬가지이다. 깃발을 들고 앞으로 가자고 외치는 지도자보다 뒤에서 달래면서 방향을 가르쳐 주는 지도자를 따르게 된다.

대장괘(大壯卦)에서는 '숫 양이 울타리에 부딪쳐서 그 뿔을 잃게 된다'(羝羊이 觸藩하야 羸其角이로다)라 하여, 숫 양은 아직 진리를 모르는 어리석은 백성이다. 또 '역(易)에서 양을 잃어버리면 후회가 없다'(喪羊于易이면 无悔리라)라 하여, 백성은 진리를 날마다 사용하지만 알지 못하는 존재로, 역도(易道)를 잃어버려도 후회가 없는 것이다. 간군자(艮君子)가 진리로 안내할 수 있기 때문이다.

쾌괘(夬卦)에서는 '양을 끌면 후회가 없지만 말씀을 들어도 믿지 않는 것이다'(牽羊하면 悔ㅣ 亡하련마는 聞言하야도 不信하리로다)라 하여, 백성들을 이끌어 가면 후회는 없지만, 백성들은 하늘의 말씀(성인의 말씀)을 듣고도 믿음이 생기지 않는 것이다.

백성은 어리석은 사람이면서 동시에 하늘의 뜻을 담고 있는 존재이다. 민심(民心)이 천심(天心)인 것은 백성들의 양심이 살아있기 때문이다. 태괘(兌卦)가 돌려지면 손괘(巽卦)가 되어 신도(神道)를 표상한다. 즉, 백성들이 자신의 양심을 가지고 살아가면 하늘의 신도(神道)를 드러내는 것이다.

기를 양

天	이괘(頤卦), 양정(養正), 양성(養性)
人	마음을 기르다, 양심(養心), 양현(養賢), 양지(養志)
地	기르다, 양육(養育), 가르침, 다스리다

기를 양(養)은 양 양(羊)과 밥 식(食)으로, 마음의 양식(糧食)으로 백성을 기르는 것이다.

땅의 입장에서 양(養)은 기르다, 양육(養育), 가르침, 다스리다 등의 의미이고, 사람의 입장에서는 마음을 기르다, 양심(養心), 양현(養賢), 양지(養志) 등이 있고, 하늘의 입장에서는 이괘(頤卦), 양정(養正), 양성(養性)으로 풀이할 수 있다.

『맹자』에서 효(孝)는 부모님의 뜻을 받드는 양지(養志), 부모님의 육신을 봉양하는 양구체(養口體)가 있는데, 효(孝)의 근본은 양지에 있다.

「서괘(序卦)」와 「잡괘」에서는 '이괘(頤卦)는 기름이니'(頤者는 養也니), '이괘(頤卦)는 정도를 기름이고'(頤는 養正也오)라 하여, 양(養)은 이괘(頤卦)임을 밝히고 있다.

이괘(頤卦)에서는 '천지(天地)가 만물을 기르며 성인이 현인을 길러서 만민(萬民)에게 미치게 하니 이괘(頤卦)의 천시(天時)가 위대하구나'(天地ㅣ 養萬物하며 聖人이 養賢하야 以及萬民하나니 頤之時ㅣ 大矣哉라)라 하여, 성인이 군자를 기르고, 군자는 백성을 기르는 것이다.

물고기 어

天	중부괘(中孚卦), 믿음
人	백성
地	고기, 물고기, 고기를 잡다

　물고기 어(魚)는 쌀 포(勹)와 밭 전(田), 불 화(灬)로, 마음 밭의 불을 감싸는 것이다. 어(魚)는 고기 잡을 어(漁)와 함께 쓰이고 있다.

　땅의 입장에서 어(魚)는 고기, 물고기, 고기를 잡다 등의 의미이고, 사람의 입장에서는 백성을 상징하고, 하늘의 입장에서는 중부괘(中孚卦), 믿음으로 풀이할 수 있다.

　구괘(姤卦)에서는 '물고기를 감싸는 것은 뜻이 아직 손님에게 미치지 못한 것이다'(包有魚는 義不及賓也라), '물고기가 없음이 흉한 것은 백성을 멀리하기 때문이다'(无魚之凶은 遠民也ㅣ새라)라 하여, 어(魚)는 백성을 의미한다.

　물고기가 백성을 상징하는 것은 『성경』에서도 확인할 수 있다. 「마태복음」에서는 '또 천국은 갖가지 종류의 물고기를 모으기 위해 바다에 던져 놓은 그물과 같으니, 그물이 가득 차면 해변에 끌어올려 놓고 앉아서 좋은 것은 그릇에 담고 나쁜 것은 내어 버리느니라. 세상의 끝에도 그러하리라. 천사들이 나아와서 악인들을 의인들로부터 가려내어, 그들을 불타는 용광로 속으로 던지리니, 거기서 울며 이를 갈고 있으리라'하였다. 즉, 그물에 걸린 물고기의 좋은 것은 의인(義人)이고, 나쁜 것은 악인(惡人)이다.

또 저수지나 개울가에 나가 보면, 물고기는 무리를 지어서 움직이는 것을 볼 수 있다. 마찬가지로 대중들은 서로 무리를 지어서 살아가는 것이다.

또 중부괘(中孚卦)에서는 '돼지와 물고기가 길함은 믿음이 돼지와 물고기에 미치는 것이고'(豚魚吉은 信及豚魚也오)라 하여, 백성들의 믿음으로 논하고 있다. 즉, 어(魚)가 중부괘(中孚卦)와 믿음을 상징하고 있다.

정괘(井卦)에서는 '우물 골짜기에서 붕어를 쏘고'(井谷이라 射鮒오)라 하여, 세상에서 백성을 인도하는 것이다. 어(魚)가 들어간 붕어 부(鮒)는 백성을 의미한다.

『맹자』에서는 '백성들이 인(仁)으로 돌아가는 것은 물이 아래로 내려가는 것과 짐승이 들을 달리는 것과 같은 것이다. 그러므로 연못을 위하여 물고기를 모는 것은 수달이고, 숲 풀에 참새를 모는 것은 새매이고, 탕무(湯武)를 위해 백성을 모는 것은 걸(桀)과 주(紂)인 것이다'(民之歸仁也는 猶水之就下하며 獸之走壙也니라 故로 爲淵敺魚者는 獺也오 爲叢敺爵者는 鸇也오 爲湯武敺民者는 桀與紂也니라)라 하여, 백성들을 들짐승과 물고기에 비유하고 있다.

특히 나무에 가서 물고기를 찾는다는 '연목구어'(緣木求魚)의 비유를 통해 제후(諸侯)의 잘못된 정치를 꾸짖는 맹자의 말씀에서도, 물고기는 백성을 상징하고 있다.(王曰若是其甚與잇가 曰殆有甚焉하니 緣木求魚는 雖不得魚나 無後災어니와 以若所爲로 求若所欲이면 盡心力而爲之라도 後必有災하리이다)

말씀 언

天	천언(天言), 성언(聖言), 전언(前言), 유언(有言), 문언(文言)
人	심언(心言), 용언(庸言), 문언(聞言), 혁언(革言)
地	말, 말씀, 말하다, 글자, 문자, 언어(言語)

말씀 언(言)은 돼지 머리 두(亠)와 두 이(二) 그리고 입 구(口)로, 하늘의 음양작용을 말하는 것이다.

땅의 입장에서 언(言)은 말, 말씀, 말하다, 글자, 문자, 언어(言語) 등의 의미이고, 사람의 입장에서는 심언(心言), 용언(庸言), 문언(聞言), 혁언(革言) 등이 있다. 하늘의 입장에서는 천언(天言), 성언(聖言), 전언(前言), 유언(有言)으로 사용하고 있다.

가인괘(家人卦)에서는 '말씀에는 물(物)이 있어야 하고, 행동에는 항도(恒道)가 있어야 한다'(言有物而行有恒)라 하여, 말씀에는 신물(神物), 시물(時物), 만물(萬物)이 있어야 한다.

사람이 말을 하는 이유는 근본적으로 하늘의 진리를 드러내고, 실천하기 위한 것이다. 일반적으로 말은 자신의 의견이나 생각을 전하고, 사람 간에 의사소통을 하는 수단으로 생각할 수 있다. 또 행동에 항(恒)이 있어야 하는데 항상 항(恒)은 항구(恒久)한 성인지도(聖人之道)를 말한다. 즉, 사람의 말과 행동에는 성인이 밝힌 진리가 있어야 한다.

『정역』에서는 '성인이 말씀하지 않으시니 어찌 일부(一夫)가 감히 말하리오 마는 천시(天時)이고 천명(天命)인 것이다. 오호라 하늘이 어찌 말씀을 하시면 땅이 어찌 말씀을 하겠느냐마는 일부(一夫)가 능히 말하노라'(聖人所不言이시니 豈一夫敢言이리오마는 時요 命이시니라. 嗚呼라 天何言哉시며 地何言哉시리오마는 一夫能言하노라)라 하여, 하늘의 말씀을 성인(聖人)이 하는 것이다.

『논어』에서도 '공자께서 말씀하시기를 나는 말이 없고자 하노라, …… 하늘이 어찌 말을 하겠는가? 사시(四時)가 운행하며 백물(百物)이 생하니 하늘이 어찌 말을 하겠는가?'(子ㅣ 曰予欲無言하노라 …… 天何言哉시리오 四時ㅣ 行焉하며 百物ㅣ 生焉하나니 天何言哉시리오)라 하여, 성인 공자가 하늘의 말씀을 하고 있다.

『성경』에서도 '태초에 말씀이 계셨고, 그 말씀이 하나님과 함께 계셨으니, 그 말씀은 하나님이셨느니라. 그 말씀이 태초에 하나님과 함께 계셨느니라'라 하여, 말씀은 하나님의 말씀이라 하였다.

『주역』에서 언(言)은 천언(天言)과 성언(聖言)에 근본을 두고 있다. '떳떳한 말씀을 믿음'(庸言之信), '말씀을 잡음이 이롭다'(利執言), '앞의 말씀과 지나간 행동을 많이 안다'(多識前言往行), '말씀이 있으나 믿지 않는다'(有言不信), '말씀을 듣고도 믿지 않는다'(聞言不信), '바뀌는 말씀이 세 번 나아간다'(革言三就), '덕의 말씀이 성대하고, 예의 말씀이 공손하니'(德言盛이오 禮言恭이니) 등으로 말씀을 밝히고 있다.

如

같을 여

天	여임(如臨), 여래(如來), 진여(眞如), 여여(如如)
人	여심(如心), 교여(交如), 연여(攣如), 위여(威如)
地	같다, 비슷함, 닮음, 같이 하다

같을 여(如)는 계집 녀(女)와 입 구(口)로, 십일(十一)의 진리를 말하는 것은 같다는 것이다.

땅의 입장에서 여(如)는 같다, 비슷함, 닮음, 같이 하다 등의 의미이고, 사람의 입장에서는 여심(如心), 교여(交如), 연여(攣如), 수여(愁如), 진여(晉如), 위여(威如) 등이 있다. 하늘의 입장에서는 여임(如臨), 여향(如嚮), 래여(來如), 여래(如來), 진여(眞如), 여여(如如)로 사용되고 있다.

이괘(離卦)에서는 '갑자기 같고 그 오는 것 같은 것이라, 타는 것 같고 죽는 것 같고 버리는 것 같다'(突如其來如라 焚如니 死如며 棄如니라)라 하여, 하늘의 심판이 있음을 여(如)로 밝히고 있다. 「계사하」에서도 '그 천명을 받음이 메아리 같고'(其受命也 如嚮), '부모님이 강림하는 것 같다'(如臨父母)고 하여, 천명과 천지부모의 작용이 여(如)라 하였다.

여심(如心)은 용서할 서(恕)로, 『논어』에서는 '공자께서 말씀하시기를 그 서(恕)이구나, 자기가 하고자 하지 않는 것을 다른 사람에게 베풀지 않는 것이다'(子ㅣ 日其恕乎인져 己所不欲을 勿施於人이니라)라 하였다. 내가 하기 싫은 일은 상대방도 하기 싫어하는 것이다. 서로 같은 마음을 미루어 가는 것이 서(恕)이다.

거스를 역

天	역수(逆數), 역천(逆天), 순역(順逆), 상역(上逆)
人	마음에 거스르다, 사역(舍逆), 역리(逆理), 역설(逆說)
地	거스르다, 반대하다, 거꾸로, 맞이하다

　거스를 역(逆)은 쉬엄쉬엄 갈 착(辶)과 여덟 팔(丷), 한 일(一)과 풀 철(屮)로, 풀이 땅을 뚫고 나와서 가다가 그치는 것이다. 착(辶, 辵)은 척(彳, 行)과 그칠 지(止)이다.

　땅의 입장에서 역(逆)은 거스르다, 반대하다, 거꾸로, 맞이하다 등의 의미이고, 사람의 입장에서는 마음에 거스르다, 사역(舍逆), 역리(逆理), 역설(逆說) 등이 있다. 하늘의 입장에서는 역수(逆數), 역천(逆天), 순역(順逆), 상역(上逆)으로 사용하고 있다.

　「설괘」에서는 '감을 헤아리는 것은 순(順)이고 옴을 아는 것은 역(逆)이니, 이러한 까닭으로 역(易)은 역수(逆數)이다'(數往者는 順하고 知來者는 逆하니 是故로 易은 逆數也라)라 하여, 역수(逆數)를 밝히고 있다.

　역수(逆數)에서 역(逆)은 앞의 '지래자 역'(知來者 逆)이고, 수(數)는 '수왕자 순'(數往者 順)으로, 앞의 문장을 모두 받는 것이다. 역수(逆數)는 수를 거스르다, 수를 맞이하다 등으로 해석하지만, 역도(易道)는 하도와 낙서의 왕래(往來), 순역(順逆)원리이기 때문에 역(逆)과 수(數)는 각각의 의미로 해석된다. 역은 하도의 래(來)이고, 수(순順)는 낙서의 왕(往)의 작용을 말한 것이다.

그럴 연, 사를 연

天	적연(寂然), 연후(然後), 확연(確然), 퇴연(隤然)
人	마음이 그러하다, 허락하다
地	그러하다, 사르다

그럴 연(然)은 쌀 포(勹)와 점 주(丶) 2개, 개 견(犬)과 불 화(灬)로, 음양(陰陽)과 사상(四象)의 진리로 세상을 그렇게 살아가는 것이다.

땅의 입장에서 연(然)은 그러하다, 사르다 등의 의미이고, 사람의 입장에서는 마음이 그러하다, 허락하다 등이고, 하늘의 입장에서는 적연(寂然), 확연(確然), 퇴연(隤然), 연후(然後), 자연(自然)으로 사용하고 있다.

「계사상」에서는 '고요해서 움직이지 않다가 감응하고 드디어 세상의 연고에 통하니'(寂然不動이라가 感而遂通天下之故하나니)라 하여, 고요히 진리에 감응하는 적연(寂然)을 밝히고 있다.

「계사하」에서는 '무릇 건도(乾道)는 확연(確然)하여 보는 사람이 쉽고, 무릇 곤도(坤道)는 퇴연(隤然)하여 보는 사람이 간단하니'(夫乾은 確然하니 示人易矣오 夫坤은 隤然하니 示人簡矣니)라 하여, 건도는 확연(確然)하고, 곤도는 퇴연(隤然)한 것이다. 또 '기운이 통한 연후에'(通氣然後), '천지가 있은 연후에'(有天地然後), '착연'(錯然) 등을 밝히고 있다.

스스로 그러한 자연(自然)은 도가(道家)에서 '진리는 자연을 법 받고'(道法自然), '항상 자연하고'(常自然) 등으로 논하고 있지만, 『주역』의 입장에서 보면, 자(自)는 주(丶)와 넉 사(四)로, 하늘의 사상(四象)작용이기 때문에 자연은 하늘의 작용이 드러나는 것을 의미한다.

기뻐할 열, 말씀 설

天	태괘(兌卦), 열락(說樂), 열언(說言), 유열(有說)
人	민열(民說), 능열(能說), 소열(所說), 열행(說行)
地	기뻐하다, 말하다, 벗다

기뻐할 열(說)은 말씀 언(言)과 괘이름 태(兌)로, 태괘(兌卦)의 백성들이 성인의 말씀에 기뻐하는 것이다.

땅의 입장에서 열(說)은 기뻐하다 이고, 말씀 설(說)이나 벗을 탈(說, 脫)로 사용되고 있다. 사람의 입장에서는 마음의 기쁨으로 민열(民說), 능열(能說), 소열(所說), 열행(說行) 등이 있다. 하늘의 입장에서는 태괘(兌卦), 열락(說樂), 열언(說言), 유열(有說)로 사용하고 있다.

「설괘」에서는 '태괘에서 말씀을 기뻐하고'(說言乎兌), 서괘에서는 '만물을 기쁘게 하는 것은 연못보다 기쁜 것이 없고'(說萬物者ㅣ莫說乎澤하고)라 하여, 열(說)은 태괘(兌卦)를 상징한다.

태괘(兌卦)에서는 직접 '태괘는 기쁨이다'(兌는 說也라)라 하고, '기쁨으로써 백성들보다 먼저 하면 백성들이 그 수고로움을 잊고, 기쁨으로써 어려움을 범하면 백성들이 그 죽음을 잊으니 기쁨의 위대함이 백성들을 근면하게 하는 것이다'(說以先民하면 民忘其勞하고 說以犯難하면 民忘其死하나니 說之大ㅣ民勸矣哉라)라 하여, 설(說)은 성인의 말씀(言)에 백성들이 기뻐하는(兌) 것이다.

『논어』에서는 첫 문장에서 '공자께서 말씀하시기를 배우고 천시(天時)를 익히면 또한 기쁘지 않겠는가?'(子ㅣ曰學而時習之면 不亦說乎아)라 하여, 하늘의 학문을 배우고 익히면 기쁨이 있다고 하였다. 보통 배움에 목말라서 배우고 익히면 기쁨을 얻지만, 배움의 참된 기쁨은 성인지학(聖人之學)에 있다. 우리 아이가 배우고 익히는 공부는 기쁨보다는 오히려 고통스럽고 가장하기 싫은 일이기 때문이다.

『맹자』에서는 '선생이 인의(仁義)를 가지고 진·초나라의 왕을 기쁘게 하면, 진·초나라 왕이 인의를 기뻐하여 삼군(三軍)의 군대를 파할 것이니'(先生이 以仁義로 說秦楚之王이면 秦楚之王이 悅於仁義하여 以罷三軍之師하리니)라 하여, 열(說)과 열(悅)을 같이 사용하고 있다. 이로움을 위한 패도(覇道)가 아니라, 사랑에 기뻐하는 인정(仁政)을 할 때 위민(爲民)의 왕도(王道)가 되는 것이다.

다섯 오

天	천오(天五), 구오(九五), 육오(六五), 오황극(五皇極), 오행(五行), 오사(五事)
人	사람(吾), 오륜(五倫), 오미(五美), 오경(五經), 오위(五位), 오덕(五德)
地	다섯, 다섯 번

다섯 오(五)는 두 이(二)와 그 사이에 십(十)이 굽어 있다. 고자(古字)는 십(十)이 작용하는 오(╳)이고, 일(一)에서 십(十)까지의 가운데 수로 사람을 상징한다.

땅의 입장에서 오(五)는 다섯, 다섯 번 등의 의미이고, 사람의 입장에서는 사람(吾), 오륜(五倫), 오미(五美), 오경(五經), 오위(五位) 등이 있다. 하늘의 입장에서는 천오(天五), 구오(九五), 육오(六五), 오황극(五皇極), 오행(五行), 오사(五事) 등으로 사용하고 있다.

오륜(五倫)은 『서경』에서 밝힌 다섯 가지의 가르침으로, 『맹자』와 『중용』에서 밝힌 부자유친(父子有親), 군신유의(君臣有義), 부부유별(夫婦有別), 장유유서(長幼有序), 붕우유신(朋友有信)이다.

오미(五美)는 『논어』에서 밝힌 것으로, 은혜롭지만 낭비하지 않고, 수고롭지만 원망하지 않고, 하고자 하지만 탐욕하지 않고, 크지만 교만하지 않고, 위엄이 있지만 사납지 않는 것이다.

오행(五行)과 오사(五事)는 『서경』「홍범」에서 밝힌 것이다. 오행은 수(水)·화(火)·목(木)·금(金)·토(土)이고, 오사는 모(貌)·언(言)·시(視)·

청(聽)·사(思)이다.

「홍범」에서는 '첫째 오행은, 일은 물이고, 이는 불이고, 삼은 나무이고, 사는 쇠이고, 오는 흙이다. 물은 적시고 아래로 내려감이며, 불은 타고 위로 올라감이며, 나무는 굽고 곧음이며, 쇠는 따르고 바뀜이며, 흙은 이에 심고 거두는 것이다'(一五行, 一曰水, 二曰火, 三曰木, 四曰金, 五曰土. 水曰潤下, 火曰炎上, 木曰曲直, 金曰從革, 土爰稼穡.)라 하여, 오행(五行)을 분명하게 밝히고 있다.

오행은 물, 불, 나무, 쇠, 흙의 다섯 가지 물질이 아니라, 물질의 속성 내지 작용을 말하는 것이다. 즉, 수(水)는 촉촉이 적시는 윤(潤)과 아래로 내려가는 하(下)의 속성을, 화(火)는 뜨겁게 타는 염(炎)과 위로 올라가는 상(上)의 속성을, 목(木)은 부드럽게 굽는 곡(曲)과 단단하게 곧은 직(直)의 속성을, 금(金)은 좇아서 나아가는 종(從)과 변화하여 바뀌는 혁(革)의 속성을, 토(土)는 심는 가(稼)와 거두는 색(穡)의 속성 내지 작용을 말하는 것이다. 또 오행은 음양작용으로, 다섯 가지 기운(氣運)을 말하는 것이다.

오황극(五皇極)은 『서경』「홍범」에서 홍범구주(洪範九疇)의 다섯 번째 범주이다. '다음 오(五)는 황극(皇極)을 세워서 사용하고'(次五는 曰建用皇極이오)라 하였다. 『정역』에서는 '오(五)가 중위(中位)에 거하니 황극(皇極)이다'(五居中位하니 皇極이니라)라 하여, 오(五)가 오황극(五皇極)이다.

『주역』에서는 '천수(天數)가 다섯이고, 지수(地數)가 다섯이니, 다섯 자리에서 서로 얻으며, 각각 합덕이 있으니, 천수는 이십오이고 지수는 삼십이라 무릇 천지(天地)의 수가 오십오이니 이것이 변화를 이루고 귀신을 행하는 까닭이다'(天數ㅣ五오 地數ㅣ五니 五位相得하며 而各有合하니 天數ㅣ 二十有五오 地數ㅣ 三十이라 凡天地之數ㅣ 五十有五니 此ㅣ 所以成變化하며 而行鬼神也라)라 하여, 오(五)를 여섯 번 언급하면서 체오용육(體五用六)의 하도(河圖)를 밝히고 있다.

오(五)는 사람을 상징하는 이수(理數)이지만, 하늘의 작용이 드러나는 수이다. 천도(天道)를 표상하는 낙서(洛書)의 체십용구(體十用九)작용이 9에서 시작하여 5로 마치는(9·1→8·2→7·3→6·4→5) 것과 같이, 십(十)이 작용하여 ✕(五)가 되는 것이다. 또 십(十)이 네 정방으로 체가 된다면, ✕(五)는 네 모퉁이 방위로 작용이 되는 것이다.

구슬 옥

天	건괘(乾卦), 옥현(玉鉉)
人	깨끗한 마음, 옥심(玉心), 옥체(玉體), 옥수(玉手)
地	옥, 구슬, 보석, 사랑하다

    구슬 옥(玉)은 임금 왕(王)과 점 주(丶)로, 하늘이 천·인·지(天人地) 삼재지도(三才之道)의 진리로 온전히 드러나는 것이다.

    땅의 입장에서 옥(玉)은 옥, 구슬, 보석, 사랑하다 등의 의미이고, 사람의 입장에서는 깨끗한 마음, 옥심(玉心), 옥체(玉體), 옥수(玉手) 등이 있다. 하늘의 입장에서는 건괘(乾卦), 옥현(玉鉉)으로 설명할 수 있다.

    「설괘」에서는 '건괘(乾卦)는 옥이 되고'(乾은 爲玉)라 하여, 옥(玉)은 건괘(乾卦)를 상징한다.

    정괘(鼎卦)에서는 '솥의 귀가 옥이니 크게 길하여 이롭지 않음이 없는 것이다'(鼎玉鉉이니 大吉하야 无不利니라)라 하여, 하늘에 올리는 제수(祭需)를 삶는 솥의 귀가 옥(玉)이니 군자가 건도(乾道)를 익히는 것이다.

    또 왕(王)은 석 삼(三)과 뚫을 곤(丨)으로, 천·인·지(天人地) 삼재지도(三才之道)를 일관하는 진리이다. 『주역』에서는 왕도(王道), 왕명(王明), 왕사(王事), 선왕(先王)으로 사용하고 있다.

근심할 우

天	실존적 근심
人	관계적 근심, 사람 근심
地	걱정, 물질적 근심, 세속적 근심

근심 우(憂)는 흰 백(百)과 덮을 멱(冖), 마음 심(心)과 뒤져서 올 치(夂)로, 백수(百數)의 진리에 마음을 가리고 뒤쳐져 있는 것이다. 진리에 마음을 열고 나아가야 근심을 해결할 수 있다.

근심은 한글이지만, 한자로는 '마음을 삼가'는 근심(謹心)으로 쓸 수 있다. 걱정이 있으면, 자신의 마음을 조심하고 살펴보게 되기 때문이다.

우(憂)는 우환(憂患), 우수(憂愁), 우려(憂慮), 우민(憂悶), 우우(憂虞) 등으로 사용하고 있는데, 땅의 입장에서는 걱정으로, 물질적 근심 내지 세속적 근심이고, 사람의 입장에서는 사람 관계에 대한 근심이고, 하늘의 입장에서는 실존적 근심으로 설명할 수 있다.

물질적 근심은 우리가 살아가면서 필요한 의·식·주(衣食住)에 대한 걱정이다. 무엇을 먹을까? 무엇을 입을까? 어떤 집에 살까? 등 세속적인 욕망에 따르는 근심이다. 물질적 욕망에 대한 근심은 일시적이지만, 끝이 없다. 내가 원하는 것을 얻었다고 욕망이 없어지지 않기 때문에 근심도 멈추지 않는다. 따라서 세속적 근심을 이기는 방법은 욕망의 절제에 있다. 『맹자(孟子)』에서는 '욕심을 적게 하라'는 과욕(寡慾)을 제시하고 있다.

사람 관계에 대한 근심도 우리의 삶에서 절대적 부분을 차지하고 있다. 우리가 즐겨보는 드라마나 영화들의 내용은 대부분 사람 관계에 대한 근심을 주제로 하고 있다. 시어머니와 며느리, 부모와 자식, 남편과 아내, 직장 상사와 직원, 친구 관계 등에 대한 문제이다.

관계적 근심을 극복하는 방법은 2가지이다. 하나는 그 관계에 맞는 이치를 지키는 것이다. 유학에서는 오륜(五倫)으로 제시하고 있다. 부모와 자식은 부자유친(父子有親), 남편과 아내는 부부유별(夫婦有別), 직장의 사람 관계는 군신유의(君臣有義), 어른과 아이의 관계는 장유유서(長幼有序), 친구와의 관계는 붕우유신(朋友有信)이다. 오륜(五倫)에 대한 형이상학적(形而上學的)인 이해는 필수적이다.

또 하나는 사람의 관계에서 은혜(恩惠)를 발견하는 것이다. 나와 인연이 된 모든 사람들은 은혜의 관계로 맺어졌음을 헤아리는 것이다.

실존적 근심은 '나는 누구인가?'라는 실존에 대한 물음에서 시작된다. '나는 어디서 왔는가?', '나는 잘 살고 있는가?', '나는 죽어서 어디로 가는가?' 등에 대한 근심이다. 이러한 근심을 할 수 있는 존재가 바로 사람이다.

실존적 근심의 해결은 사람을 아는 것에서 출발한다. 지인(知人)은 성인(聖人)의 말씀을 통해 할 수 있다. 우리가『주역』을 공부하고, 성인(聖人)의 말씀인 경전(經典)을 공부하는 이유는 바로 지인(知人)을 통해 실존적 근심을 해결하기 위한 것이다. 성학(聖學)의 공부는 실존적 근심을 해결하는 유일(唯一)한 길이 된다.

한편 3가지의 근심은 서로 밀접한 관계를 맺고 있다. 세속적 욕망에 대한 근심으로 사람 관계를 어긋나게 하고 실존적 근심을 놓쳐 버리게 된다. 또 사람 관계적 근심에 걸려서 실존적 근심을 망각하게 되는 것이다.

하늘의 입장에서 실존적 근심을 해결하고자 노력하는 사람은 관계적 근심이나 물질적 근심에 걸리지 않게 된다. 오히려 관계적 문제와 물질적 욕망을 극복하는 근본적인 방법은 실존적 물음을 해결하는 것이다. 자신의 실존적 삶을 찾는다면, 세속적인 욕망과 사람 관계의 정도(正道)를 버리지 않게 될 것이다.

「계사하」에서는 『주역』을 지은 사람은 우환(憂患)이 있었구나!'(作易者ㅣ 其有憂患乎)져)라 하여, 성인(聖人)이 사람들을 걱정하여 사람이 살아가야 할 진리를 세상에 드러내었음을 알 수 있다. 실존적 근심을 해결하기 위해서는 성인이 밝힌 진리를 공부해야 하는 것이다.

「계사상」에서는 '곁으로 행하지만 흐르지 않고, 천명(天命)을 즐기고 사명(使命)을 아는 것이다. 그러므로 근심하지 않으며'(旁行而不流하야 樂天知命이라 故로 不憂하며)라 하여, 먼저는 자신의 삶을 나쁜 곳으로 흐르지 않게 하고, 다음은 천명(天命)을 알고 즐기는 것이 근심을 하지 않게 되는 것이다. 즉, 물질적 욕망을 절제하고, 사람 관계를 바르게 하며, 진리를 공부하는 것이다.

『논어』에서는 '군자는 진리를 근심하고 가난함을 근심하지 않는 것이다'(君子는 憂道오 不憂貧이니라)라 하여, 실존적 근심과 물질적 근심을 대비하여 말씀하고 있다.

또 '공자께서 말씀하시기를 덕을 닦지 못함과 배움을 강설하지 못함과 정의를 듣고 옮기지 못하며, 불선(不善)을 고치지 못함이 나의 근심인 것이다'(子ㅣ 曰德之不脩와 學之不講과 聞義不能徙하며 不善不能改ㅣ 是吾憂

也니라)라 하여, 우리가 해야 할 실존적 근심의 내용을 밝히고 있다.

『맹자』에서는 '군자는 몸을 마치도록 하는 근심이 있고, 하루 아침의 근심은 없는 것이니'(君子有終身之憂요 無一朝之患也니)라 하여, 군자는 물질적 욕망이 채워지면 잠시 사라지는 일조(一朝)의 근심이 아닌 평생 동안 가지고 살아가는 실존적 삶의 근심이 있는 것이다. 또 '우환(憂患)에서 살고, 안락(安樂)에서 죽는 것을 아는 것이다'(知生於憂患而死於安樂也니라)라 하여, 실존적 근심은 사람을 살리는 것이라 하였다.

『성경』에서는 '그러므로 무엇을 먹을까? 무엇을 마실까? 무엇을 입을까? 라고 말하며 염려하지 말라. … 오히려 너희는 먼저 하나님의 나라와 그 분의 의를 구하라. 그리하면 이 모든 것을 너희에게 더해 주시리라. 그러므로 내일을 위하여 염려하지 말라. 내일 일은 내일 염려할 것이요'라 하였다.

한편 『주역』에서는 우(憂)와 함께 근심을 척(惕), 환(患), 려(慮), 우(虞)로 밝히고 있다. 척(惕)은 심(忄)과 역(易)으로, 근심하여 마음을 바른 곳으로 바꾸는 것이고, 환(患)은 중(中)과 구(口), 심(心)으로, 중도(中道)로써 근심하는 것이다.

려(慮)는 호랑이 호(虍)와 생각 사(思)로, 호랑이 아래에서 생각하는 것이니 조심하는 사려(思慮)의 근심이고, 우(虞)는 호(虍)와 큰 소리할 오(吳)로, 호랑이 아래에서 떠들썩하게 헤아리는 근심이다. 호랑이는 금수(禽獸)의 왕으로 세속적 욕망을 상징한다.

척(惕)과 환(患)은 일(日)과 중(中)이 있어서 하늘 입장에서의 근심이라면, 우(憂)는 사람의 입장이고, 려(慮)와 우(虞)는 호(虍)가 있으니 땅의 입장이라 하겠다.

비 우

天	감괘(坎卦), 우시(雨施), 뇌우(雷雨), 풍우(風雨), 방우(方雨)
人	마음의 비, 우로(雨露), 우우(遇雨)
地	비, 비오다

비 우(雨)는 한 일(一)과 수건 건(巾), 점 주(丶) 네 개로, 하늘의 사상 작용이 세상에 떨어지는 것이다. 주(丶)가 2개씩 음양이 합덕하여 작용하는 것이다.

땅의 입장에서 우(雨)는 비, 비오다 등의 의미이고, 사람의 입장에서는 마음의 비, 우로(雨露), 우우(遇雨) 등이 있다. 하늘의 입장에서는 감괘(坎卦), 우시(雨施), 뇌우(雷雨), 풍우(風雨), 방우(方雨)로 사용하고 있다.

「설괘」에서는 '비로써 윤택하게 하고'(雨以潤之)라 하여, 우(雨)는 감괘(坎卦)를 상징한다. 비는 하늘이 내리는 은택으로 사람이 살아가는데 가장 소중한 것이다.

64괘 여러 곳에서 감괘(坎卦)를 우(雨)로 논하고 있다. '구름이 행하고 비를 베풀다'(雲行雨施), '빽빽한 구름이 비를 내리지 않고'(密雲不雨), '왕(往)에 비를 만나면'(往遇雨), '바야흐로 비'(方雨), '우뢰와 비가 움직이니'(雷雨之動), '바람과 비로써 윤택하게 하다'(潤之以風雨) 등 우(雨)는 하늘의 중정지기인 감괘(坎卦)의 의미이다.

참고로 노래 말에 비가 많이 등장하는데, 비를 좋아하는 사람은 하늘을 좋아하는 사람이다.

둥글 원

天	천원(天圓), 원신(圓神), 원방(圓方)
人	마음이 둥글다, 원만(圓滿), 원통(圓通)
地	둥글다, 원형, 동그라미, 통하다

둥글 원(圓)은 나라 국(囗)과 입 구(口), 조개 패(貝)로, 하늘을 상징하고 있다. 한자에서는 원(○)이 없고, 네모 방(囗)을 쓰고는 둥근 원이라고 한다. 한글에는 이응(○)과 히읗(ㅎ)에 ○이 있다.

땅의 입장에서 원(圓)은 둥글다, 원형, 동그라미, 통하다 등의 의미이고, 사람의 입장에서는 마음이 둥글다, 원만(圓滿), 원통(圓通) 등이 있다. 하늘의 입장에서는 천원(天圓), 원신(圓神), 원방(圓方)으로 사용하고 있다.

「계사상」에서는 '시초의 덕은 둥글고 신기하고, 괘의 덕은 네모나고 지혜롭고'(蓍之德은 圓而神이오 卦之德은 方以知오)라 하여, 천원지방(天圓地方)의 이치를 논하고 있다.

시초 시(蓍)는 신비스런 풀이 아니라 덕(德)을 가진 것으로 하도(河圖)를 말하는 것이다. 즉, 천도(天道)를 위주로 표상하는 하도낙서(河圖洛書)의 신물(神物)은 원신(圓神)하고, 괘(卦)는 지도(地道)를 위주로 표상하는 팔괘(八卦)로 방지(方知)라 하였다.

둥글 원(圓)이 상징하는 하늘을 한자에서는 3가지로 사용하고 있다.

땅의 입장에서 하늘은 둥글 원(圓)의 부수인 큰 입 구(囗)이다. 구(囗)를 쓰고 둥글다고 하는 것은 '땅에 드러난 하늘의 뜻'으로 해석할 수 있다. 여기에서도 하늘과 땅은 둘이면서 하나이고, 하나이면서 둘인 일체적 의미이다.

사람의 입장에서는 멀 경(冂)으로 표현된다. 멀 경(冂)을 요즘에는 대상적으로 성곽 경이라 하는데, 멀 경이 근원적 뜻이다. 한 가지 동(同)이나 빛날 경(冏)은 사람의 입장에서 하늘을 상징한다.

하늘의 입장에서는 점 주(丶)로 표현된다. 주(丶)는 천원(天圓)을 대표하는 것으로 둥근 원이 한 점으로 표상된 것이다. 대표적으로 주인 주(主)로 여기에 '님'을 붙여서 주님이 된다.

『맹자』에서는 '그림쇠와 꺾자는 네모와 동그라미를 그리는 지극한 것이고, 성인(聖人)은 인륜의 지극한 것이다'(孟子ㅣ 曰規矩는 方員之至也요 聖人은 人倫之至也니라)라 하여, 성인이 밝히는 인륜의 지극함을 천도(天道)와 지도(地道)를 상징하는 방원(方圓)에 비유하고 있다. 즉, 규구(規矩)가 아니면 동그라미와 네모를 정확히 그릴 수 없듯이 성인이 아니면 인정(仁政)은 행해지지 않는다는 것이면서, 동시에 천지지도(天地之道)에 근거를 두고 있는 인도(人道)의 의미를 밝히고 있다.

달 월

天	감괘(坎卦), 일월(日月), 월영(月盈), 월왕(月往)
人	심월(心月)
地	달, 태음(太陰), 세월

달 월(月)은 멀 경(冂)과 두 이(二)로, 하늘 아래에 음양(陰陽)이 들어 있는 것이다.

고기 육(肉)이 다른 글자에 들어가면 월(月)이 되는데, 월(月)과 육(肉)은 서로 뜻을 같이 하고 있다. 육(肉)은 경(冂)과 사람 인(人) 2개로, 하늘 아래에 실재하는 사람이고, 월(月)은 하늘 아래에 음양이 있는 것이다. 육(肉)은 현상적 의미라면, 월(月)은 원리적 의미를 담고 있다.

땅의 입장에서 월(月)은 달, 태음(太陰), 세월 등의 의미이고, 사람의 입장에서는 마음의 달인 심월(心月)이 있다. 하늘의 입장에서는 감괘(坎卦), 일월(日月), 월영(月盈), 월왕(月往)으로 사용하고 있다.

「설괘」에서는 '감괘(坎卦)는 달이 되고'(坎은 爲月)라 하여, 월(月)은 감괘(坎卦)를 상징하고 있다.

『주역』에서는 '일월(日月)이 하늘에 걸리며'(日月이 麗乎天하며), '일월(日月)이 하늘을 얻어 능히 오래 비추며'(日月이 得天而能久照하며), '일월(日月)이 지나지 않고'(日月이 不過)라 하여, 일월(日月)이 천도를 표상하고 있다.

귀매괘(歸妹卦)에서는 '달이 거의 보름이 되면 길한 것이다'(月幾望이면 吉하리라)라 하여, 달이 가득 차는 '월기망(月幾望)'은 공부가 가득 차는 것이다.

『정역』에서는 '천지(天地)는 일월(日月)이 아니면 빈 껍데기이고, 일월은 지극한 사람이 아니면 빈 그림자인 것이다'(天地이 匪日月이면 空殼이요 日月이 匪至人이면 虛影이니라), '오호라 일월(日月)의 정사여, 지극히 신명(神明)하니 글은 말을 다하지 못하는 것이다'(嗚呼라 日月之政이여 至神至明하니 書不盡言이로다), '달이 복상(復上)에 일어나면 천심월이고, 달이 황중(皇中)에 일어나면 황심월이니'(月起復上하면 天心月이요 月起皇中하면 皇心月이니)라 하여, 달의 정사(政事)를 인격적 뜻으로 밝히고 있다.

천심월(天心月)은 하늘의 마음 달이고, 황심월(皇心月)은 내 마음의 달로, 달의 변화를 통해 하늘과 내 마음이 하나로 되는 것이다. 마음의 달이 서로 비추는 '심월상조'(心月相照)이고, 마음과 마음이 서로 연결되어 있는 '심심상연'(心心相連)의 이치인 것이다.

할 위, 될 위

天	위도(爲道), 무위(无爲), 위변(爲變), 위언(爲言), 위대(爲大)
人	작위(作爲), 심위(心爲), 위지(爲志), 불위(弗爲)
地	행하다, 되다, 만들다, 배우다

할 위(爲)는 손톱 조(爫)와 주검 시(尸), 쌀 포(勹)와 불 화(灬)로, 마음으로 진리를 감싸고 사는 것이다. 조(爫)는 점 주(丶) 4개로 마음 심(心)과 짝이 되고, 화(灬)도 주(丶) 4개로 땅에서 펼쳐지는 사상(四象)작용을 의미한다.

땅의 입장에서 위(爲)는 행하다, 되다, 만들다, 배우다 등의 의미이고, 사람의 입장에서는 작위(作爲), 심위(心爲), 위지(爲志), 불위(弗爲) 등이 있다. 하늘의 입장에서는 위도(爲道), 무위(无爲), 위변(爲變), 위수(爲首), 위언(爲言), 위대(爲大) 등으로 사용하고 있다.

「계사하」에서는 『주역』의 글 됨이 멀지 않고, 도 됨이 자주 옮기는 것이다'(易之爲書也 不可遠이오 爲道也 屢遷이라), '유(柔)의 도 됨이'(柔之爲道)라 하여, 위도(爲道)를 밝히고 있다.

또 '머리가 됨은 불가하고'(不可爲首), '함이 없다'(无爲也), '흐르는 혼은 변화가 되고'(游魂爲變), '만물의 오묘함이 말씀이 된 것'(妙萬物而爲言者)이라 하여, 무엇을 하는 것은 진리가 하는 것이다.

『주역』에서 무위(無爲)는 무위(无爲)이므로, 하지 않음이 없는 무불위(無不爲)의 하늘이 하는 것이다.

자리 위

天	천위(天位), 무위(无位), 덕위(德位), 육위(六位)
人	마음자리, 득위(得位), 정위(正位), 당위(當位), 중위(中位)
地	자리, 지위(地位), 순서

자리 위(位)는 사람 인(亻)과 설 립(立)으로, 입지(立志)가 된 사람이 있는 자리이다.

땅의 입장에서 위(位)는 자리, 지위(地位), 순서 등의 의미이고, 사람의 입장에서는 마음의 자리, 득위(得位), 정위(正位), 당위(當位), 성위(成位), 정위(定位), 중위(中位) 등이 있다.

하늘의 입장에서는 천위(天位), 무위(无位), 덕위(德位), 설위(設位), 육위(六位)로 사용하고 있다.

수괘(需卦)에서는 '천위(天位)에 자리하여 정중(正中)하고'(位乎天位하야 以正中也오)라 하고, 「계사상」에서는 '천지(天地)가 자리를 베풀거든'(天地設位), '천지가 자리를 정하며'(天地定位)라 하여, 하늘의 자리로 논하고 있다.

『정역』에서는 시간의 가장 근원적 단위 내지 존재를 무위(无位)라 하였고, 또 '오(五)가 중위(中位)에 거처하니 황극인 것이다'(五居中位하니 皇極이니라)라 하고, '중위정역'(中位正易)이라 하여, 중위(中位)는 오황극의 자리이며, 『정역』의 학문적 지향이 있는 자리임을 알 수 있다.

있을 유, 또 유

天	유명(有命), 유명(有明), 유언(有言)
人	마음에 있음, 유지(有志), 유덕(有德)
地	있다, 가지다, 또

있을 유(有)는 한 일(一)과 삐침 별(丿) 그리고 달 월(月)로, 일월의 이치를 하나로 다스리는 것이다.

유(有)는 '있다'로, 이 세상에 있는 것은 또 있는 것이다. 뜻이 먼저 있고, 현상이 있는 것이다. 원리와 현상이 함께 있는 것이 유(有)이다. 즉, 내가 있기 위해서는 부모님이 나를 낳겠다는 뜻이 먼저 있었고, 사랑을 한 다음에 내가 태어났기 때문에 나는 또 있는 것이다.

땅의 입장에서 유(有)는 있다, 가지다, 또 등의 의미이고, 사람의 입장에서는 마음에 있음, 유회(有悔), 유경(有慶), 유종(有終), 유상(有常), 유부(有孚), 유복(有福), 유친(有親), 유공(有功) 등이 있다.

하늘의 입장에서는 대유(大有), 유명(有命), 유명(有明), 유시(有始), 유언(有言), 유체(有體)로 사용하고 있다.

『주역』에서는 '위대한 임금은 천명이 있고'(大君有命), '족히 밝음이 있지 않다'(不足以有明也), '마치면 곧 시작이 있다'(終則有始), '주인의 말씀이 있다'(主人有言), '강유(剛柔)가 본체가 있다'(剛柔有體)라 하여, 하늘적 의미의 유(有)를 밝히고 있다.

또 '항극한 용은 후회가 있다'(亢龍有悔), '이에 마침내 경사가 있다'(乃終有慶), '군자는 마침이 있다'(君子有終), '믿음이 있다'(有孚), '음식에 복이 있다'(于食有福), '쉽게 알면 친함이 있다'(易知則有親), '쉽게 쫓으면 공이 있다'(易從則有功)라 하였다.

특히 수리(數理)에서는 또 유(有)로 사용되고 있다. '대연의 수는 오십(五十)이니 그 작용은 사십(四十)하고 또 구(九)이다'(大衍之數ㅣ 五十이니 其用은 四十有九라)라 하여, 사십유구(四十有九)는 40하고 또 9로 해석된다.

『정역』에서는 '만변(萬變)하는 창공(蒼空)을 고요히 바라보니 54세에 비로소 천공(天工)을 봄에 묘묘(妙妙)하고 현현(玄玄)의 현묘(玄妙)한 이치는 없으면 없고 있으면 있는 있으면서도 없는 중(中)을'(靜觀萬變一蒼空하니 六九之年始見工을 妙妙玄玄玄妙理는 无无有有无中을)이라 하여, 유무(有無)를 노래하고 있다.

그윽할 유

天	진리가 그윽히 드러남, 유명(幽明), 유심(幽深)
人	마음이 그윽함, 유인(幽人), 유찬(幽贊)
地	그윽하다, 숨다, 어둡다, 조용하다

그윽할 유(幽)는 뫼 산(山)과 작을 요(幺) 2개로, 산 속에 하늘의 작용이 숨어 있는 것이다. 요(幺) 2개는 은미한 음양(陰陽)의 작용이다.

땅의 입장에서 유(幽)는 그윽하다, 숨다, 어둡다, 조용하다 등의 의미이고, 사람의 입장에서는 마음이 그윽함으로, 유인(幽人), 유찬(幽贊) 등이고, 하늘의 입장에서는 진리가 그윽이 드러남으로, 유명(幽明), 유심(幽深), 천유(闡幽)로 사용하고 있다.

「계사상」에서는 '우러러서 천문(天文)을 보고 구부려서 지리(地理)를 살피는 것이라. 이러한 까닭으로 그윽하고 밝음의 연고를 알며'(仰以觀於天文하고 俯以察於地理라 是故로 知幽明之故하며)라 하여, 유명(幽明)을 밝히고 있다.

유(幽)는 보이지 않는 세계인 명계(冥界, 幽界)이고, 명(明)은 현상의 세계인 명계(明界)이다. 지금 여기는 명계(明界)이고, 죽은 이후의 세계나 태어나기 이전의 세계는 유계(幽界)인 것이다. 『주역』의 팔괘도(八卦圖)는 천문과 지리의 이치를 표상하기 때문에 팔괘(八卦)를 통해 유명(幽明)의 연고를 알 수 있는 것이다.

「계사하」에서는 '나타난 것은 은미하게 하고 그윽한 것은 드러낸다'(微顯闡幽)라 하여, 진리가 그윽하게 드러남을 의미하고 있다.

소리 음

天	하늘의 소리, 한음(翰音), 조음(鳥音)
人	마음의 소리, 동음(同音)
地	소리, 음, 음악(音樂), 음성(音聲)

소리 음(音)은 설 립(立)과 가로 왈(曰)로, 마음을 세워서 말하는 것이다.

음(音)은 소리 성(聲)과 짝이 된다. 성(聲)에는 귀 이(耳)가 있어서 하늘과 밖의 자연적 소리이고, 음(音)은 입지(立志)가 된 내면의 소리이다.

땅의 입장에서 음(音)은 소리, 음, 음악(音樂), 음성(音聲) 등의 의미이고, 사람의 입장에서는 마음의 소리, 동음(同音) 등이 있고, 하늘의 입장에서는 하늘의 소리, 한음(翰音), 조음(鳥音)으로 사용하고 있다.

중부괘(中孚卦)에서는 '새의 소리가 하늘에 오르니 곧아도 흉한 것이다'(翰音이 登于天이니 貞하야 凶토다)라 하고, 소과괘(小過卦)에서는 '나는 새가 남긴 소리가 위로 올라감은 마땅하지 않고 아래로 내려오면 크게 길한 것이다'(飛鳥遺之音에 不宜上이오 宜下면 大吉하니라)라 하여, 하늘의 소리를 전하는 한음(翰音)과 조음(鳥音)이 땅으로 내려와야 하는데, 하늘로 올라가니 바르게 해도 흉한 것이다.

『예기(禮記)』에서는 '무릇 음(音)이 일어나는 것은 사람의 마음에서 말미암아 생기는 것이다. 사람의 마음이 움직이는 것은 사물이 그렇게 하는 것인데, 사물에 감응하여 움직이는 까닭으로 성(聲)에서 형성되고, 성(聲)이 서로 감응하는 까닭으로 변화가 생기고 변화가 일정한 틀을 이루는 것이 음(音)이다. … 무릇 음(音)은 사람의 마음에서 생기는 것이니, 감정이 심중(心中)에서 움직이는 까닭으로 성(聲)에서 형성되고, 성(聲)이 문채를 이루는 것이 음(音)이다'(凡音之起, 由人心生也. 人心之動, 物使之然也. 感於物而動 故形於聲. 聲相應, 故生變, 變成方, 謂之音. … 凡音者, 生人心者也. 情動於中, 故形於聲, 聲成文, 謂之音.)라 하여, 음(音)과 성(聲)을 구분해서 밝히고 있다.

즉, 자연의 소리인 성(聲)이 마음의 소리인 음(音)으로 가기 위해서는 소리의 주체인 사람이 방정(方正)하고, 문채(文彩)를 이루어야 한다. 사람이 감각적 욕망의 소리를 내는 것에 머물지 않고, 자신의 도덕적 본성을 드러내는 것이다.

고을 읍

天	하늘의 고을, 허읍(虛邑), 욕망을 비운 마을
人	읍인(邑人), 정읍(征邑), 벌읍(伐邑), 개읍(改邑)
地	고을, 큰 마을, 영지(領地)

고을 읍(邑)은 입 구(口)와 땅 이름 파(巴)로, 사람들이 많이 모여 사는 곳이다.

사람들이 모여 사는 곳은 사람들의 욕망이 얽혀 있다. 현상 세계와 세속적 욕망을 의미하는 빛 색(色)과 닮아 있다. 『주역』에서 읍인(邑人) 은 마을에 머무르면서 욕망으로 살아가는 사람이고, 행인(行人)은 진리를 찾아다니는 구도자(求道者)이다.

땅의 입장에서 읍(邑)은 고을, 큰 마을, 영지(領地) 등의 의미이고, 사람의 입장에서는 마음의 고을로, 읍인(邑人), 정읍(征邑), 벌읍(伐邑), 개읍(改邑) 등이 있고, 하늘의 입장에서는 하늘의 고을, 허읍(虛邑), 욕망을 비운 마을로 해석할 수 있다.

승괘(升卦)에서는 '텅 빈 고을에 오르는 것은 의심할 것이 없다'(升虛邑은 无所疑也라)라 하여, 세속적 욕망을 비우는 것은 의심하지 않는 것이다. 무망괘(无妄卦)에서는 '행(行)하는 사람은 얻고, 고을 사람은 재앙이다'(行人之得이 邑人之災로다)라 하여, 진리를 찾는 사람인 행인(行人)은 자득(自得)하지만, 마을의 욕망에 살아가는 사람인 읍인(邑人)은 재앙이 있는 것이다.

옷 의

天	건도(乾道), 의상(衣裳), 후의(厚衣)
人	마음의 옷, 의여(衣袽), 의·식·주(衣食住)
地	옷, 의복, 옷을 입다

옷 의(衣)는 돼지 머리 두(亠)와 진(辰) 아래 부분으로, 하늘의 작용이 펼쳐지는 것이다.

사람이 몸을 위해서 가장 필요한 것을 의·식·주(衣食住)라고 한다. 의·식·주(衣食住)에서 의(衣)가 가장 먼저 이야기되는 것은 먹는 것보다 주거 공간보다 옷이 더 중요하기 때문이다. 옷은 단순히 몸을 가리는 것이 아니라 하늘의 뜻이 펼쳐진다는 의미가 있다.

땅의 입장에서 의(衣)는 옷, 의복, 옷을 입다 등의 의미이고, 사람의 입장에서는 마음의 옷, 의여(衣袽), 의·식·주(衣食住) 등이 있고, 하늘의 입장에서는 건도(乾道), 의상(衣裳), 후의(厚衣)로 사용하고 있다.

「계사하」에서는 '황제(黃帝)·요(堯)·순(舜)임금이 의상(衣裳)을 드리워 세상을 다스리니, 대개 건괘(乾卦)와 곤괘(坤卦)에서 취하고'(黃帝堯舜이 垂衣裳而天下治하니 蓋取諸乾坤하고)라 하여, 의상(衣裳)을 드리웠는데, 이것을 건괘(乾卦)와 곤괘(坤卦)에서 취했다고 하였다. 즉, 의(衣)는 건괘(乾卦), 치마 상(裳)은 곤괘(坤卦)와 만나게 된다. 「설괘」의 주해에서도 '건괘(乾卦)는 옷이 되고'(乾은 爲衣)라 하였다.

또 '해어진 옷이 있고'(有衣袽), '두터운 옷'(厚衣)이라 하여, 건도(乾道)의 의미로 사용하고 있다.

옳을 의

天	대의(大義), 도의(道義), 화의(和義), 정의(精義), 예의(禮義)
人	의로운 마음, 정의(正義), 경의(敬義), 의리(義利)
地	의, 정의, 의로움, 옳음, 뜻

옳을 의(義)는 양 양(羊)과 나 아(我)로, 내 마음 속에 하늘의 마음이 내려온 것이다.

양(羊)은 태괘(兌卦)로 백성을 상징하지만, 또 민심(民心)이기 때문에 천심(天心)으로 해석된다. 아(我)는 진리에 뜻을 둔 나이기 때문에 정의 (正義)는 내가 하늘의 마음을 헤아릴 때 알 수 있는 것이다.

땅의 입장에서 의(義)는 의, 정의, 의로움, 옳음, 뜻 등의 의미이고, 사람의 입장에서는 의로운 마음, 정의(正義), 경의(敬義), 의리(義利) 등이고, 하늘의 입장에서는 화의(和義), 대의(大義), 도의(道義), 정의(精義), 예의(禮義)로 사용하고 있다.

건괘(乾卦)에서는 '이(利)라는 것은 의(義)의 화합이고, 만물을 이롭게 하는 것이 족히 의에 화합하며'(利者는 義之和也오 …… 利物이 足以和義며) 라 하여, 의(義)는 원·형·이·정(元亨利貞)의 이(利)에 근거를 둔 인간 본성의 덕(德)임을 알 수 있다.

곤괘(坤卦)에서는 '곧음은 바름이고, 방정함은 정의이니, 군자가 경(敬) 으로써 안을 바르게 하고, 의(義)로써 밖을 방정하게 하여 경(敬)과 의(義) 가 서면 덕은 외롭지 않으니'(直은 其正也오 方은 其義也니 君子ㅣ 敬以直內하고 義以方外하야 敬義立而德不孤하나니)라 하여, 정의는 밖으로 방정하게 행동하는 것이다.

또 '천지의 위대한 정의'(天地之大義), '진리와 정의의 문'(道義之門), '정미한 정의가 신(神)에 들어감'(精義入神), '더불어 정의를 보존하고'(可與存義), '부자(夫子)가 정의를 제정한다'(夫子制義), '예괘의 천시(天時) 뜻'(豫之時義), '수괘(需卦) 천신의 뜻'(隨時之義) 등으로 사용하고 있다.

『정의란 무엇인가?』라는 책이 유행한 적이 있다. 무엇이 옳은 일인가를 결정하려면 사회 전체의 행복을 극대화하는 공리주의(功利主義)적 정의가 필요하고, 소득과 부의 공정한 분배를 위한 정의에서는 자유지상주의의 자유가 있어야 하고, 그리고 좋은 삶에 대한 고찰로 미덕을 추구하는 가치의 정의를 말하고 있다.

그러나 정의(正義)는 사람의 관념이 아니라 하늘의 뜻을 자각하고 실천하는데 있다. 진리를 자각한 성인의 말씀이 아니면, 정의의 근본을 알 수 없다.

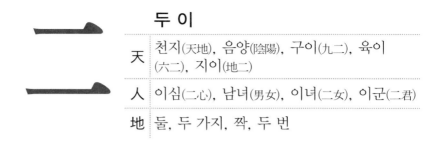

天	천지(天地), 음양(陰陽), 구이(九二), 육이(六二), 지이(地二)
人	이심(二心), 남녀(男女), 이녀(二女), 이군(二君)
地	둘, 두 가지, 짝, 두 번

두 이(二)는 한 일(一)이 겹쳐진 것으로, 서로 짝이 되는 것을 의미한다. 이(二)는 천지(天地)·음양(陰陽)·남녀(男女)·강유(剛柔)·생사(生死)·유무(有無)·선악 (善惡)·귀천(貴賤) 등을 의미하고, 체용의 관계이다.

땅의 입장에서 이(二)는 둘, 두 가지, 짝, 두 번 등의 의미이고, 사람의 입장에서는 이심(二心), 남녀(男女), 이녀(二女), 이군(二君) 등이 있다. 하늘의 입장에서는 천지(天地), 음양(陰陽), 구이(九二), 육이(六二), 지이(地二)로 사용하고 있다.

이(二)를 세로(刂)로 세우면 부정(不正)의 뜻을 담게 된다. 이(二)는 천지(天地)와 같이 서로의 위치와 역할이 다름을 아는 속에서 질서 있는 모습이지만, 이(刂)는 사람들의 관념으로 만들어낸 평등의 질서를 의미하기 때문이다.

아닐 불(弗)은 활 궁(弓)과 두 이(刂)로 '절대로 아니다'이고, 아닐 비(非)는 석 삼(三)과 이(刂)로, 이(刂)가 천·지·인을 갈라 놓고 있다. 말 물(勿)은 쌀 포(勹)와 이(刂)로, '~하지 마라'이다.

이(二)와 이(刂)의 철학적 의미를 생각하면, 이(二)가 체용(體用)의 관계로 상하(上下)의 질서를 나타내는 것이라면, 이(刂)는 상하의 질서가 없이 나란히 서 있는 것이다. 이(二)는 바르게 사용해야지 세우거나 비스듬하게 눕히면 안 되는 것이다.

『주역』의 64괘 육효중괘(六爻重卦)에서 두 번째 효가 양효(陽爻)이면 구이(九二), 음효(陰爻)이면 육이(六二)라 하고, 「계사상」에서는 '천수(天數) 일(一)이고, 지수(地數) 이(二)이고'(天一地二)라 하여, 이(二)는 음수(陰數)로 지도(地道)를 상징한다.

또 '나누어져서 둘이 되고'(分而爲二), '두 기운이 감응하고'(二氣感應), '두 사람이 한 마음으로'(二人同心), '두 임금과 하나의 백성'(二君而一民), '두 여자가 함께 거처하다'(二女同居) 등으로 사용되고 있다.

말이을 이

天	하늘이 하고, 하늘이 정하다, 수괘(需卦)
人	마음이 이어지다, 마음이 하고
地	말 이어지다, ~하고, 접속사, 이이(而已)

말이을 이(而)는 하늘 천(天)의 가운데 획이 옆으로 내려온 것이다. 어떤 일이 이어지고, 말을 이어가는 것은 근본적으로 하늘이 한다는 의미이다.

수괘(需卦)는 수천수괘(水天需卦)에서 위의 우(雨)는 감괘(坎卦)이고, 아래의 이(而)는 건괘(乾卦)를 의미한다. 또 한자의 문장 끝에 나오는 '이이(而已)'는 '~~뿐이다'로 해석하는데, 이것도 하늘의 진리는 '이것 뿐이다'라는 의미이다.

땅의 입장에서 이(而)는 말 이어지다, ~하고, 접속사, 이이(而已) 등의 의미이고, 사람의 입장에서는 마음이 이어지다, 마음이 하고 이다. 하늘의 입장에서는 하늘이 하고, 하늘이 정하다, 수괘(需卦), 이역(而易)의 의미가 있다.

「계사상」에서는 '신(神)은 방소가 없고, 역(易)은 본체가 없다'(神无方而易无體), '가까이에서 말하면 고요하고 바르며'(以言乎邇則靜而正)라 하여, 이(而)의 하늘적 의미를 알 수 있다.

사람 인

天	하늘 사람, 누운 사람 인(亠), 성인(聖人), 대인(大人)
人	인격적 사람, 서 있는 사람 인(亻), 군자(君子)
地	땅 사람, 걷는 사람 인(儿), 민(民), 소인(小人)

사람 인(人)은 열 십(十)에서 나누어진 것으로, 한 사람이 다리를 벌리고 서 있는 모습이나 두 사람이 기대어 있는 것이다. 또 마음과 몸이 하나가 된 것이고, 음양(하늘과 땅)이 합덕된 것이다.

십(十)은 곤(丨, 하늘, 陽)과 일(一, 땅, 陰)로, 음양의 이치를 담고 있는데, 이것이 현상적으로 드러난 것이 사람이다.

사람은 '사랑'과 동일한 뜻을 가지고 있다. 사랑은 천원(天圓)인 동그라미(○)이고, 사람은 지방(地方)인 네모(□)이다. 하늘의 뜻이 사람의 몸으로 펼쳐진다는 의미이다.

천·인·지(天人地) 삼재지도(三才之道)에서 하늘과 땅의 중심에 있는 사람은 3가지로 풀어진다.

땅의 입장에서는 몸의 욕망으로 살아가는 사람이고, 사람의 입장에서는 사람으로서 지켜야 할 예절과 문화를 실행하는 사람이고, 하늘의 입장에서는 하늘의 뜻을 깨우치고 실천하며 살아가는 선(善)한 사람이다. 즉, 현상세계의 물질적 탐욕에 이끌려 살아가는 사람, 사람으로서 마땅히 지켜야 할 윤리와 예절을 실천하는 사람, 진리를 따르고 사랑의 마음으로 살아가는 사람이다.

또 땅의 입장에서는 걸어 다니는 사람 인(儿)이고, 사람의 입장에서는 서 있는 사람 인(亻)으로, 입지(立志)가 된 사람이다. 하늘의 입장에 서는 누운 사람 인(宀)으로, 하늘에 순응하여 진리에 편안한 사람을 의미한다.

땅에서 걸어 다니는 사람(儿)은 백성(百姓)을 의미하고, 하늘의 뜻에 입지(立志)가 된 사람(亻)은 군자(君子)이고, 진리에 편안한 사람(宀)은 성인(聖人)이다.

『주역』에서는 성인(聖人)과 군자(君子), 대인(大人)과 소인(小人), 민(民)으로 사람을 밝히고 있다.

『논어』에서는 '공자께서 말씀하시기를 나면서 아는 사람은 위이고, 배워서 아는 사람은 다음이고, 곤궁해서 배우는 사람은 또 그 다음이니, 곤궁하지만 배우지 않으면 백성으로 이것이 아래가 되는 것이다'(孔子ㅣ 曰生而知之者는 上也오 學而知之者는 次也오 困而學之ㅣ 又其次也니 困而不學이면 民斯爲下矣니라)라 하여, 사람이 4가지로 나누어지고 있다.

사람은 다 같은 사람인데, 다르게 나누어지는 것을 여기서 찾을 수 있다. 성인(聖人)은 생이지지(生而知之)하고, 선각자(先覺者)나 군자(君子)는 학이지지(學而知之)하고, 수도자(修道者)나 학자(學者)는 곤이학지(困而學之)하고, 서민(庶民)은 곤이불학(困而不學)으로 나눌 수 있다.

『중용』에서는 '혹은 나면서 알고 혹은 배워서 알고 혹은 곤궁해서 아는 것이니, 그 앎에 미쳐서는 한 가지인 것이다'(或生而知之하며 或學而知之하며 或困而知之하나니 及其知之하야는 一也니라)라 하여, 그 앎에 미쳐서는 한 가지로 우리에게 희망을 주고 있다.

『주역』이나 선진유학의 경전을 배우는 사람이나, '나는 누구인가?'라는 물음을 던지는 사람은 '곤이학지'(困而學之)하는 사람인데, 그 앎에 미쳐서는 한 가지이다.

　『성경』에서도 "'그러므로 너희는 씨 뿌리는 자의 비유를 들으라. 누구든지 왕국의 말씀을 듣고도 깨닫지 못할 때에는 악한 자가 와서 그 사람의 마음에 뿌려 놓은 것을 빼앗아 가나니, 길가에 씨가 뿌려졌다는 것은 곧 이 사람을 두고 말하는 것이요 돌밭에 씨가 뿌려졌다는 것은 그 말씀을 듣고 즉시 기쁨으로 그 말씀을 받으나 그 사람 안에 뿌리가 없으므로 잠시 견디다가 말씀으로 인하여 환난이나 박해가 닥쳐오면 즉시 실족하는 사람이요 가시떨기 사이에 씨가 뿌려졌다는 것은 말씀을 듣기는 하나 이 세상 염려와 재물의 미혹이 말씀을 억눌러 열매를 맺지 못하게 된 사람이라. 그러나 좋은 땅에 씨가 뿌려졌다는 것은 그 말씀을 듣고 깨달아 또한 열매 맺는 사람이니, 어떤 사람은 일백 배로, 어떤 사람은 육십 배로, 또 어떤 사람은 삼십 배로 열매를 맺느니라."고 하시니라.'고 하여, 사람의 유형을 4가지로 밝히고 있다.

인할 인

天	진리 인연(因緣), 법연(法緣)
人	혈연(血緣), 가족 인연(因緣)
地	연유(緣由), 말미암다, 인연(因緣), 지연(地緣), 학연(學緣)

인할 인(因)은 큰 입 구(口)와 큰 대(大)로, 마음 속의 위대함(하늘성)에 말미암는 것이다.

땅의 입장에서 인(因)은 연유(緣由), 말미암다, 인연(因緣), 세상 인연(因緣) 등의 의미이고, 사람의 입장에서는 혈연(血緣), 가족 인연(因緣) 등이고, 하늘의 입장에서는 진리 인연(因緣), 법연(法緣)이라 하겠다.

우리는 인연(因緣)으로 살아간다. 세상의 인연은 지연(地緣)이나 학연(學緣) 그리고 혈연이라 할 수 있다. 세상의 인연에 걸리지 않는 하늘의 인연인 진리 인연이나 법연(法緣)에서 길을 찾아야 한다.

인(因)은 그대로 대(大, 진리, 하늘)에 걸려서 살아가는 것이다. 진리를 인연으로 살아간다는 것은 하늘의 뜻을 깨우치고 실천하며 살아가는 것이다. 그런 인연들이 도반(道伴)이다.

건괘(乾卦)에서는 '강건하고 강건하여 그 때로 인하여 근심하면 비록 위태로우나 허물이 없는 것이다'(乾乾하야 因其時而惕하면 雖危나 无咎矣리라)라 하여, 천시(天時)에 말미암으면 허물이 없다. 즉, 하늘의 작용에 근거한 인연(因緣)으로 살아가면, 어려움은 있겠지만 큰 죄는 짓지 않는 것이다.

또 「계사하」에서는 '둘로 인하여 백성들의 행동을 구제하며, 잃고 얻음의 과보를 밝히는 것이다'(因貳하야 以濟民行하야 以明失得之報니라)라 하여, 인(因)과 보(報)를 밝히고 있다.

두 이(貳)는 음양(陰陽)이고, 갚을 보(報)는 과보(果報)로, '하늘의 음양 작용에 인연하여 사람들의 행동을 구제하며, 잃고 얻음의 과보(果報)를 밝히는 것이다'가 된다. 『주역』에서 밝힌 음양(陰陽)과 인과(因果)의 관계를 이해할 수 있다.

위의 두 문장에서 '인기시'(因其時)와 '인이'(因貳)는 같은 뜻을 가지고 있다. 시(時)는 천시(天時)이고, 두 이(貳)는 음양(陰陽)으로, 모두 천도(天道)의 작용을 말하는 것이다.

날 일

天	이괘(離卦), 일월(日月), 지일(至日), 기일(己日), 일중(日中)
人	일신(日新), 일용(日用), 일진(日進), 종일(終日)
地	날, 해, 태양(太陽), 하루, 낮

날 일(日)은 입 구(口)와 한 일(一)로, 내 마음에 하나님이 들어 있는 것이다. 일(日)은 빛으로 하늘의 진리가 세상에 비추는 것이다.

땅의 입장에서 일(日)은 날, 해, 태양(太陽), 하루, 낮 등의 의미이고, 사람의 입장에서는 일신(日新), 일용(日用), 일진(日進), 종일(終日) 등이 있다. 하늘의 입장에서는 괘(離卦), 일월(日月), 지일(至日), 기일(己日), 일중(日中), 일왕(日往)으로 풀이된다.

「설괘」에서는 '이괘는 날이 되고'(離는 爲日)라 하여, 이괘(離卦)를 상징하고 있다.

혁괘(革卦) 등에서는 '기일(己日)에 이에 믿으니'(己日乃孚), '갑(甲)의 앞의 삼일(三日)'(先甲三日), '칠일(七日)에 다시 돌아옴'(七日來復), '낮이 중앙이면 기울고'(日中則昃), '낮 가운데 북두칠성을 보고'(日中見斗), '해가 가면 달이 오고'(日往則月來), '동짓날에 관문을 닫고'(至日閉關) 등 하늘의 운행을 밝히고 있다.

또 '날로 나아감이 한계가 없고'(日進无疆), '그 덕을 날로 새롭게 한다'(日新其德), '하루를 마치도록 강건하여'(終日乾乾), '날마다 수레 지키는 것을 익힌다'(日閑輿衛), '날마다 쓰지만 알지 못한다'(日用而不知) 등으로 사용하고 있다.

『정역』에서는 '오호라 일월(日月)의 덕(德)이여, 천지(天地)의 분(分)이니 분(分)을 15를 쌓으면 각(刻)이고, 각을 8을 쌓으면 시(時)이고, 시를 12를 쌓으면 일(日)이고, 일을 30을 쌓으면 월(月)이고, 월을 12를 쌓으면 기(朞)이다'(嗚呼라 日月之德이여 天地之分이니 分을 積十五하면 刻이요 刻을 積八하면 時요 時를 積十二하면 日이요 日을 積三十하면 月이요 月을 積十二하면 朞니라)라 하여, 인격적인 일월(日月)의 덕에 의해서 물리적 시간이 드러남을 밝히고 있다. 또 '일월은 같은 집'(日月同宮), '일월의 정사'(日月之政), '일월이 밝게 빛나다'(日月光華) 등 일월(日月)을 함께 논하고 있다.

한 일

天	하나님, 천일(天一), 일덕(一德), 일양(一陽), 일음(一陰)
人	한 마음, 일심(一心), 일군(一君), 종일(從一), 일치(一致)
地	하나, 유일(唯一), 단독, 처음, 같다, 합하다

한 일(一)은 하나로, 여기에 인격성인 '님'을 부가하면, 하나님이 된다. 유일 (唯一)한 존재인 하나님이 제일 근본적 의미이다. 일(一)은 작용의 근원이 되는 일태극(一太極)이다.

땅의 입장에서 일(一)은 하나, 유일(唯一), 단독, 처음, 같다, 합하다 등의 의미이고, 사람의 입장에서는 한 마음, 일심(一心), 일군(一君), 종일(從一), 일치(一致) 등이 있고, 하늘의 입장에서는 하나님, 일태극(一太極), 천일(天一), 일덕(一德), 일양(一陽), 일음(一陰)으로 사용하고 있다.

『정역』에서는 '들면 문득 무극(无極)이니 십(十)인 것이다. 십(十)은 문득 이것이 태극(太極)이니 일(一)인 것이다. 일(一)이 십(十)이 없으면 본체가 없고, 십(十)이 일(一)이 없으면 작용이 없는 것이니'(舉便无極이니 十이니라. 十便是太極이니 一이니라. 一이 无十이면 无體요 十이 无一이면 無用이니)라 하여, 십무극(十无極)과 일태극(一太極)의 의미를 밝히고 있다.

「계사상」에서는 '천수(天數) 일(一)이고, 지수(地數) 이(二)이고'(天一地二)라 하고, '한 번 음하고 한 번 양하는 것을 도라 하고'(一陰一陽之謂ㅣ道오), '한 번 닫고 한 번 여는 것을 변화라 하고'(一闔一闢을 謂之變이오)라 하여, 하늘의 작용은 일(一)로 시작된다. 일(一)은 '한 번'이라는 의미보다는 작용의 근본 내지 출발인 순간(瞬間)으로 이해된다. 모든 현상은 순간(瞬間) 순간(瞬間)의 연속으로, 변화하는 것이 한 번 음하고 한 번 양하는 것이다.

『논어』에서는 '증삼(曾參)아 나의 진리는 하나로 관통하는 것이다 … 증자가 말씀하시기를 선생님의 진리는 충서(忠恕)뿐인 것이다'(子ㅣ 曰 參乎아 吾道는 一以貫之니라 …. 曾子ㅣ 曰夫子之道는 忠恕而已矣니라)라 하여, 공자지도(孔子之道)는 '일이관지'(一以貫之)이고, 그 내용은 자기의 본성을 다하는 충(忠)과 내가 하고자 하지 않는 것을 다른 사람에게 시키지 않는 서(恕)임을 밝히고 있다.

또 '한 모퉁이를 듦에 세 모퉁이를 들지 않으면 다시 하지 않는다'(擧一隅애 不以三隅反이어든 則不復也니라)라 하여, 일우(一隅)와 삼우(三隅)는 인·의·예·지(仁義禮智)를 말한 것으로, 인(仁)만 말해도 나머지 의·예·지(義禮智)는 따라서 오는 것이다.

『맹자』에서는 '갑자기 묻기를 천하는 어떻게 정해질 것입니까? 하나로 정해질 것이라 하였다. 누가 능히 하나로 할 것입니까? 살인(殺人)을 즐기지 않는 사람이 능히 하나로 할 것이다'(卒然問曰天下惡乎定고하여늘 吾對曰 定于一이라호라 孰能一之오하여늘 對曰不嗜殺人者能一之라호라)라 하여, 세상은 하나로 정해지는데, 그것은 인정(仁政)을 실천하는 사람이 하나로 할 것이라 하였다.

스스로 자

天	자도(自道), 자천(自天), 자소(自昭), 자복(自復), 자상(自上), 자지(自知), 자강(自彊)
人	자아(自我), 자내(自內), 자구(自求), 자양(自養), 자목(自牧)
地	스스로, ~로부터, 몸, 좇다

스스로 자(自)는 점 주(丶)와 눈 목(目)으로, 하늘의 사상 작용은 스스로 전개되는 것이다. 주(丶)는 주님으로 하나님의 인격성이고, 목(目)은 사(四)와 짝으로 사상(四象)을 의미한다.

땅의 입장에서 자(自)는 스스로, ~로부터, 몸, 좇다 등의 의미이고, 사람의 입장에서는 자기 스스로의 뜻으로, 자아(自我), 자내(自內), 자구(自求), 자양(自養), 자목(自牧) 등이 있다.

하늘의 입장에서는 하늘이 스스로 그러한 것으로, 자도(自道), 자소(自昭), 자복(自復), 자지(自知), 자강(自彊), 자천(自天), 자상(自上)으로 사용하고 있다.

대유괘(大有卦) 등에서는 '하늘로부터 돕는다'(自天祐之), '위로부터 돕는다'(自上祐也), '하늘로부터 떨어짐이 있다'(有隕自天)라 하고, '나란히 하는데 안으로부터'(比之自內), '밖으로부터 오니'(自外來)라 하여, 하늘이나 내외(內外)로부터로 밝히고 있다.

또 복괘(復卦) 등에서는 '돌아옴은 스스로 도이다'(復自道), '복괘(復卦)는 스스로 알고'(復以自知), '스스로 강해서 쉬지 않는다'(自彊不息), '스스로 밝은 덕을 밝힌다'(自昭明德) 하여, 스스로를 사용하고 있다.

자식 자

天	천자(天子), 장자(長子), 부자(夫子)
人	군자(君子), 여자(女子), 제자(弟子), 부자(婦子)
地	자식, 새끼, 열매, 선생님, 당신

자식 자(子)는 열 십(十) 위에 원(○)이 있는 것으로, 하늘을 의미한다. 자(子)는 경전에서 한 번도 아들 자(子)로 사용된 적이 없다. 오히려 아름다운 처녀 자(子)이다.

『시경』에서는 '아름다운 처녀가 돌아감이여 집 사람되기에 마땅하구나'(之子于歸여 宜其家人이로다)라 하여, 복숭아 꽃 같이 아름다운 지자(之子)가 시집간다고 하였다.

땅의 입장에서 자(子)는 자식, 새끼, 열매, 선생님, 당신 등의 의미이고, 사람의 입장에서는 군자(君子), 여자(女子), 제자(弟子), 소자(小子), 부자(婦子) 등이 있다. 하늘의 입장에서는 천자(天子), 장자(長子), 부자(夫子) 등으로 사용하고 있다.

대유괘(大有卦) 등에서는 '공(公)이 천자(天子)에게 향례를 쓰니'(公이 用亨于天子니), '부자(夫子)가 정의를 제정하다'(夫子制義), '장자(長子)가 무리를 통솔하니 제자(弟子)가 수레를 주관하면'(長子ㅣ 帥師니, 弟子ㅣ 輿尸면)이라 하여, 천자(天子)와 부자(夫子), 장자를 논하고 있다.

또 건괘(乾卦) 등에서는 '군자가 하루를 마치도록 강건하여'(君子 終日乾乾), '장부(丈夫)를 메고 소자(小子)를 잃으니'(係丈夫하고 失小子하니), '아내와 자식이 희희덕거리다'(婦子嘻嘻)로 사용하고 있다.

『논어』를 비롯한 선진유학의 경전에서는 공자님의 말씀을 '자왈'(子曰)로 기록하고 있다. 자왈(子曰)은 '부자왈'(夫子曰)로 '공자님께서 말씀하시기를'의 의미이다. 그런데 『주역』에서도 자왈(子曰)이 나오는 것을 근거로, 십익(十翼)은 공자님이 지은 것이 아니라는 주장이 있다. 공자님 당신이 스스로 자왈(子曰)이라 하지 않았을 것이라는 추론이다.

『주역』의 자왈(子曰)은 부자왈(夫子曰)의 의미보다, 하늘의 뜻을 드러낸다는 입장에서 '불초자왈'(不肖子曰)로 해석할 수 있다. 설령 자왈(子曰)이 직접 공자의 작(作)이 아니더라도 공자의 뜻을 계승하고 받드는 진리의 말씀이라는 의미이다.

지을 작

天	진리를 짓다, 작역(作易), 대작(大作), 곤작(坤作)
人	마음을 먹다, 작심(作心), 작사(作事), 시작(始作), 작악(作樂)
地	짓다, 세우다, 일으키다, 일어나다, 일하다

　지을 작(作)은 사람 인(亻)과 누운 사람 인(亠), 뚫을 곤(丨)과 두 이(二)로, 진리를 자각한 선각자(先覺者)가 음양의 이치를 드러내는 것이다. 인(亻)은 입지된 군자를 의미하고, 인(亠)은 진리에 편안한 성인을 의미한다.

　『주역』에서는 직접 '성인이 지음에 만물이 나타나니'(聖人이 作而萬物이 覩하나니), '군자가 기미를 보고 지어서'(君子ㅣ 見幾而作하야)라 하여, '무엇을 짓는다'는 것은 성인이 하는 것이고, 진리를 깨우친 군자가 하는 것이다.

　땅의 입장에서 작(作)은 짓다, 세우다, 일으키다, 일어나다, 일하다 등의 의미이고, 사람의 입장에서는 마음을 먹는 것으로, 작심(作心), 작사(作事), 시작(始作), 작악(作樂) 등이 있다. 하늘의 입장에서는 진리를 짓고 드러내다는 의미로, 작역(作易), 대작(大作), 곤작(坤作)으로 사용하고 있다.

　작(作)은 하늘의 진리를 자각한 성인과 군자가 진리를 드러내는 것이라면, 술(述)은 성인(聖人)의 말씀을 통해 하늘의 진리를 풀어서 설명하는 의미를 담고 있다.

섞일 잡

天	하늘과 땅이 섞임, 천지지잡(天地之雜), 육효상잡(六爻相雜), 「잡괘(雜卦)」
人	마음이 잡됨, 잡학(雜學), 잡념(雜念)
地	섞이다, 잡되다, 어수선하다

섞일 잡(雜)은 졸병 졸(卒)과 여덟 팔(八) 그리고 새 추(隹)로, 하늘 아래 세상에는 하늘의 것과 땅의 것이 서로 섞여 있는 것이다.

땅의 입장에서 잡(雜)은 섞이다, 잡되다, 어수선하다 등의 의미이고, 사람의 입장에서는 마음이 잡된 것으로, 잡학(雜學), 잡념(雜念) 등이 있다.

하늘의 입장에서는 하늘과 땅이 섞임, 천지지잡(天地之雜), 육효상잡(六爻相雜), 강유잡(剛柔雜), 「잡괘(雜卦)」로 사용하고 있다.

곤괘(坤卦)에서는 '무릇 검고 누른 것은 천지(天地)의 섞임이니 하늘은 검고 땅은 누른 것이다'(夫玄黃者는 天地之雜也니 天玄而地黃하니라)라 하여, 현상의 세계는 하늘과 땅이 서로 섞여 있는 천지지잡(天地之雜)의 세계인 것이다.

『계사하』에서는 '육효가 서로 섞임은 오직 시물(時物)인 것이다'(六爻相雜은 唯其時物也라)라 하여, 육효상잡(六爻相雜)은 진리가 섞인 것으로 천시(天時)를 표상하는 것이다. 또 '항괘(恒卦)는 섞이지만 싫어하지 않고'(恒은 雜而不厭하고), '만물이 서로 섞이다'(物相雜), '강과 유가 섞여서 거하다'(剛柔雜居)라 하여, 섞이지만 성인과 군자의 진리가 드러남을 논하고 있다.

특히 십익(十翼) 가운데 마지막으로 「잡괘(雜卦)」가 있는데, 이것은 현상적 입장에서 64괘를 정의한 것이다.

빛 장, 문장 장

天	진리가 빛남, 함장(咸章), 래장(來章), 성장(成章)
人	마음이 빛남, 장리(章理), 함장(含章)
地	빛, 문채, 아름다운 무늬, 법, 글, 도장

빛 장(章)은 설 립(立)과 날 일(日) 그리고 열 십(十)으로, 십(十)의 진리를 세워서 빛나게 하는 것이다.

땅의 입장에서 장(章)은 빛, 문채, 아름다운 무늬, 법, 글, 도장 등의 의미이고, 사람의 입장에서는 마음이 밝고 빛나는 것으로, 장리(章理), 함장(含章) 등이 있다. 하늘의 입장에서는 진리가 밝게 드러나고, 하늘이 빛나는 것으로, 함장(咸章), 래장(來章), 성장(成章)으로 사용하고 있다.

「설괘」에서는 '역(易)이 여섯 자리로 빛이 완성된 것이다'(易이 六位而成章하니라)라 하여, 『주역』의 진리는 육효중괘(六爻重卦)로 완성된 것이다.

또 곤괘(坤卦) 등에서는 '빛을 머금으니 가히 곧은 것이다'(含章可貞), '우뢰와 번개가 합하고 빛나며'(雷電 合而章), '품물(品物)이 모두 빛나다'(品物 咸章), '빛을 머금다'(含章), '옴이 빛나다'(來章) 등으로 사용하고 있다.

긴 장, 어른 장

天	군자도장(君子道長), 장남(長男), 장녀(長女), 강장(剛長)
人	마음의 어른, 장인(長人), 선지장(善之長), 장유(長裕)
地	길다, 오래다, 거대하다, 나아가다, 자라다, 어른

긴 장(長)은 위는 계(彐)이고 아래는 진(辰)의 아래로, 하늘의 작용을 길게 늘어뜨리는 것이다.

땅의 입장에서 장(長)은 길다, 오래다, 거대하다, 나아가다, 자라다, 어른 등의 의미이고, 사람의 입장에서는 마음의 어른으로, 장인(長人), 선지장(善之長), 장유(長裕) 등이 있다.

하늘의 입장에서는 진리가 드러남과 가장 먼저 드러난다는 것으로, 군자도장(君子道長), 장남(長男), 장녀(長女), 강장(剛長)으로 사용하고 있다.

「설괘」에서는 '손괘(巽卦)는 장녀(長女)가 되고, 장(長)이 되고'(巽은 爲長女 爲長)라 하여, 장(長)은 손괘(巽卦)를 상징하고 있다.

건괘(乾卦)에서는 '원(元)은 선의 어른이고, 군자가 인(仁)을 체로 하여 족히 사람들의 어른이 되며'(元者는 善之長也오 …… 君子ㅣ 體仁이 足以長人이며)라 하여, 장(長)은 원(元)과 인(仁)에 짝하는 것이다.

태괘(泰卦) 등에서는 '군자도가 자라고'(君子道長), '강이 자라다'(剛長), '무리에 접촉하여 길게 하고'(觸類而長之), '길게 넉넉하지만 베풀지 않고'(長裕而不設)라 하였다.

재물 재

天	사상(四象), 팔괘(八卦), 삼재(三才), 이재(理財), 재성(財成)
人	마음을 나눔, 마음의 재물
地	재물(財物), 재화(財貨), 물자, 재능, 재료

재물 재(財)는 조개 패(貝)와 재주 재(才)로, 사상(四象)과 팔괘(八卦) 그리고 천·인·지(天人地) 삼재지도(三才之道)의 뜻을 가지고 있는 한자이다.

패(貝)는 넉 사(四)와 여덟 팔(八)로, 모두 작용을 나타내는 수이다. 사(四)는 하늘의 사상(四象) 작용이고, 팔(八)은 사상(四象)이 음양으로 작용하는 팔괘(八卦)를 의미한다.

패(貝)는 재화나 돈의 의미 속에 '진리가 작용한다'는 뜻이 있다. 예를 들면, 할아버지가 손자에게 용돈을 주는 것은 돈을 주는 것이지만, 그 속에는 할아버지의 마음을 전하는 것이다. 돈에는 마음이 함께 하고, 그 마음은 하늘의 마음과 서로 통하며, 하늘의 마음은 사상(四象)과 팔괘(八卦)로 설명된다.

땅의 입장에서 재(財)는 재물(財物), 재화(財貨), 물자, 재능, 재료 등의 의미이고, 사람의 입장에서는 마음을 나누는 것으로, 마음의 재물 등이 있다. 하늘의 입장에서는 진리를 사용하는 것으로, 사상(四象), 팔괘(八卦), 삼재(三才)의 존재 진리이고, 이재(理財), 재성(財成), 상재(傷財) 등으로 사용하고 있다.

「계사하」에서는 '어떻게 사람을 모으는가 말하기를 재(財)이니, 재(財)

를 다스리고 말씀을 바르게 하고 백성들이 잘못하는 것을 금지하는 것이 말하기를 정의이다'(何以聚人고 曰財니 理財하며 正辭하며 禁民爲非ㅣ 曰義라)라 하여, 재(財)의 형이상학적 의미를 밝히고 있다.

여기서 재(財)를 재물로 해석하는 것은 모순이 있다. 사람을 모으는 것은 진리에 근거를 두고 하는 것이지, 재물을 써서 한다는 것은 『주역』의 본질적 의미와는 맞지 않는 것이다. 재물이 없으면 사람을 모을 수 없다는 것이고, 또 재물을 써서 사람을 모으는 것은 밥을 사준다는 것인가? 선물을 사준다는 것인가? 아니면 돈을 주고 표를 산다는 것인가? 되묻게 된다. 또 이재(理財)도 재물을 다스린다가 아니라, 진리를 다스리는 것이다.

절괘(節卦)에서는 '절괘(節卦)로써 도수를 제정하여 재(財)를 상하지 않게 하고 백성을 해치치 않는 것이다'(節以制度하야 不傷財하며 不害民하나니라)라 하여, 재(財)를 재물로 해석하지만, 진리를 상하지 않게 하는 것이다. 재물이 먼저이고 사람(백성)이 뒤에 나오는 것도 다시 생각해야 한다.

태괘(泰卦)에서는 '천지(天地)의 도를 재성(財成)한다'(財成天地之道)라 하여, 재(財)를 마름질할 재(裁)로 해석하고 있는데, 이것도 천지(天地)의 도를 사상, 팔괘, 삼재지도로 완성한다는 의미이다.

『대학』에서는 '인자(仁者)는 재물로써 몸을 발하고, 불인자(不仁者)는 몸으로써 재물을 발하는 것이다'(仁者는 以財發身하고 不仁者는 以身發財니라)라 하여, 인자(仁者)는 존재 원리를 깨우치기 위해 자신을 닦고, 불인자(不仁者)는 몸의 욕망을 채우기 위해 재물을 추구한다는 것이다. 재(財)는 재물과 존재원리의 층차적 의미가 있고, 신(身)도 몸의 욕망과 수신(修身)의 뜻을 가지고 있다.

있을 재

天	재천(在天), 재중(在中), 재상(在上), 재도(在道)
人	마음에 있음, 재전(在田), 재인(在人), 재위(在位)
地	있다, 찾다, 살리다

있을 재(在)는 한 일(一)과 사람 인(亻) 그리고 흙 토(土)로, 하나님과 사람이 땅에 있다는 의미이다.

땅의 입장에서 재(在)는 있다, 찾다, 살리다 등의 의미이고, 사람의 입장에서는 마음에 있음으로, 재전(在田), 재인(在人), 재위(在位), 재사(在師), 재연(在淵) 등이 있다. 하늘의 입장에서는 재천(在天), 재중(在中), 재상(在上), 재도(在道), 재음(在陰)으로 사용하고 있다.

건괘(乾卦)에서는 '나타난 용이 밭에 있다'(見龍在田), '혹은 뛰어 오르고 혹은 연못에 있다'(或躍在淵), '나르는 용이 하늘에 있다'(飛龍在天)라 하여, 재(在)는 마음 밭과 하늘에 있는 것이다.

또 '믿음이 있어서 도에 있고'(有孚在道), '하늘에 있어서는 상(象)을 이루고'(在天成象), '땅에 있어서는 형상을 이루고'(在地成形), '중에 있다'(在中也), '근원적으로 길하여 위에 있다'(元吉在上), '뜻이 군자에 있다'(志在君也), '자리에 있음에 따르다'(順在位也)라 하였다.

'있다'는 뜻을 가진 한자는 대표적으로 유(有), 존(存), 재(在) 등이 있다. 유(有)는 하늘의 입장에서 달의 운행에 따라 있는 것이자, 또 있는 것이다. 존(存)은 한 일(一)과 사람 인(亻) 그리고 자(子)로, 사람의 입장에서 시간적 변화 속에 있는 것이다.

재앙 재

天	하늘이 내리는 재앙, 하재(何災), 무망지재 (无妄之災), 무망괘(无妄卦)
人	마음의 재앙, 재생(災眚), 읍인지재(邑人之災)
地	화재(禍災), 재앙(災殃), 심판(審判)

재앙 재(災)는 개미 허리 천(巛)과 불 화(火)로, 물과 불의 심판이다. 먼저는 물의 심판이 있고, 다음은 불의 심판이 있다. 생명은 어머니 양수가 터져야 탄생하듯이 물의 심판을 받고, 다음은 마음을 애태우는 불의 심판을 받게 된다.

재(災)가 하늘이 내리는 재앙이라면, 재앙 생(眚)은 날 생(生)과 눈 목(目)으로, 사람이 지은 재앙이다. 하늘이 내린 재앙은 자기 반성과 성실함으로 이겨나갈 수 있지만, 사람이 지은 재앙은 피할 길이 없다. 자기가 지은 것은 자기가 받는 인과(因果)의 이치이다.

땅의 입장에서 재(災)는 화재(禍災), 재앙(災殃), 심판(審判) 등의 의미이고, 사람의 입장에서는 마음이 지은 재앙으로, 재생(災眚), 범재(犯災), 취재(取災), 읍인지재(邑人之災) 등이 있다.

하늘의 입장에서는 하늘이 내리는 재앙, 근재(近災), 하재(何災), 무망지재(无妄之災)로 사용하고 있다.

「잡괘」에서는 '무망괘(无妄卦)는 재앙이다'(无妄은 災也라)라 하고, 무망괘(无妄卦)에서는 '무망(无妄)의 재앙'(无妄之災)이라 하여, 망령됨이 없는 것은 오히려 재앙이 된다.

재앙은 어디에서 오는가? 여괘(旅卦)에서는 '뜻이 궁하여 재앙이다'(志窮하야 災也라)라 하고, 복괘(復卦)에서는 '미혹되어 돌아옴이 흉하니 재앙이 있고'(迷復이라 凶하니 有災眚이오)라 하고, 소과괘(小過卦)에서는 '나는 새가 떠나 흉하니 이것이 재생(災眚)이다'(飛鳥離之라 凶하니 是謂災眚이라)라 하였다.

즉, 마음의 뜻이 올바르지 못하며, 자신의 욕망으로 진리를 왜곡하며 미혹되어 살아가는 것, 하늘의 소리가 떠나가는 것에 재앙이 있는 것이다.

재(災)의 심판을 다시 검토하면, 먼저 물에 의한 역사적 사건은 순(舜)임금 때의 9년 홍수나 『성경』의 노아의 방주에 나오는 대홍수를 생각할 수 있다. 다음으로 불에 의한 심판은 진짜로 불에 타는 것이 아니라 마음을 태우는 훈심(薰心)이다.

간괘(艮卦)에서는 '끝의 환난에 그치는 것이라 위태로움이 마음을 태우는 것이다'(艮其限이라 危ㅣ 薰心也라)라 하였다. 훈심(薰心)을 요즘 말로 표현하면 극심한 스트레스이다. 모든 질병의 근원이 스트레스에 있듯이, 이것이 심판인 것이다.

또 이괘(離卦)에서는 '돌연히 오는 것 같은 것이라, 태우는 것 같고, 죽이는 것 같고, 버리는 것 같은 것이다'(突如其來如라 焚如니 死如며 棄如니라)라 하여, 용납할 수 없는 심판의 마음을 밝히고 있다.

붉을 적

天	건괘(乾卦), 감괘(坎卦), 대적(大赤)
人	마음의 순수함, 적심(赤心), 적자(赤子), 적불(赤紱)
地	적색(赤色), 붉은 빛, 벌거벗다

붉을 적(赤)은 한 일(一)과 또 역(亦)으로, 하나님이 또 드러나는 것이다.

땅의 입장에서 적(赤)은 적색(赤色), 붉은 빛, 벌거벗다 등의 의미이고, 사람의 입장에서는 마음의 순수함으로, 적불(赤紱), 적심(赤心), 적자(赤子) 등이 있다. 하늘의 입장에서는 건괘(乾卦), 대적(大赤)으로 사용하고 있다.

「설괘」에서는 '건괘(乾卦)는 대적(大赤)이 되고, …… 감괘(坎卦)는 붉음이 되고'(乾은 爲大赤 …… 坎은 爲赤이오)라 하여, 적(赤)은 감괘이고, 크게 붉음은 건괘(乾卦)를 상징한다. 감괘(坎卦)는 건괘(乾卦)의 가운데 양효(陽爻)를 받은 중정지기(中正之氣)이다.

곤괘(困卦)에서는 '붉은 관복에서 곤궁하다'(困于赤紱)라 하여, 적불(赤紱)은 하늘을 상징하고 있다.

『서경』에서는 '적자(赤子)를 보호하는 것 같이 하다'(若保赤子)라 하고, 『맹자』에서는 '대인은 그 적자의 마음을 잃어버리지 않는 사람이다'(大人者는 不失其赤子之心者也니라)라 하여, 순수한 마음으로 논하고 있다.

밭 전

天	건괘(乾卦), 감괘(坎卦), 대적(大赤)
人	마음의 밭, 심전(心田), 재전(在田), 전획(田獲)
地	밭, 논, 밭 갈다

밭 전(田)은 큰 입 구(口)와 열 십(十)으로, 땅에 하늘이 내려와 있는 것이다.

땅의 입장에서 전(田)은 밭, 논, 밭 갈다 등의 의미이고, 사람의 입장에서는 마음의 밭, 심전(心田), 재전(在田), 전획(田獲) 등이 있다. 하늘의 입장에서는 하늘 밭, 정전(井田), 전무금(田无禽)으로 사용하고 있다.

건괘(乾卦)에서는 '나타난 용이 밭에 있으니, 대인을 봄이 이로운 것이다'(見龍在田이니 利見大人이니라)라 하여, 내 마음의 밭에 진리가 나타나 성인을 따르는 것이다.

또 '밭에 날 짐승이 있다'(田有禽), '밭에 날 짐승이 없다'(田无禽)라 하여, 내 마음에 하늘의 소리를 전하는 천사(天使)가 있음과 없음을 밝히고 있다. '밭에서 세 마리의 여우를 얻다'(田獲三狐), '밭에서 삼품(三品)을 획득하다'(田獲三品) 등으로 사용하고 있다.

법 전

天	하늘의 법, 전상(典常), 전례(典禮), 경전(經典)
人	마음의 떳떳함, 전요(典要)
地	법, 책, 벼슬, 맡다

　법 전(典)은 굽을 곡(曲)과 여덟 팔(八)로, 이십(二十)의 천지(天地)가 여덟의 팔괘(八卦)로 작용한다.

　땅의 입장에서 전(典)은 법, 책, 벼슬, 맡다 등의 의미이고, 사람의 입장에서는 마음의 떳떳함, 전요(典要) 등이 있다. 하늘의 입장에서는 하늘의 법으로, 전상(典常), 전례(典禮), 경전(經典)으로 사용하고 있다.

　「계사상」 등에서는 '그 전례(典禮)를 행하며'(以行其典禮), '전요(典要)를 하는 것은 불가하고 오직 변화가 가는 것이니'(不可爲典要오 唯變所適이니), '이미 전상 (典常)이 있다'(旣有典常)라 하였다. 전요(典要)는 내가 법이라고 요약하는 것이다.

점 점

占

天	하늘의 뜻, 점사(占事), 기점(其占), 점복(占卜), 복서(卜筮)
人	하늘을 헤아림, 극수(極數), 미점(未占)
地	점, 점치다, 상고하다, 문의하다

점 점(占)은 점 복(卜)과 입 구(口)로, 하늘의 뜻을 세상에 드러내는 것이다.

「계사상」에서는 '수를 지극히 하여 옴을 아는 것이 점(占)이고'(極數知來之謂ㅣ 占이오)라 하고, 「계사하」에서는 '점의 일을 하여 옴을 아는 것이니'(占事하야 知來하나니)라 하여, 점(占)은 하도와 낙서의 수를 지극히 헤아려서 왕래(往來)의 작용을 아는 것이다. 여기서 래(來)는 미래가 아니다.(래(來)자 참조)

또 『주역』에는 성인의 진리 네 가지가 있는데, 복(卜)과 서(筮)를 하는 사람은 그 점(占)을 숭상하나니'(易有聖人之道ㅣ 四焉하니 …… 以卜筮者는 尙其占하나니)라 하여, 점(占)은 성인지도(聖人之道)이고, 복(卜)과 서(筮)로 표상되는 것이다.

땅의 입장에서 점(占)은 점, 점치다, 상고하다, 문의하다 등의 의미이고, 사람의 입장에서는 마음의 헤아림, 극수(極數), 미점(未占) 등이 있다. 하늘의 입장에서는 하늘의 뜻, 점사(占事), 기점(其占), 점복(占卜), 복서(卜筮)로 사용하고 있다.

혁괘(革卦)에서는 '대인이 호랑이 가죽같이 아름답게 변하는 것이니 점(占)하지 않아도 믿음이 있다. 대인의 호변(虎變)은 그 문채가 빛나기 때문이다'(大人이 虎變이니 未占에 有孚니라. 象曰大人虎變은 其文이 炳也일새라)라 하여, 성인은 하늘에 대한 믿음이 있기 때문에 점(占)을 하지 않는다고 하였다.

「계사상」에서는 '군자가 거처함에 그 상(象)을 보고 그 말씀을 가지고 놀고, 움직임에 그 변화를 보고 그 점(占)을 가지고 노니, 이로써 하늘로부터 도와서 길하여 이롭지 않음이 없는 것이다'(君子ㅣ 居則觀其象而玩其辭하고 動則觀其變而玩其占하나니 是以自天祐之하야 吉无不利니라)라 하여, 군자는 수를 지극히 하여 옴을 아는 점(占)을 가지고 논다고 하였다.

『계사상』 제2장에서는 군자가 행동을 할 때, '변화를 관찰하고 그 속에서 점(占)을 익숙하게 가지고 놀아야 한다'고 하였고, 제10장에서는 진리를 밝힌 성인의 도(道)가 네 가지 있는데, 그 중에 하나가 바로 '점(占)을 숭상하는 것이라' 하였다.

즉, 『주역』에서 점(占)은 성인이 밝힌 진리와 군자가 실천해야 할 이치를 담고 있으며, 또 점에는 복서(卜筮)의 두 가지가 있다. 수리(數理)를 지극히 하여 옴(來)을 아는 것이 점이니, 복(卜)은 귀서(龜書)인 낙서(洛書)이고, 서(筮)는 시초(蓍草)인 하도(河圖)인 것이다.

바를 정

天	하늘이 그침, 정중(正中), 정법(正法), 대형이정(大亨以正), 대정(大正)
人	마음이 바름, 정지(正志), 정위(正位), 정당(正當), 정사(正辭), 정공(正功)
地	바름, 바로잡다, 바르게, 결정하다

바를 정(正)은 한 일(一)과 그칠 지(止)로, 하나님이 그쳐 있는 것이다.

땅의 입장에서 정(正)은 바름, 바로잡다, 바르게, 결정하다 등의 의미이고, 사람의 입장에서는 마음이 바름, 정지(正志), 정위(正位), 정당(正當), 정사(正辭), 양정(養正), 중정(衆正), 정공(正功) 등이 있다.

하늘의 입장에서는 하늘의 그침, 정중(正中), 정법(正法), 대형이정(大亨以正), 대정(大正), 정명(正名), 정명(正命) 등으로 사용하고 있다.

건괘(乾卦) 등에서는 '각각 성명(性命)을 바르게 하다'(各正性命), '정중(正中)한 것이다'(正中者也), '바른 위에서 본체를 거처하다'(正位居體), '뜻을 바르게 하다'(以正志也), '바름을 기르다'(養正), '말씀을 바르게 하다'(正辭) 등으로 사용하고 있다.

특히 임괘(臨卦) 등에서는 '임괘는 원형하고 이정하니 … 정도로써 크게 형통하니 천도(天道)이다'(臨은 元亨코 利貞하니 … 大亨以正하니 天之道也라), '무망괘는 원형하고 이정하니 … 정도로써 크게 형통하니 천명(天命)이다'(无妄은 元亨하고 利貞하니 … 大亨以正하니 天之命也니라), '혁괘는 원형이정하여 … 정도로써 크게 형통하니'(革은 元亨利貞하야 … 大亨以正하니)라 하여, 『주역』의 원·형·이·정(元亨利貞) 사상(四象)을 대형이정(大

亨以正)으로 밝히고 있다.

대형이정(大亨以正)은 하늘의 도(道)이고 하늘의 명(命)으로, 『주역』의 내용을 요약하는 한 구절이다.

가인괘(家人卦)에서는 '가인(家人)은 여자가 안에서 바르게 자리하고 남자가 밖에서 바르게 자리하니, 남녀가 바름이 하늘과 땅의 위대한 뜻이다. 가인에 엄한 임금이 있으니 부모(父母)를 이른 것이다. 아버지가 아버지답고, 자식이 자식답고, 형이 형답고, 동생이 동생답고, 남편이 남편답고, 아내가 아내다우면 가정의 도(道)가 바를 것이니, 가정이 바르면 세상이 안정되는 것이다'(家人은 女正位乎內하고 男正位乎外하니 男女正이 天地之大義也라. 家人에 有嚴君焉하니 父母之謂也니라. 父父子子兄兄弟弟夫夫婦婦而家道ㅣ 正하리니 正家而天下ㅣ 定矣니라)라 하여, 정위(正位)·남녀정(男女正)·정가(正家) 등 정(正)으로 일관되는 정명(正名)의 이치를 밝히고 있다.

『논어』에서는 '자로가 말하기를 위나라 임금이 선생님을 모시고 정치를 하신다면, 선생님께서는 장차 무엇을 먼저 하시겠습니까? 공자께서 말씀하시기를 반드시 이름을 바르게 하겠구나!'(子路ㅣ 曰衛君이 待子而爲政하시나니 子將奚先이시리잇고 子ㅣ 曰必也正名乎인져)라 하고, 또 '제나라 경공이 공자께 정치를 묻는데, 공자께서 대답해서 말씀하시기를 임금이 임금답고, 신하가 신하답고, 아버지가 아버지답고, 자식이 자식다운 것입니다'(齊景公이 問政於孔子한대 孔子ㅣ 對曰君君臣臣父父子子니이다)라 하여, 정명(正名)을 밝히고 있다.

또 『맹자』에서는 '맹자께서 말씀하시기를 명(命) 아님이 없으나 그 정도(正道)에 순응하여 받는 것이다. 그러므로 명을 아는 사람은 무너지는 담장 아래에 서지 않는 것이다. 그 도를 다하고 죽은 사람은 명을 바르게 한 것이고, 질곡(桎梏)으로 죽는 사람은 정명(正命)이 아닌 것이다'(孟子曰 莫非命也나 順受其正이니라 是故로 知命者는 不立乎巖牆之下하나니라 盡其道而死者는 正命也요 桎梏死者는 非正命也니라)라 하여, 정명(正命)으로 논하고 있다.

『정역』에서는 '바뀌지 않는 정역'(不易正易), '금화정역'(金火正易), '중위정역'(中位正易), '바뀌어서 정역이 되니'(易爲正易) 등으로 '바른 진리'라는 의미의 정역(正易)을 밝히고 있다.

곧을 정

天	하늘의 곧음, 원형이정(元亨利貞), 대형정(大亨貞), 정승(貞勝), 정관(貞觀), 정명(貞明)
人	마음이 곧음, 군자정(君子貞), 여정(女貞), 빈마지정(牝馬之貞)
地	곧음, 바름, 성심(誠心), 절개(節槪)

곧을 정(貞)은 점 복(卜)과 조개 패(貝)로, 하늘의 뜻이 사상(四象)과 팔괘(八卦)로 드러나는 것이다. 정(貞)이 하늘의 뜻을 위주로 하는 내면적 바름이라면, 정(正)은 사람의 행동이 바른 것이다.

땅의 입장에서 정(貞)은 곧음, 바름, 성심(誠心), 절개(節槪) 등의 의미이고, 사람의 입장에서는 마음이 곧은 것으로, 군자정(君子貞), 여정(女貞), 여자정(女子貞), 빈마지정(牝馬之貞), 무인지정(武人之貞) 등이 있다.

하늘의 입장에서는 하늘의 곧음으로, 원형이정(元亨利貞), 정자(貞者), 대형정(大亨貞), 정고(貞固), 정승(貞勝), 정관(貞觀), 정명(貞明)으로 사용하고 있다.

건괘(乾卦)에서는 '건(乾)은 원형이정(元亨利貞)이다'(乾은 元亨利貞이니라)라 하고, '정(貞)이라는 것은 일의 줄기이니, … 곧고 굳음이 족히 일을 주관하니'(貞者는 事之幹也니 … 貞固ㅣ 足以幹事니)라 하여, 정(貞)은 정고(貞固)로 일을 주관하는 지 (知)이다.

곤괘(坤卦)에서는 '곤(坤)은 원형(元亨)하고 암말의 곧음이 이로우니'(坤은 元亨코 利牝馬之貞이니)라 하여, 빈마지정(牝馬之貞)으로 논하고, 「계사하」에서는 정승(貞勝), 정관(貞觀), 정명(貞明)을 밝히고 있다.

뜻 정

天	천지지정(天地之情), 귀신지정(鬼神之情), 성인지정(聖人之情), 역지정(易之情), 천지만물지정(天地萬物之情)
人	마음의 작용, 성정(性情), 정위(情僞), 만물지정(萬物之情)
地	뜻, 감정(憾情), 정서(情緒), 욕정(慾情)

뜻 정(情)은 마음 심(忄)과 푸를 청(靑)으로, 마음이 푸른 것이다. 또 마음이 밖으로 드러나는 감정이나 정서이다.

땅의 입장에서 정(情)은 뜻, 감정(憾情), 정서(情緒), 욕정(慾情) 등의 의미이고, 사람의 입장에서는 마음의 작용으로, 성정(性情), 정위(情僞), 만물지정(萬物之情), 정언(情言) 등이 있다.

하늘의 입장에서는 하늘의 뜻으로, 천지지정(天地之情), 귀신지정(鬼神之情), 성인지정(聖人之情), 역지정(易之情), 천지만물지정(天地萬物之情)으로 사용하고 있다.

「계사하」에서는 '무릇 역(易)의 뜻이 가까운데 서로 얻지 못하면 흉하고 혹 해치며, 후회하고 인색한 것이다'(凡易之情이 近而不相得하면 則凶或害之하며 悔且吝하나니라)라 하여, 역지정(易之情)을 깨우치지 못하면 흉하고 후회하고 인색해진다.

「계사상」 등에서는 '천지의 뜻'(天地之情), '천지와 만물의 뜻'(天地萬物之情), '귀신의 뜻과 상태'(鬼神之情狀), '성인의 뜻'(聖人之情), '만물의 뜻'(萬物之情)이라 하여, 천지(天地)와 만물(萬物)을 뜻의 존재로 밝히고 있다.

또 '진실과 거짓을 다하여'(盡情僞), '진실과 거짓이 서로 감응하여 이로움과 해로움이 생기니'(情僞丨相感而利害丨生하나니)라 하였고, '뜻을 말하고'(情言), '뜻을 옮기고'(情遷), '뜻에 통한다'(通情)라 하였다.

뜻을 가진 존재는 사람이다. 사람이 뜻을 가지고 있기 때문에 하늘의 뜻에 대해서 묻고, 세상 만물이 가지고 있는 뜻을 헤아릴 수 있다. 물론 성인이 진리를 밝히고 만물이 가지고 있는 존재 의미를 정해주었기 때문에 우리가 하늘의 뜻을 알 수 있는 것이다.

하늘의 뜻은 의(意)이고, 사람이 가지고 있는 뜻은 정(情)과 의(義)이고, 땅이 가지고 있는 뜻은 지(志)이다.

의(意)는 입(立)과 일(日) 그리고 심(心)으로, 하늘의 빛이 세워진 마음이고, 정(情)은 마음 심(忄)과 푸를 청(靑)으로 사람의 푸른 마음이고, 의(義)는 양 양(羊)과 나 아(我)로, 내 마음에 내려온 하늘이다. 정의(正義)는 바로 하늘의 뜻을 바르게 실천하는 것이기 때문에 하늘의 뜻이 무엇인지를 아는 것이 선행되어야 한다. 지(志)는 선비 사(士)와 심(心)으로, 땅에 펼쳐지는 십일(十一)의 마음이다.

정수 정

天	하늘의 순일함, 지정(至精), 정의(精義), 유정(惟精)
人	몸의 정기, 정기(精氣), 구정(構精)
地	정, 찧다, 자세하다, 오묘하다, 순일하다

　정수 정(精)은 쌀 미(米)와 푸를 청(靑)으로, 수곡(水穀)의 한기(寒氣)가 흐르는 하초(下焦)의 기운이다. 신·기·혈·정(神氣血精) 혹은 정·기·신(精氣神)의 정(精)이다.

　땅의 입장에서 정(精)은 정, 찧다, 자세하다, 오묘하다, 순일하다, 깨끗하다 등의 의미이고, 사람의 입장에서는 몸의 정기, 정기(精氣), 구정(構精), 정구(精究), 신기혈정(神氣血精), 정기신(精氣神) 등이 있다.

　하늘의 입장에서는 하늘의 순일함으로, 지정(至精), 정의(精義), 순수정(純粹精), 유정(惟精)로 사용하고 있다.

　「계사상」 등에서는 '정수한 기운은 만물이 되고'(精氣爲物), '세상의 지극히 정수함'(天下之至精), '강건하고 중정하고 순수한 정이다'(剛健中正純粹 精也), '정수한 정의가 신에 들어간다'(精義入神)라 하였다.

　특히 정(精)·기(氣)·신(神)은 도가(道家)에서 생명의 3대 요소이다. 생명의 기원은 정(精)에서 발생되고, 생명의 유지비결은 기(氣)에 의지하고, 생명의 현상은 신(神)에서 발현되는 것이다. 즉, 물질적인 정(精)에서 파동이 생겨 기(氣)가 발생되고, 기의 파동으로 영적 존재인 신(神)이 생기게 되는 것이다.

제사 제

天	천제(天祭), 약제(禴祭)
人	마음의 제사, 제주(祭主), 축제(祝祭)
地	제사, 제사 지내다

제사 제(祭)는 달 월(月)과 또 우(又) 그리고 보일 시(示)로, 하늘의 달을 잡고자 제사를 지내는 것이다.

제례(祭禮)는 천지부모(天地父母)의 뜻을 깨우치고 받드는 아름다운 행위이다. 하늘의 사랑과 은혜에 감사를 올리는 경사스러운 일이다. 우리는 인생을 살면서 축하하고 경사스러운 일이 있으면 축제(祝祭)를 하는데, 여기도 제(祭)가 들어간다.

땅의 입장에서 제(祭)는 제사, 제사 지내다 등의 의미이고, 사람의 입장에서는 마음으로 부모님의 뜻을 받드는 것으로, 제주(祭主), 축제(祝祭) 등이 있다. 하늘의 입장에서는 하늘에 제사를 올리는 것으로, 천제(天祭), 약제(禴祭)로 사용하고 있다.

혁괘(革卦)에서는 '제사를 씀이 이로운 것은 복을 받는 것이다'(利用祭祀는 受福也리라)하 하고, 기제괘(旣濟卦)에서는 '서쪽 이웃의 약제(禴祭)가 실제로 그 복을 받는 것이다'(西隣之禴祭ㅣ 實受其福이니라)라 하여, 제사는 하늘에 올리는 제사이고, 제사를 통해 하늘의 뜻을 따르고 깨우치면 복을 받는다는 것이다.

예괘(豫卦)에서는 '선왕이 이로써 음악을 짓고 덕을 숭상하여 상제에 그윽이 올려서 돌아간 조상과 짝을 하는 것이다'(先王이 以하야 作樂崇

德하야 殷薦之上帝하야 以配祖考하니라)라 하고, 진괘(震卦)에서는 '우뢰가 백리를 놀라게 함은 멀리를 놀라게 하고 가까이를 두렵게 하니, 나아가서 종묘와 사직을 지켜서 제주(祭主)가 되는 것이다'(震驚百里는 驚遠而懼邇니 出可以守宗廟社稷하야 以爲祭主也리라)라 하여, 제사는 성인이 하늘의 뜻에 감응하는 행위임을 알 수 있다.

『예기』에서는 '제사는 음양의 뜻에서 구하는 것이다'(祭, 求諸陰陽之義也)라 하고, '복이라는 것은 갖추는 것이다. …… 갖춘다는 것은 안으로 자신의 성의를 다하고, 밖으로 도리에 순응하는 것을 말하는 것이다'(福者 備也, …… 備者 言內盡於己而外順於道也)라 하여, 제사는 하늘의 음양(陰陽)작용을 구하기 위해 자신의 내면적 성의를 다하고, 밖으로 도리를 다하는 행위임을 밝히고 있다. 즉, 제사는 돌아간 조상에게 복을 기원하는 행위가 아니라, 하늘의 뜻을 깨우치는 기도(祈禱)인 것이다.

제사는 양생(養生)과는 다른 사람의 고유한 행위로, 자신의 근원자리인 하늘을 받들어 모시는 것이다. 그 하늘의 뜻을 대행한 존재가 부모(父母)이다. 따라서 제사는 내 마음 속에 살아 계시는 하나님(부모님)을 받들어 예를 올리는 것이다.

도울 조

天	천지소조(天之所助), 순(順), 우(祐)
人	마음으로 돕다, 조장(助長), 인지소조(人之所助)
地	돕다, 도움

도울 조(助)는 또 차(且)와 힘 력(力)으로, 하늘이 돕고 또 사람이 돕는 것이다.

돕는다는 뜻의 한자는 조(助)를 비롯하여, 하늘이 돕는 도울 우(祐), 사람이 돕는 도울 우(佑), 땅이 돕는 도울 보(輔)가 있다. 우(祐)는 보일 시(示, 하늘)와 오른 우(右)이고, 우(佑)는 인(亻, 사람)과 우(右)이고, 보(輔)는 수레 거(車, 땅)와 클 보(甫)이다.

땅의 입장에서 조(助)는 돕다, 도움 등의 의미이고, 사람의 입장에서는 마음으로 돕는 것으로, 조장(助長), 인지소조(人之所助) 등이 있다. 하늘의 입장에서는 하늘이 돕는 우(祐)와 천지소조(天之所助)로 사용하고 있다.

「계사상」에서는 '공자께서 말씀하시기를 돕는 것은 도움이니, 하늘이 돕는 것은 순응이고, 사람이 돕는 것은 믿음이니, 믿음을 밟고 순응할 것을 생각하는 것이라 이로써 하늘로부터 도와서 길하여 이롭지 않음이 없는 것이다'(子曰祐者는 助也니 天之所助者ㅣ 順也오 人之所助者ㅣ 信也니 履信思乎順하고 又以尚賢也라 是以自天祐之吉无不利也니라)라 하였다.

즉, 하늘이 돕고 사람이 돕기 위해서는 성인(聖人)에 대한 믿음과 천의(天意)에 대한 순응, 그리고 어진 이를 숭상해야 하는 것이다.

『맹자』에서는 '반드시 일이 있으면 정도(正道)를 잊지 말아서 마음에서 망령하지 말고 조장(助長)하지 말아야 한다. 무익(無益)하다고 버려두는 것은 싹을 김매지 않는 것이고, 도와서 기르는 것은 싹을 뽑는 것이니 다만 무익할 뿐 아니라 또한 해치는 것이다'(必有事焉而勿正하여 心勿忘하며 勿助長也하여 …… 以爲無益而舍之者는 不耕苗者也요 助之長者는 揠苗者也니 非徒無益이라 而又害之니라)라 하여, 조장(助長)을 논하고 있다.

조장(助長)은 싹을 뽑는 것으로, 무익(無益)할 뿐만 아니라 아예 죽이는 일이 되는 것이다. 자기의 마음 밭을 김매지 않고 버려두는 것보다 더 위험한 것이 조장이다.

발 족

天	진괘(震卦), 성인지도(聖人之道), 절족(折足)
人	부족(不足), 족이(足以), 족경(足敬)
地	발, 족하다, 넉넉하다

발 족(足)은 입 구(口)와 그칠 지(止)로, 입에서 내려가 그쳐 있는 곳
이다.

땅의 입장에서 족(足)은 발, 족하다, 넉넉하다 등의 의미이고, 사람
의 입장에서는 마음이 족한 것으로, 부족(不足), 족이(足以), 족경(足敬)
등이 있다. 하늘의 입장에서는 진괘(震卦), 성인지도(聖人之道), 이족(以
足), 절족(折足)으로 사용하고 있다.

「설괘」에서는 '진괘(震卦)는 발이 되고'(震爲足)라 하여, 족(足)은 진괘
(震卦)를 상징하며, 인류 역사에 장남(長男)인 성인지도(聖人之道)를 의
미한다.

박괘(剝卦)에서는 '평상을 깎고 다리를 쓰니 정도(貞道)를 업신여기는
것이라 흉하다. 박상이족(剝牀以足)은 아래를 멸하는 것이다'(剝牀하고 以
足이니 蔑貞이라 凶토다 剝牀以足은 以滅下也라)라 하여, 신도(神道)를 깎아 버
리고는 성인지도(聖人之道)를 쓴다고 하니, 이것이 정도(貞道)를 업신여
기는 것이고, 아래를 없애는 것이다.

상(牀)은 평상으로 목(木)이 있어서 손괘(巽卦)이고, 족(足)은 진괘(震
卦) 성인지도(聖人之道)를 상징한다. 하늘의 신도(神道)를 버리고, 성인
지도(聖人之道)를 따르는 것은 잘못된 공부인 것이다.

정괘(鼎卦)에서는 '솥의 다리가 꺾여져서'(鼎이 折足하야)라 하여, 솥의 다리로 표현하지만, 우리의 마음 솥에서 성인지도(聖人之道)를 꺾어버린 것이다.

또 건괘(乾卦)에서는 '군자가 인(仁)을 본체로 족히 지도자가 되며, 아름다운 모임이 족히 예에 합하며, 만물을 이롭게 함이 족히 의에 화합하며, 곧고 굳음이 족히 일을 주관하니'(君子ㅣ 體仁이 足以長人이며 嘉會ㅣ 足以合禮며 利物이 足以和義며 貞固ㅣ 足以幹事니)라 하여, '족하다'는 의미로 사용하고 있다.

마칠 종

天	종시(終始), 반종(反終), 요종(要終), 대종(大終)
人	군자종(君子終), 임종(臨終), 유종(有終)
地	끝, 마지막, 끝내다, 마치다, 성취하다

마칠 종(終)은 실 사(糸)와 겨울 동(冬)으로, 하늘의 작용이 겨울이면 한 마디를 마치게 된다. 동(冬)은 뒤져 올 치(夂)와 얼음 빙(冫)으로, 뒤져서 오는 얼음이 어는 시절이다.

땅의 입장에서 종(終)은 끝, 마지막, 끝내다, 마치다, 성취하다 등의 의미이고, 사람의 입장에서는 자기에게 주어진 사명(使命)을 마친다는 의미로, 군자종(君子終), 임종(臨終), 유종(有終), 종일(終日), 여지종(女之終), 종조(終朝), 종만물(終萬物) 등이 있다.

하늘의 입장에서는 하늘의 운행 원리인 종시(終始)와 반종(反終), 요종(要終), 대종(大終), 종래(終來), 성종(成終)으로 사용하고 있다.

고괘(蠱卦) 등에서는 '마치면 시작이 있음은 천도의 운행이다.'(終則有始ㅣ 天行也라), '종시(終始)를 크게 밝히면 여섯 위가 천시로 이루어지니'(大明終始하면 六位時成하나니), '종시(終始)를 두려워하는 것은 그 요체가 허물없음이니, 이것이 역(易)의 진리인 것이다'(懼以終始는 其要ㅣ 无咎리니 此之謂易之道也라)라 하여, 종즉유시(終則有始) 내지 종시(終始)는 천행(天行)으로 역도(易道)임을 알 수 있다. 즉, 마치면 곧 시작이 있는 것은 영원한 현재(現在)인 찰나(刹那)로 생멸(生滅)이 없는 진리이다.

「계사상」에서는 '시작에 근원하여 마침으로 돌아가는 것이다 그러므로 죽음과 삶의 말씀을 알며'(原始反終이라 故로 知死生之說하며)라 하고, 「계사하」에서는 '시작에 근원하여 마침을 요약한다'(原始要終)라 하여, 종시(終始)가 아니라 원시반종(原始反終)과 원시요종(原始要終)으로 밝히고 있다.

시작에 근원하여 마침으로 돌아가는 것은 시작에서 마침으로 전개되는 변화의 과정이다. 우리의 삶은 삶과 죽음이 없는 매 순간 순간으로 이루지지만, 그것이 현상 세계에서는 변화의 과정으로 삶과 죽음이 전개되는 것이다.

『주역』에서 종시(終始)와 원시반종(原始反終)은 역도(易道)를 표상하는 핵심적 말씀이다. 마치면 시작인 종시(終始)는 순간 순간의 영원한 현재로 불생불멸(不生不滅)과 짝이 되고, 시작에 근원하여 마침으로 돌아가는 원시반종(原始反終)은 지금 나에게 주어진 시간은 어디서 왔으며, 어디로 가는가? 라는 물음으로 인과(因果)에 따라 보응(報應)하는 인과보응(因果報應)과 짝이 된다. 생멸없는 진리와 인과보응의 진리는 원불교에서 밝힌 것이다.

또 '사람의 마침과 시작'(人之終始), '여자의 마침'(女之終), '영원한 마침'(永終), '하루를 마치도록 강건함'(終日乾乾), '군자는 마침이 있다'(君子有終), '만물의 마침과 만물의 시작'(終萬物始萬物) 등으로 밝히고 있다.

마루 종, 높일 종

天	궐종(厥宗), 동인우종(同人于宗), 종교(宗敎)
人	마음의 으뜸, 종장(宗長), 종주(宗主)
地	마루, 으뜸, 근본, 존숭하다, 겨레

마루 종(宗)은 집 면(宀)과 보일 시(示)로, 집에 하늘의 빛이 밝게 비치는 것이다. 시(示)는 두 이(二)와 작을 소(小)로, 천도(天道)의 음양(陰陽) 작용이 작게 드러나는 것이다.

땅의 입장에서 종(宗)은 마루, 으뜸, 근본, 존숭하다, 겨레 등의 의미이고, 사람의 입장에서는 마음의 으뜸으로, 종장(宗長), 종주(宗主) 등이 있다. 하늘의 입장에서는 궐종(厥宗), 동인우종(同人于宗), 종교(宗敎)로 사용하고 있다.

서합괘(噬嗑卦) 등에서는 '그 종(宗)에서 살갗을 씹음은 왕(往)에 경사가 있는 것이다'(厥宗噬膚는 往有慶也리라), '종(宗)에서 한 사람이 되다'(同人于宗), '종묘와 사직을 지키다'(以守宗廟社稷)로 밝히고 있다.

『정역』에서는 '문학의 종장(宗長)은 공자이시고, 정치의 종장은 맹자이시니'(文學宗長은 孔丘是也시요 治政宗長은 孟軻是也시니), '진괘(震卦)와 손괘(巽卦)는 수로는 십오(十五)이니, 오행의 종(宗)이고, 육종(六宗)의 어른이니, 중위의 정역인 것이다'(卦之震巽은 數之十五니 五行之宗이요 六宗之長이니 中位正易이니라)라 하여, 종장(宗長)과 육종(六宗)을 밝히고 있다.

종장(宗長)은 으뜸 된 어른이고, 육종(六宗)은 여섯 자녀 괘의 으뜸이라는 것이다.

주인 주

天	천주(天主), 이주(夷主)
人	근본, 주인(主人), 득주(得主), 우주(遇主), 배주(配主)
地	주인, 지배자, 임금, 주장하다

주인 주(主)는 점 주(丶)와 임금 왕(王)으로, 천·인·지(天人地) 삼재지도(三才之道)를 주관하고, 일관하는 하나님이다.

땅의 입장에서 주(主)는 주인, 지배자, 임금, 주장하다 등의 의미이고, 사람의 입장에서는 마음의 주인으로, 근본, 주인(主人), 득주(得主), 우주(遇主), 배주(配主), 주기(主器) 등이 있다. 하늘의 입장에서는 하늘의 진리 자체로, 천주(天主), 이주(夷主)로 사용하고 있다.

규괘(睽卦)에서는 '동네 마을에서 주를 만남은 아직 진리를 잃지 않은 것이다'(遇主于巷은 未失道也라)라 하여, 우주(遇主)를 밝히고, 명이괘(明夷卦) 등에서는 '그 이주(夷主)를 만나다'(遇其夷主), '그 짝이 되는 주를 만나다'(遇其配主), '주를 얻어서 떳떳함이 있다'(得主而有常), '주인이 말이 있다'(主人有言), '그릇을 주관하는 사람'(主器者) 등으로 밝히고 있다.

가운데 중, 마음 중

天	천도(天道), 중도(中道), 중효(中爻), 중수(中數), 중정(中正), 일중(日中)
人	마음, 중심(中心), 중행(中行), 정중(正中), 득중(得中), 황중(黃中)
地	가운데, 속, 중앙, 중간

가운데 중(中)은 입 구(口)와 뚫을 곤(丨)으로, 내 마음에 진리가 관통하는 것이다. 중도(中道)는 하늘의 진리이다.

땅의 입장에서 중(中)은 가운데, 속, 중앙, 중간 등의 의미이고, 사람의 입장에서는 마음, 중심(中心), 중행(中行), 정중(正中), 득중(得中), 황중(黃中) 등이 있다. 하늘의 입장에서는 천도(天道), 중도(中道), 중효(中爻), 중정(中正), 중직(中直), 일중(日中)으로 사용하고 있다.

고괘(蠱卦) 등에서는 '어머니의 일을 주관함은 중도를 얻은 것이다'(幹母之蠱는 得中道也라), 7일에 얻음은 중도를 쓰는 것이다'(七日得은 以中道也라), '중정(中正)한 것이다'(以中正也), '중직(中直)한 것이다'(以中直也) 등으로 밝히고 있다.

또 겸괘(謙卦) 등에서는 '중심에서 얻다'(中心得), '누른 중에서 이치를 통하다'(黃中通理), '강이 중을 얻다'(剛得中), '용의 덕이 정중(正中)하니'(龍德而正中), '중을 행하다'(以中行也) 등으로 사용하고 있다.

『정역』에서는 '십(十)은 십구(十九)의 중(中)이다. 구(九)는 십칠(十七)의 중(中)이다. 팔(八)은 십오(十五)의 중이다. 칠(七)은 십삼(十三)의 중이다.

육(六)은 십일(十一)의 중이다. 오(五)는 일구(一九)의 중이다. 사(四)는 일칠(一七)의 중이다. 삼(三)은 일오(一五)의 중이다. 이(二)는 일삼(一三)의 중이다. 일(一)은 일일(一一)의 중이다. 중(中)은 십십(十十)과 일일(一一)의 공(空)이다. 요순(堯舜)의 궐중(厥中)의 중이다. 공자의 시중(時中)의 중이다. 일부의 이른바 포오함육(包五含六)과 십퇴일진(十退一進)의 자리이다(十은 十九之中이니라 九는 十七之中이니라 八은 十五之中이니라 七은 十三之中이니라 六은 十一之中이니라 五는 一九之中이니라 四는 一七之中이니라 三은 一五之中이니라 二는 一三之中이니라 一은 一一之中이니라 中은 十十一一之空이니라 堯舜之厥中之中이니라 孔子之時中之中이니라 一夫所謂包五含六十退一進之位니라)라 하여, 중(中)의 의미를 중수(中數)로 밝히고 있다.

십(十)에서 일(一)까지의 수는 모두 중수(中數)이고, 이는 하도낙서(河圖洛書)의 수(數)이다. 십(十)과 구(九)・칠(七)・오(五)・삼(三)・일(一), 일(一)과 구(九)・칠(七)・오(五)・삼(三)・일(一)이 모두 중수(中數)인 것은 하늘을 상징하는 천수(天數)・기수 (奇數)에 근거한 것이다.

중(中)은 십십(十十)과 일일(一一)의 공(空)으로, 십십(十十)의 백(百)과 일일(一一)의 일(一)을 운영하는 자리인 것이다. 백(百)은 하도낙서(河圖洛書)의 합(合)이고, 일(一)은 일태극(一太極)으로 작용의 시작이다.

중(中)은 성인이 자각한 하늘의 자리이자 하늘의 뜻으로, 요순(堯舜)의 궐중(厥中)은 『서경』에서 말씀한 것이고, 공자의 시중(時中)은 『맹자』가 공자를 시중 (時中)의 성인으로 밝힌 것에 근거한 것이다.

일부(一夫)의 포오함육(包五含六)은 체오용육(體五用六)의 하도(河圖)와 짝이 되고, 십퇴일진(十退一進)은 체십용일(體十用一)로 체십용구(體十用九)의 낙서(洛書)와 짝이 된다.

무거울 중, 거듭 중

天	육효중괘(六爻重卦), 인중(引重), 중지(重之)
人	사명의 막중함, 가중(可重), 임중(任重), 중문(重門)
地	무겁다, 거듭하다, 중요(重要)

　무거울 중(重)은 삐침 별(丿)과 석 삼(三) 그리고 납 신(申)으로, 천·인·지(天人地) 삼재지도(三才之道)를 다스려 펴는 것이다. 즉, 삼효(三爻)의 팔괘(八卦)가 중첩(重疊)되어 육효중괘(六爻重卦)가 되는 것이다.

　땅의 입장에서 중(重)은 무겁다, 거듭하다, 중요(重要) 등의 의미이고, 사람의 입장에서는 사명의 막중함, 가중(可重), 임중(任重), 중문(重門) 등이 있다. 하늘의 입장에서는 하늘의 진리를 표상하는 육효중괘(六爻重卦), 인중(引重), 중지(重之)로 사용하고 있다.

　「계사하」에서는 '팔괘가 열을 이루니 상(象)이 그 가운데 있고, (팔괘로) 인(因)하여 거듭하니 효(爻)가 그 가운데 있고'(八卦成列하니 象在其中矣오 因而重之하니 爻在其中矣오)라 하여, 중(重)은 육효중괘(六爻重卦)임을 알 수 있다.

　건괘(乾卦)에서는 '강(剛)을 거듭하고'(重剛), 감괘(坎卦)에서는 '익히는 감괘는 거듭되는 어려움이니'(習坎은 重險也니), 이괘(離卦)에서는 '밝음을 거듭함으로'(重明), 손괘(巽卦)에서는 '손괘(巽卦)를 거듭하다'(重巽)라 하여, 중(重)을 통해 육효중괘(六爻重卦)임을 밝히고 있다.

알 지

知	
天	지천(知天), 지종(知終), 지지(知至), 지명(知命), 건지(乾知)
人	지인(知人), 지기(知幾), 지진(知進), 지득(知得)
地	알다, 주재하다, 지혜(知慧)

알 지(知)는 화살 시(矢)와 입 구(口)로, 성인이 진리를 말씀하는 것이다. 시(矢)는 누운 사람 인(亻)과 큰 대(大)로, 성인과 하늘의 진리를 의미한다. 시(矢)는 화살이라는 대상물의 의미보다는 하늘의 진리를 성인이 드러내는 것이다.

또 지(知)는 슬기 지(智)와 짝이 되는데,『주역』에서는 같은 의미로 사용하고 있다. 일(日)이 빛으로 하늘의 진리가 드러남을 의미하기 때문이다.

땅의 입장에서 지(知)는 알다, 주재하다, 지혜(知慧) 등의 의미이고, 사람의 입장에서는 마음을 아는 것으로, 지인(知人), 지미 · 지창 · 지유 · 지강(知微知彰知柔知剛), 지구(知懼), 지기(知幾), 지진(知進), 지득(知得) 등이 있다.

하늘의 입장에서는 지천(知天), 지종(知終), 지지(知至), 지극(知極), 지절(知節), 지래(知來), 지명(知命), 건지(乾知), 이지(易知)로 사용하고 있다.

건괘(乾卦)에서는 '항(亢)의 말은 나아감은 알고 물러남은 알지 못하고, 있음은 알고 없음은 알지 못하고, 얻음은 알고 잃음은 알지 못하니, 그 오직 성인(聖人) 뿐이구나! 나아가고 물러남과 있음과 없음을 알

아서 그 정도를 잃지 않는 사람은 그 오직 성인뿐이구나'(亢之爲言也는
知進而不知退하며 知存而不知亡하며 知得而不知喪이니 其唯聖人乎아 知進退存亡
而不失其正者ㅣ 其唯聖人乎인저)라 하여, 지(知)는 성인과 짝하는 것이다.

　또 '마침을 알다'(知終), '강림을 알다'(知臨), '통하고 막힘을 알다'(知通
塞), '절도를 알다'(知節), '쉽게 알다'(易知), '천명을 알다'(知命), '옴을 알
다'(知來) 등으로 밝히고 있다.

이를 지, 지극할 지

天	곤괘(坤卦), 지재(至哉), 지일(至日), 지정(至精), 지변(至變), 지신(至神), 지임(至臨)
人	마음이 이르다, 지덕(至德), 지공무사(至公無私)
地	이르다, 도달하다, 지극하다

이를 지(至)는 두 이(二)와 나 사(厶) 그리고 열 십(十)으로, 땅에서 내가 진리를 통해 하늘에 이르는 것이다.

땅의 입장에서 지(至)는 이르다, 도달하다, 지극하다 등의 의미이고, 사람의 입장에서는 마음이 이르는 것으로, 지덕(至德), 지공무사(至公無私) 등이 있다. 하늘의 입장에서는 하늘에 이르는 것으로, 곤괘(坤卦), 지재(至哉), 지일(至日), 지정(至精), 지변(至變), 지신(至神), 지임(至臨), 지이(至頤)로 사용하고 있다.

곤괘(坤卦)에서는 '지극하구나 곤원(坤元)이여'(至哉라 坤元이여)라 하여, 건괘(乾卦)의 '대재(大哉)'라'와 대응되면서 곤괘(坤卦)를 상징하고 있다. 「계사하」에서는 '이간(易簡)의 선은 지덕(至德)과 짝하는 것이다'(易簡之善은 配至德하니라)라 하여, 지도(地道)의 입장이다.

또 '지극히 고요하고 덕이 방정하니'(至靜而德方), '강림에 이르다'(至臨), '세상의 지극히 깊은 것'(天下之至賾), '세상의 지극한 움직임'(天下之至動), '세상의 지극히 정한 것'(天下之至精), '세상의 지극한 변화'(天下之至變), '세상의 지극한 신'(天下之至神), '세상의 지극한 강건'(天下之至健), '세상의 지극한 유순'(天下之至順) 등으로 밝히고 있다.

곧을 직

天	건도(乾道), 중도(中道), 직도(直道), 직방대(直方大)
人	마음이 곧다, 직심(直心), 직내(直內), 강직(剛直)
地	곧다, 바르다, 정직(正直), 바로잡다

곧을 직(直)은 열 십(十)과 한 일(一) 그리고 눈 목(目)으로, 하늘에서 땅까지 곧게 보는 것이다. 목(目)은 넉 사(四)로, 십(十)과 사(四)와 일(一)이 되어 하늘의 사상작용이 땅에 드러나는 것이다.

땅의 입장에서 직(直)은 곧다, 바르다, 정직(正直), 바로잡다 등의 의미이고, 사람의 입장에서는 마음이 정직한 것으로, 직심(直心), 직내(直內), 강직(剛直) 등이 있다. 하늘의 입장에서는 하늘의 작용으로, 건도(乾道), 중도(中道), 직도 (直道), 직방대(直方大)로 사용하고 있다.

「계사상」에서는 '대저 건도는 그 고요함에는 전일하고 그 움직임에는 곧은 것이라 이로써 대(大)가 생기며'(夫乾은 其靜也 專하고 其動也 直이라 是以大ㅣ 生焉하며)라 하여, 건도(乾道)의 작용으로 밝히고 있다.

곤괘(坤卦)에서는 '곧음은 바름이고, 방정함은 정의이니, 군자가 경(敬)으로 안을 바르게 하고, 정의로써 밖을 방정하게 하여'(直은 其正也오 方은 其義也니 君子ㅣ 敬以直內하고 義以方外하야)라 하여, 직(直)은 정직(正直)임을 알 수 있다.

나아갈 진

天	진괘(晉卦), 일진(日進)
人	진리에 나아가다, 진덕(進德), 지진(知進), 진현(進賢)
地	나아가다, 진급하다, 더하다, 진퇴(進退), 진화(進化)

　나아갈 진(進)은 새 추(隹)와 쉬엄쉬엄 갈 착(辶)으로, 하늘의 소리를 전하는 새가 가고 멈추는 것이다. 추(隹)는 사람 인(亻)과 점 주(丶) 그리고 한 일(一) 4개, 뚫을 곤(丨)으로, 사람이 하늘의 사상(四象) 작용을 꿰뚫은 것이다.

　땅의 입장에서 진(進)은 나아가다, 진급하다, 더하다, 진퇴(進退), 진화(進化) 등의 의미이고, 사람의 입장에서는 진리에 나아감으로, 진덕(進德), 지진(知進), 진현(進賢) 등이 있다. 하늘의 입장에서는 진괘(晉卦), 일진(日進)으로 사용하고 있다.

　「서괘(序卦)」 등에서는 '진괘(晉卦)는 나아감이니'(晉者는 進也니), '진(晉)은 나아감이니'(晉은 進也니)라 하여, 진(進)은 진괘(晉卦)를 의미한다.

　관괘(觀卦) 등에서는 '나의 삶을 보아서 나아가고 물러남은 아직 진리를 잃지 않은 것이다'(觀我生進退는 未失道也라), '나아가고 물러남에 항도가 없다'(進退无恒), '나아가고 물러남의 상(象)이고'(進退之象也)라 하고, 건괘(乾卦)에서는 '군자가 덕에 나아가 사업을 닦는 것이니 충(忠)과 신(信)이 덕에 나아가는 것이고'(君子ㅣ 進德修業하나니 忠信이 所以進德也오)라 하였다.

살필 찰

天	진리를 살피다, 찰시(察時), 찰리(察理), 찰래(察來)
人	마음을 살피다, 명찰(明察), 관찰(觀察), 심찰(審察)
地	살피다, 드러내다, 조사하다

살필 찰(察)은 집 면(宀)과 제사 제(祭)로, 집에서 제사를 올리듯이 경건하게 자신을 살피는 것이다.

땅의 입장에서 찰(察)은 살피다, 드러내다, 조사하다 등의 의미이고, 사람의 입장에서는 마음을 살피는 것으로, 명찰(明察), 관찰(觀察), 심찰(審察) 등이 있다. 하늘의 입장에서는 진리를 살피는 것으로, 찰시(察時), 찰리(察理), 찰래(察來)로 사용하고 있다.

비괘(賁卦)와 「계사하」에서는 '천문(天文)에서 보고 천시(天時) 변화(變化)를 살피며'(觀乎天文하야 以察時變하며), '우러러 천문을 보고 구부려서 지리(地理)를 살핀다'(仰以觀於天文하고 俯以察於地理라)라 하고, '대저 역(易)은 감을 드러내고 옴을 살펴서'(夫易은 彰往而察來하야)라 하여, 찰(察)은 시변(時變)과 지리(地理) 그리고 왕래(往來)의 이치를 밝히는 것이다.

또 「계사상」에서는 '하늘의 진리에 밝고 백성의 연고에서 살핀다'(明於天之道而察於民之故)라 하여, 천도(天道)를 근거로 사람들의 연고를 살피는 것이다.

하늘 천

天	건괘(乾卦), 하느님, 천도(天道), 천명(天命), 천행(天行), 천문(天文), 천칙(天則), 자천(自天), 천시(天施), 천시(天時), 천수(天數), 천덕(天德)
人	마음의 하늘, 순천(順天), 효천(效天), 락천(樂天)
地	하늘, 자연의 이법, 대상세계, 천지(天地), 천하(天下)

하늘 천(天)은 한 일(一)과 큰 대(大)로, 위대한 하나님의 의미이다. 또 두 이(二)와 사람 인(人)으로 보면, 천·인·지(天人地) 삼재지도(三才之道)를 일관하는 것이 하늘이다.

땅의 입장에서 천(天)은 하늘, 자연의 이법, 대상세계, 천지(天地), 천하(天下), 천현(天玄) 등의 의미이고, 사람의 입장에서는 마음의 하늘, 순천(順天), 효천(效天), 락천(樂天), 천현(天玄) 등이 있다.

하늘의 입장에서는 건괘(乾卦), 하느님, 천도(天道), 천명(天命), 천행(天行), 천문(天文), 천칙(天則), 자천(自天), 천시(天施), 천시(天時), 천수(天數), 천덕(天德)으로 사용하고 있다.

천(天)은 천·인·지(天人地) 의 근원이고, 본 저서의 출발이 되는 한자(漢子)이기 때문에 다른 한자를 설명할 때 계속 등장하고 있다. 『주역』의 하도와 낙서, 팔괘(八卦), 64괘, 말씀(辭)이 모두 하늘의 뜻을 드러내기 위한 것이다.

「설괘」에서는 '건괘(乾卦)는 하늘이라 그러므로 아버지라 일컫고'(乾은 天也라 故로 稱乎父오), '건괘(乾卦)는 하늘이 되고'(乾은 爲天)라 하여, 건괘

(乾卦)를 상징한다.

한자에서 하늘도 천·인·지(天人地) 의 입장에서 다르게 밝히고 있다. 땅의 입장에서는 천(天)이고, 사람의 입장에서는 대(大) 그리고 하늘의 입장에서는 건(乾)이다.

즉, 천(天)은 대상적인 하늘을 위주로 하는 땅의 입장이고, 큰 대(大)는 천(天)에서 위의 한 일(一)이 빠진 것으로, 사람의 입장에서 하늘은 위대한 존재인 것이다.

대(大)는 크다는 의미보다는 위대하는 의미가 있다. 건괘(乾卦)에서는 '대재 (大哉)라 건원(乾元)이여'라 하였고, 곤괘(坤卦)에서는 '지재(至哉)라 곤원(坤元)이여'라고 하여, 하늘의 위대함을 말하는 것이 대(大)이다.

마지막으로 건(乾)은 괘 이름으로 팔괘(八卦)의 건(乾)이자, 육효중괘(六爻重卦)의 건(乾)으로, 하늘의 순수한 뜻을 뜻하는 것이다.

풀 초

天	백성, 민초(民草), 초목(草木), 초매(草昧)
人	처음, 마음의 어리석음, 초야(草野), 초고(草藁)
地	풀, 풀 베다

풀 초(草)는 풀 초(艹)와 날 일(日) 그리고 열 십(十)으로, 하늘을 상징하는 십(十)을 가지고 있는 것이다. 초(草)는 초(艹)로 쓰이고, 풀 철(屮)이 2개가 모인 것이다.

『논어』에서는 '군자의 덕은 바람이고 소인의 덕은 풀이다. 풀 위에 바람이 불면 반드시 엎어지는 것이다'(君子之德은 風이오 小人之德은 草라 草上之風이면 必偃하나니라)라 하여, 풀은 군자와 대응되는 백성을 상징하고, 민초(民草)라고 한다.

땅의 입장에서 초(草)는 풀, 풀 베다 등의 의미이고, 사람의 입장에서는 처음, 마음의 어리석음, 초야(草野), 초고(草藁) 등이 있다. 하늘의 입장에서는 백성, 민초(民草), 초목(草木), 초매(草昧)로 사용하고 있다.

곤괘(坤卦)에서는 '천지(天地)가 변화하면 풀과 나무가 번성하고'(天地 變化하면 草木이 蕃하고)라 하여, 하늘과 땅의 변화 이치와 초목(草木)이 서로 관계됨을 알 수 있다.

해괘(解卦)에서는 '우레와 비가 내리니 백과(百果)와 초목(草木)이 모두 껍질을 벗으니'(雷雨ㅣ作而百果草木이 皆甲坼하나니)라 하여, 대상 세계에서는 우레가 치고 비가 내리면 만물이 약동하듯이 인격적 세계에서도 우레의 진괘(震卦)와 비의 감괘(坎卦)가 작용하면 만물과 백성들의 껍데기가 벗겨지는 것이다.

　진괘(震卦)의 성인지도(聖人之道)와 감괘(坎卦)의 하늘의 중정지기(中正之氣)에 의해서 만물과 사람의 껍데기가 벗겨지고 본래 면목이 드러난 초목(草木)에서, 목(木)은 손괘(巽卦) 신도(神道)이고, 초(草)는 민초(民草)로 백성을 상징한다.

　또 둔괘(屯卦)에서는 '하늘이 처음 어둠에서 지으니 후(侯)를 세움이 마땅하고'(天造草昧니 宜建侯오)라 하여, 초매(草昧)를 밝히고 있다.

　『맹자』에서는 '나라에 있어서는 시정(市井)의 신하라 하고, 재야(在野)에서는 초개(草芥)의 신하라 한다. 모두 서인(庶人)을 이르는 것이니, 서인이 신하가 되기 위해 폐백을 전하지 않고서는 감히 제후를 보지 않는 것이 예(禮)인 것이다'(孟子ㅣ 曰在國曰市井之臣이요 在野曰草莽之臣이라 皆謂庶人이니 庶人이 不傳質爲臣하여는 不敢見於諸侯가 禮也니라)라 하여, 재야에 아직 벼슬하지 않은 선비나 사람들을 풀과 지푸라기에 비유하고 있다.

날 출

天	하늘이 터져 나오다, 수출(首出), 명출(明出), 출천(出天), 출도(出道)
人	마음을 내다, 출문(出門), 언출(言出), 출가(出家)
地	나다, 나오다, 생하다, 일어나다

날 출(出)은 풀 철(屮)과 입 터진 감(凵)으로, 땅에서 위로 나오는 것이다.

날 출(出)과 날 생(生)에서 출(出)은 하늘의 입장에서 진리가 나오는 것이고, 생(生)은 땅의 입장에서 진리가 나오는 것이다.

땅의 입장에서 출(出)은 나다, 나오다, 생하다, 일어나다 등의 의미이고, 사람의 입장에서는 마음을 내는 것으로, 출문(出門), 언출(言出), 출가(出家) 등이 있다.

하늘의 입장에서는 하늘이 터져 나오는 것으로, 수출(首出), 출입(出入), 출중(出中), 명출(明出), 화출(火出), 출천(出天), 출도(出道), 출도(出圖), 출서(出書)로 사용하고 있다.

「계사상」에서는 '하늘이 신물(神物)을 내시거늘 성인이 법 받았으며, …… 하수에서 도(圖)가 나오고 낙수에서 서(書)가 나오거늘 성인이 법 받았으니'(天生神物이어늘 聖人이 則之하며 河出圖하며 洛出書어늘 聖人이 則之하니)라 하여, 하늘이 신물을 내리니 하도(河圖)와 낙서(洛書)가 세상에 드러난 것이다.

충성 충

天	하늘의 마음, 중(中)
人	정성, 마음의 중심, 중심(中心)
地	충성, 충성하다

충성 충(忠)은 가운데 중(中)과 마음 심(心)으로, 중도(中道)의 마음이고, 중심(中心)이다. 자기의 본성을 잡고 있는 마음이다.

땅의 입장에서 충(忠)은 충성, 충성하다 등의 의미이고, 사람의 입장에서는 정성, 마음의 중심, 중심(中心)의 의미이다. 하늘의 입장에서는 하늘의 마음, 중(中)이다.

건괘(乾卦)에서는 '충(忠)과 신(信)이 덕에 나아가는 것이고'(忠信이 所以進德也오)라 하여, 충(忠)은 덕에 나아가는 근거가 되는 것이다.

『논어』에서는 '충(忠)과 신(信)을 주장하며, 자기와 같지 못한 사람을 벗하지 않고, 허물이 있으면 고치기를 꺼리지 않는 것이다'(主忠信하며 無友不如己者오 過則勿憚改니라)라 하여, 충(忠)은 자신의 도덕적 본성을 실천하는 것이다.

『맹자』에서는 '선(善)으로써 사람을 가르치는 것을 충(忠)이라 하고'(教人以善을 謂之忠이요), '스스로 돌이켜 충(忠)하되'(自反而忠矣로되)라 하여, 충은 마음의 중심인 선성(善性)이 드러나는 것이라 하였다.

다스릴 치

天	하늘이 다스리다, 상치(上治), 치력(治曆)
人	마음을 다스리다, 지치(志治), 천하치(天下治)
地	다스리다, 정돈하다, 평정하다, 통치(統治), 치국(治國), 치인(治人)

다스릴 치(治)는 물 수(氵)와 별 태(台)로, 물로 나를 다스리는 것이다. 감괘(坎卦)의 원리를 세상에 펼치는 것이다. 태(台)는 나 사(厶)와 입 구(口)로, 나의 몸을 기르는 것이다.

땅의 입장에서 치(治)는 다스리다, 정돈하다, 평정하다, 통치(統治), 치국(治國), 치인(治人) 등의 의미이고, 사람의 입장에서는 마음을 다스리는 것으로, 지치(志治), 천하치(天下治) 등이 있다. 하늘의 입장에서는 하늘이 다스리는 것으로, 상치(上治), 치력(治曆)으로 사용하고 있다.

건괘(乾卦)에서는 '나는 용이 하늘에 있음은 상제(上帝)가 다스리는 것이고'(飛龍在天은 上治也오), '건원(乾元)이 구(九)를 씀은 천하가 다스려짐이다'(乾元用九는 天下ㅣ 治也라)라 하여, 만물의 주재자(主宰者)인 건원 상제가 세상을 다스리는 것이다.

「설괘」에서는 '성인이 남면(南面)을 하고 세상을 들어서 밝음을 향하고 다스리니'(聖人이 南面而聽天下하야 嚮明而治하니)라 하여, 성인이 일월(日月)의 진리로 세상을 다스림을 밝히고 있다.

또 '뜻으로 다스린다'(志治), '책력을 다스려 천시를 밝힌다'(治曆明時), '세상을 다스린다'(天下治) 등으로 사용하고 있다.

법칙 칙, 곧 즉

天	하늘의 법칙, 천칙(天則), 유칙(有則), 가칙(可則)
人	마음으로 본받다, 칙지(則之), 위칙(違則), 반칙(反則)
地	법칙, 곧, 본받다

　법칙 칙(則)은 조개 패(貝)와 칼 도(刂)로, 사상과 팔괘의 진리로 결단한 것이 법칙이다.

　땅의 입장에서 칙(則)은 법칙, 곧, 본받다 등의 의미이고, 사람의 입장에서는 하늘을 본받는 것으로, 칙지(則之), 실칙(失則), 위칙(違則), 반칙(反則) 등이 있다. 하늘의 입장에서는 하늘의 법칙인 천칙(天則), 유칙(有則), 가칙(可則)으로 사용하고 있다.

　「계사상」에서는 '하늘이 신물(神物)을 내시거늘 성인이 법 받았으며, …… 하수에서 도(圖)가 나오고 낙수에서 서(書)가 나오거늘 성인이 법 받았으니'(天生神物이어늘 聖人이 則之하며　河出圖하며 洛出書어늘 聖人이 則之하니)라 하여, 성인이 하늘의 진리를 법칙으로 만든 것이 하도(河圖)와 낙서(洛書)인 것이다.

　동인괘(同人卦)에서는 '곤궁하면 원칙으로 돌아간다'(困而反則)라 하여, 어려운 일이 있을수록 하늘의 법칙으로 돌아가야 하는 것이다. 또 '이에 하늘의 법칙을 본다'(乃見天則), '법칙을 어긴다'(違則), '법칙을 잃다'(失則) 등으로 사용하고 있다.

親

친할 친

天	동인괘(同人卦), 상하(上下)관계, 친상(親上), 유친(有親)
人	마음이 친하다, 친하(親下), 친선(親善), 친민(親民)
地	친하다, 가까이 사귀다, 사랑하다, 어버이

친할 친(親)은 설 립(立)과 나무 목(木) 그리고 볼 견(見)으로, 신도(神道)에 뜻을 세워서 보는 것이다. 나무에 올라가서 천지부모(天地父母)님을 보는 것이다. 친(親)은 부자유친(父子有親)으로 상하의 질서를 바탕으로 한다.

땅의 입장에서 친(親)은 친하다, 가까이 사귀다, 사랑하다, 어버이 등의 의미이고, 사람의 입장에서는 마음이 친하다, 친하(親下), 친선(親善), 친민(親民) 등이 있다. 하늘의 입장에서는 상하관계(上下關係), 친상(親上), 유친(有親) 등이 있다.

「잡괘」에서는 '동인괘는 친함이다'(同人은 親也라)라 하여, 천화동인괘(天火同人卦)로 논하고 있다.

건괘(乾卦)에서는 '성인이 짓고 만물이 드러나게 되니, 하늘에 근본을 둔 것은 위와 친하고 땅에 근본을 둔 것은 아래와 친하니 각각 그 류(類)를 쫓는 것이다'(聖人이 作而萬物이 覩하나니 本乎天者는 親上하고 本乎地者는 親下하나니 則各從其類也니라)라 하여, 친상(親上), 친하(親下)의 상하 질서로 밝히고 있다.

또 「계사상」에서 '(건도(乾道)가) 쉽게 알면 친함이 있고, 쉽게 쫓으면 공이 있고, 친함이 있으면 오해할 수 있고'(易知則有親이오 易從則有功이오 有親則可久오)라 하여, 친(親)은 하늘의 뜻을 담고 있는 건도(乾道)의 의미를 가지고 있다.

친(親)의 의미는 오륜(五倫)에서 분명하게 드러난다.

부자유친(父子有親)의 친(親)은 부모는 나를 낳아준 실존하는 하늘의 뜻을 가지고 있어서 부모와 자식은 마디가 다르다는 것이다. 『대학』에서는 '다른 사람의 자식이 되어서는 효에서 그치시고, 다른 사람의 부모가 되어서는 자애에서 그치시고'(爲人子엔 止於孝하시고 爲人父엔 止於慈하시고)라 하였다. 부모가 자식을 사랑으로 기르고, 자식이 부모에게 효도하는 것은 자기가 처해진 자리에서 도를 다하는 것이다.

부모와 자식의 관계는 서로 상대적 관계성이 아니라 절대적 관계인 것이다. 남의 집 자식이 되고, 남의 부모가 된다는 것은 그 사람에게 주어진 천명(天命)이다. 아버지가 나를 미워했다고 어른이 되어서 똑같이 미워하는 것이 아니고, 자식이 어리석고 사고뭉치라도 자식을 사랑으로 길러야 하는 천명(天命)이 부모에게 주어진 것이다.

또 친(親)은 가장 근원적인 사랑이다. 『맹자』에서는 '맹자께서 말씀하시기를 군자가 만물을 대함에 아끼지만 사랑하지 않고 백성들에게는 사랑하지만 친히 하지 않으니, 어버이를 친히 하고 사람을 사랑하고, 사람을 사랑하고 사물을 아끼는 것이다'(孟子曰 君子之於物也에 愛之而弗仁하고 於民也에 仁之而弗親하나니 親親而仁民하고 仁民而愛物이니라)라 하여, 친친(親親)과 인민(仁民) 그리고 애물(愛物)을 논하고 있다.

흙 토

天	곤도(坤道), 중앙(中央), 오행(五行)
人	마음자리, 안토(安土), 인(仁), 토색(土色)
地	흙, 땅, 나라, 장소, 살다

흙 토(土)는 열 십(十)과 한 일(一)로, 땅 위에 하늘이 내려온 것이다.

땅의 입장에서 토(土)는 흙, 땅, 나라, 장소, 살다 등의 의미이고, 사람의 입장에서는 마음의 중심 자리로, 안토(安土), 인(仁), 토색(土色), 토속(土俗) 등이 있다. 하늘의 입장에서는 중앙(中央), 오행(五行)의 토이다.

이괘(離卦)에서는 '해와 달이 하늘에 걸리며, 백곡(百穀)과 초목(草木)이 흙에 걸리니'(日月이 麗乎天하며 百穀草木이 麗乎土하니)라 하여, 하늘과 대응되는 것은 땅으로, 흙은 땅을 의미하기 때문에 곤도(坤道)의 의미로 설명된다. 또 토(土)는 목·화·토·금·수의 오행에서 중앙 토기(土氣)이다.

「계사상」에서는 '흙에서 편안하여 인(仁)에서 돈독한 것이라 그러므로 능히 사랑하는 것이다'(安土하야 敦乎仁이라 故로 能愛하나니라)라 하여, 사람과 만물에게 조건 없는 사랑과 생명을 베풀면서도 보답을 바라지 않는 토(土)에서 인(仁)을 배우는 것이다. 천지(天地)는 마치 부모와 같이 사람을 포함하여 만물을 사랑하고 보호하는데, 이것을 본받아 사랑하는 마음이다.

『정역』에서 토(土)는 십무극(十无極)과 일태극(一太極)이 합덕된 자리인 중위(中位)로, 오황극(五皇極)이다.

통할 통

天	감괘(坎卦), 태괘(泰卦), 정괘(井卦), 통리(通理), 변통(變通), 통변(通變), 통신(通神)
人	심통(心通), 감통(感通), 방통(旁通), 회통(會通), 능통(能通), 수통(遂通), 지통(志通), 통기(通氣)
地	통하다, 두루 미치다, 사귀다, 통달(通達)

통할 통(通)은 쉬엄쉬엄 갈 착(辶)과 나 사(厶) 그리고 쓸 용(用)으로, 나를 씀에 가고 멈추는 것이다. 착(辵)은 척(彳, 行)과 지(止)로 가고 멈춤이다.

땅의 입장에서 통(通)은 통하다, 두루 미치다, 사귀다, 통달(通達) 등의 의미이고, 사람의 입장에서는 심통(心通), 감통(感通), 방통(旁通), 회통(會通), 능통(能通), 수통(遂通), 지통(志通), 통기(通氣) 등이 있다.

하늘의 입장에서는 태괘(泰卦), 통리(通理), 변통(變通), 통변(通變), 통신(通神)으로 사용하고 있다.

「설괘」 등에서는 '감괘는 통함이 되고'(坎은 爲通), '태괘는 통함이니'(泰者는 通也니), '정괘(井卦)는 통함이고'(井은 通)라 하여, 팔괘의 감괘(坎卦)와 육효중괘의 지천태괘(地天泰卦), 수풍정괘(水風井卦)가 통(通)의 의미이다.

「계사상」 등에서는 '(하늘의 작용이) 가고 옴이 궁하지 않음을 통이라 하고'(往來不窮을 謂之通이오), '(음양의 작용을) 미루어 행함을 통이라 하고'(推而行之를 謂之通이오)라 하여, 하늘의 작용에 통하는 것이다.

또 '변화와 통함은 사시(四時)와 짝하고'(變通은 配四時하고), '변화와 통함이 사시(四時)보다 큰 것이 없고'(變通이 莫大乎四時하고), '변화와 통함은 천시를 취하는 것이'(變通者는 趣時者也라), '역(易)이 궁하면 변화하고 변화하면 통하고 통하면 오래한다'(易이 窮則變하고 變則通하고 通則久라)라 하여, 천도의 변화에 통하는 것이다.

여덟 팔

天	하늘의 작용, 팔괘(八卦), 지팔(地八), 팔변(八變), 팔정도(八正道)
人	팔자(八字)
地	여덟, 여덟 번째

여덟 팔(八)은 열 십(十)이 작용하는 것이다. 십(十)이 작용하는 오(乂)의 아래 부분이다.

땅의 입장에서 팔(八)은 여덟, 여덟 번째 등의 의미이고, 사람의 입장에서는 팔자(八字) 등이 있고, 하늘의 입장에서는 하늘의 작용으로, 팔괘(八卦), 지팔(地八), 팔변(八變), 팔정도(八正道)로 사용하고 있다.

「계사상」 등에서는 '사상이 팔괘를 낳고 팔괘가 길흉을 정하고'(四象이 生八卦하니 八卦ㅣ 定吉凶하고), '팔괘(八卦)가 소성(小成)하여'(八卦而小成하야), '비로소 팔괘를 지어서'(始作八卦)라 하여, 팔괘는 소성괘(小成卦)로 하늘의 진리를 표상하는 것이다.

「계사하」에서는 '팔괘가 열을 이루니 상(象)이 그 가운데 있고'(八卦成列하니 象在其中矣오)라 하고, '팔괘는 상(象)으로 고하고'(八卦는 以象告하고), '팔괘와 서로 섞여서'(八卦ㅣ 相盪하야)라 하여, 팔괘가 열을 이루고 섞이는 것은 팔괘도(八卦圖)가 되는 것이다.

또 '네 번 경영하여 역을 이루고 십(十)하고 또 여덟 번 변화하여 괘를 완성하니'(四營而成易하고 十有八變而成卦하니)라 하여, 역도(易道)는 하늘의 팔변(八變)으로 완성되는 것이다.

조개 패

天	하늘의 작용, 사상(四象), 팔괘(八卦)
人	마음작용, 본성의 드러남, 억상패(億喪貝)
地	조개, 금전, 돈

조개 패(貝)는 눈 목(目)과 여덟 팔(八)로, 사상(四象)과 팔괘(八卦)로 작용하는 이치이다.

땅의 입장에서 패(貝)는 조개, 금전, 돈 등의 의미이고, 사람의 입장에서는 마음작용, 본성의 드러남, 억상패(億喪貝)가 있다. 하늘의 입장에서는 하늘의 작용인 사상(四象), 팔괘(八卦)를 의미한다.

진괘(震卦)에서는 '우레가 옴에 위태로움이라 조개를 잃어버릴 것을 헤아리고 아홉 언덕에 올라가니 쫓지 않아도 7일에 얻을 것이다'(震來厲라 億喪貝하고 躋于九陵이니 勿逐이라도 七日得하리라)라 하여, 딱 한번 패(貝)를 밝히고 있다.

우레는 성인지도(聖人之道)이고, 억상패(億喪貝)에서 패(貝)는 인간 본성을 상징하고, 구릉(九陵)은 구수(九數)의 낙서이고, 칠일(七日)은 칠일래복(七日來復)하는 하늘의 운행이다. 따라서 하늘에서 우레가 치는 것은 성인지도(聖人之道)가 내 마음을 고동시키는 것이고, 내 마음의 고동 내지 감응을 헤아려서 신물(神物)인 하도·낙서를 공부하면, 억지로 쫓아가지 않아도 하늘의 운행 질서인 7일을 자득하게 되는 것이다.

패(貝)는 인간 본성으로, 그 내용이 사상(四象)과 팔괘(八卦)이다.

평평할 평

天	평시(平施), 화평(和平), 기평(旣平)
人	마음의 평안, 평안(平安), 지평(志平), 사평(使平), 천하평(天下平)
地	고르다, 평평함, 균형, 바르다

평평할 평(平)은 한 일(一)과 열 십(十) 그리고 여덟 팔(八)로, 하늘의 작용은 여덟로 고른 것이다.

땅의 입장에서 평(平)은 고르다, 평평함, 균형, 바르다 등의 의미이고, 사람의 입장에서는 마음의 평안으로, 평안(平安), 지평(志平), 사평(使平), 천하평(天下平) 등이 있다. 하늘의 입장에서는 하늘의 주재함으로, 평시(平施), 화평(和平), 기평(旣平)으로 사용하고 있다.

태괘(泰卦)에서는 '평평한 것은 기울어지지 않음이 없으며 감은 돌아오지 않음이 없으니'(无平不陂며 无往不復이니)라 하고, 관괘(觀卦)에서는 '그 삶을 봄은 뜻이 아직 평평하지 않은 것이다'(觀其生은 志未平也라)라 하여, 하늘의 작용과 뜻이 고른 것이다.

또 '성인이 인심(人心)에 감응하여 세상이 화목하고 평화로운 것이니'(聖人이 感人心而天下ㅣ 和平하나니), '만물을 저울질하여 고르게 베풀다'(稱物平施), '위태로운 사람을 고르게 한다'(危者使平)라 하였다.

바람 풍

天	손괘(巽卦), 풍행(風行), 유풍(有風), 뇌풍(雷風), 수풍(隨風)
人	가르침, 모습, 풍교(風敎), 풍모(風貌), 풍류(風流)
地	바람, 바람이 불다

　바람 풍(風)은 멀 경(冂)과 삐침 별(丿) 그리고 벌레 충(虫)으로, 하늘 아래에서 꿈틀거리는 작용을 말한다. 충(虫)은 구(口)와 사(厶)로, 무지개 홍(虹)에서 보는 것과 같이 하늘의 빛을 상징한다.

　땅의 입장에서 풍(風)은 바람, 바람이 불다 등의 의미이고, 사람의 입장에서는 가르침, 모습, 풍교(風敎), 풍모(風貌), 풍류(風流) 등이 있다. 하늘의 입장에서는 손괘(巽卦), 풍행(風行), 유풍(有風), 뇌풍(雷風), 수풍(隨風) 등으로 사용하고 있다.

　「설괘」에서는 '손괘(巽卦)는 바람이 되고'(巽은 爲風)라 하고, 육효중괘(六爻重卦) 손괘에서는 '바람을 따름이 손괘이니'(隨風이 巽이니)라 하여, 풍(風)은 팔괘(八卦)에서 손괘(巽卦)를 상징한다.

　손괘(巽卦)가 들어간 64괘에서는 '바람이 하늘 위에서 행함이 소축괘(小畜卦)이니'(風行天上이 小畜이니), '바람이 불로부터 나오는 것이 가인괘(家人卦)이니'(風自火出이 家人이니) 등이라 하였다.

　또 '윤택하게 함에 바람과 비로 하고'(潤之以風雨), '우레와 바람이 서로 엷으며'(雷風이 相薄하며)라 하여, 팔괘(八卦)인 손괘(巽卦)를 상징적으로 밝히고 있다.

아래 하

天	감괘(坎卦), 손하(損下), 익하(益下), 하순(下順), 자하(自下)
人	마음 속, 형이하자(形而下者), 하인(下人), 하인(下仁)
地	아래, 하층, 아랫 사람, 천하(天下), 재하(在下)

아래 하(下)는 한 일(一)과 점 복(卜)으로, 땅 아래로 하늘이 드러나는 것이다.

땅의 입장에서 하(下)는 아래, 하층, 아랫 사람, 천하(天下), 재하(在下) 등의 의미이고, 사람의 입장에서는 마음 속, 형이하자(形而下者), 하인(下人), 하인(下仁) 등이 있다. 하늘의 입장에서는 손하(損下), 익하(益下), 하순(下順), 자하(自下)로 사용하고 있다.

겸괘(謙卦)에서는 '천도(天道)가 아래로 건너서 밝게 빛나고'(天道ㅣ 下濟而光明하고)라 하여, 하(下)는 천도(天道)가 비치는 것이다. 소과괘(小過卦) 등에서는 '위로 올라가는 것은 역(逆)이고 아래로 내려오는 것은 순(順)이다'(上逆而下順)라 하고, '아래를 덜어서 위에 더하고'(損下益上), '위를 덜어서 아래에 더하고'(損上益下)라 하여, 하늘과 사람의 작용에서 하(下)를 논하고 있다.

또 '위와 아래가 항상함이 없다'(上下无常), '아래로부터 위에 송사(訟事)하다'(自下訟上), '위와 아래를 변별하다'(辯上下), '인(仁)을 아래로 하다'(下仁) 등으로 밝히고 있다.

물 이름 하

天	하도(河圖), 빙하(馮河)
人	마음의 강
地	물 이름, 강, 운하(運河), 하천(河川), 빙하(氷河)

물 이름 하(河)는 물 수(氵)와 옳을 가(可)로, 하늘의 물이 세상과 합하는 것이다.

땅의 입장에서 하(河)는 물 이름, 강, 운하(運河), 하천(河川), 빙하(氷河) 등의 의미이고, 사람의 입장에서는 마음의 강이고, 하늘의 입장에서는 하도(河圖), 빙하(馮河)로 사용하고 있다.

태괘(泰卦)에서는 '하수(河水)에 의지하여 쓰며'(用馮河하며)라 하고, 「계사상」에서는 '하수에서 도(圖)가 나오고, 낙수(洛水)에서 서(書)가 나오거늘 성인이 법 받았으니'(河出圖하며 洛出書어늘 聖人이 則之하니)라 하여, 하도(河圖)로 사용하고 있다.

『서경』에서는 '대옥(大玉)과 이옥(夷玉)과 천구(天球)와 하도(河圖)는 동쪽 계단에 두고'(大玉夷玉天球河圖는 在東序하고)라 하였고, 『논어』에서는 '공자께서 말씀하시기를 봉황새는 이르지 않고, 하수에서 도(圖)가 나오지 않으니 내 그칠 것이구나!'(子ㅣ 曰鳳鳥ㅣ 不至하며 河不出圖하니 吾已矣夫인져)라 하여, 하도(河圖)를 직접 밝히고 있다.

배울 학

天	천학(天學), 성인지학(聖人之學), 도학(道學), 형이상학(形而上學)
人	마음학, 인문학(人文學), 학덕(學德), 학풍(學風)
地	배움, 학문, 학교(學校), 사회과학(社會科學), 자연과학(自然科學), 형이하학(形而下學)

배울 학(學)은 양쪽에 계(彐)와 진리 효(爻) 그리고 덮을 멱(冖)과 자식 자(子)로, 어린 자식이 책상에서 양손으로 진리를 배우는 형상이다. 효 (爻)는 진리 효이다.

땅의 입장에서 학(學)은 배움, 학문, 사회과학(社會科學), 자연과학(自 然科學), 학교(學校), 형이하학(形而下學) 등의 의미이고, 사람의 입장에 서는 마음학, 인문학(人文學), 학덕(學德), 학풍(學風) 등이 있다.

하늘의 입장에서는 천학(天學), 성인지학(聖人之學), 도학(道學), 형이 상학(形而上學)으로 사용하고 있다.

건괘(乾卦)에서는 '군자가 배움으로써 모으고'(君子ㅣ 學以聚之하고)라 하 여, 학(學)이 딱 한 번 나오고 있다. 『논어』에서는 '배우고 천시(天時)를 익 히면 또한 기쁘지 않겠는가!'(學而時習之면 不亦說乎아)라 하여, 학(學)으로 시작하고 있다.

『논어』에서 학(學)은 배움의 의미를 넘어서서 천학(天學), 대학(大學), 성인지학(聖人之學)이다.

특히 공자께서는 '묵묵히 알아가며 배움을 싫어하지 않고 다른 사람

을 가르침에 게으르지 않음이니 다른 무엇이 나에게 있겠는가!'(默而識
之하며 學而不厭하며 誨人不倦이 何有於我哉오)라 하여, 성인의 천명(天命)은
학(學)에 있는 것이다.

『정역』에서는 '음(陰)을 누르고 양(陽)을 높임은 선천 심법(心法)의 학
(學)인 것이다'(抑陰尊陽은 先天心法之學이니라), 『서경』을 읽고 역학(易學)을
배움은 선천의 일이다'(讀書學易先天事라)라 하여, 학문은 선천의 일이라
하였다.

즉, 유학의 학문은 수기치인(修己治人) 내지 수기안백성(修己安百姓)으
로, 자기를 닦고 세상에 실천하는 것을 목적으로 한다. 따라서 수기(修
己)는 선천 (先天)의 일이고 행도(行道)는 후천(后天)의 일이라 할 수 있다.

『논어』에서는 학문의 길에 대해 구체적으로 밝히고 있다. '성학(聖學)
을 배움에 미치지 못할 것 같이 하고, 오히려 잃어버릴까 두려워해야
하는 것이다'(子ㅣ曰學如不及이오 猶恐失之니라)라 하고, 또 '배우고 생각하
지 않으면 남는 것이 없고, 생각만 하고 배우지 않으면 위태로운 것이
다'(子ㅣ曰學而不思則罔하고 思而不學則殆니라)라 하여, 성인의 학문을 배우
고 그것을 자기 내면화 하는 것이 필요하며, 자신의 관념적(觀念的) 사
유만 하고 성학(聖學)을 배우지 않으면 위태롭다고 하였다.

또한 성인의 학문을 좋아하는 군자는 먹는 것에 배부름을 구하지 않
고, 거처함에 편안함을 구하지 않고, 일을 민첩하게 하고 말을 삼가고,
진리가 있음에 나아가 바르게 하는 것이다.(子ㅣ曰君子ㅣ食無求飽하며 居
無求安하며 敏於事而愼於言이오 就有道而正焉이면 可謂好學也已니라)

찰 한

寒

天	진리의 속성, 건괘(乾卦), 한왕(寒往), 한천(寒泉), 심판
人	궁하다, 괴롭다, 한가(寒家), 한미(寒微)
地	춥다, 차다, 얼다, 한서(寒暑)

찰 한(寒)은 집 면(宀)과 우물 정(井) 그리고 한 일(一)과 여덟 팔(八)과 얼음 빙(冫)으로, 이십(二十)이 일태극(一太極)과 팔괘(八卦)로 심판하는 것이다. 정(井)은 낙서(洛書)로 체십용구(體十用九)이고, 빙(冫)은 차가움이다.

땅의 입장에서 한(寒)은 춥다, 차다, 얼다, 한서(寒暑) 등의 의미이고, 사람의 입장에서는 마음이 궁하다, 괴롭다, 한가(寒家), 한사(寒土), 한미(寒微) 등이 있다. 하늘의 입장에서는 진리의 속성으로 건괘(乾卦), 일한(一寒), 한왕(寒往), 한천(寒泉), 심판으로 사용하고 있다.

「설괘」에서는 '건괘(乾卦)는 차가움이 되고'(乾은 爲寒)라 하여, 한(寒)은 건괘(乾卦)를 상징하고 있다. 정괘(井卦)에서는 '우물에서 깨끗하고 차가운 샘물을 먹는 것이다. 차가운 샘물을 먹음은 중정(中正)하기 때문이다'(井洌寒泉食이로다. 寒泉之食은 中正也ᆯ새라)라 하여, 깨끗하고 차가운 하늘의 진리를 익히는 것이다.

「계사하」에서는 '차가움이 가면 더위가 오고 더위가 가면 차가움이 와서 한서(寒暑)가 서로 미루고 해가 이루어지니'(寒往則暑來하고 暑往則寒來하야 寒暑ㅣ 相推而歲成焉하니)라 하여, 한서(寒暑)의 왕래(往來) 작용에 의해서 심판이 이루지는 것이다.

막을 한, 익힐 한

天	하늘 문을 지키다, 한유가(閑有家), 한일월(閑日月)
人	익히다, 일한여위(日閑輿衛), 한습(閑習)
地	막다, 지키다, 한가하다, 한사(閑邪)

막을 한(閑)은 문 문(門)과 나무 목(木)으로, 마음의 문에서 삿된 말씀을 막고 목도(木道)를 익히는 것이다.

땅의 입장에서 한(閑)은 막다, 지키다, 한가하다, 한사(閑邪) 등의 의미이고, 사람의 입장에서는 익히다, 일한여위(日閑輿衛), 한습(閑習) 등이 있다. 하늘의 입장에서는 하늘 문을 지키다, 한유가(閑有家), 한일월(閑日月)로 사용하고 있다.

대축괘(大畜卦)에서는 '날마다 수레 지키는 것을 익혀서'(日閑輿衛)라 하여, 날마다 수레인 곤도(坤道)를 익힌다고 하였다. 가인괘(家人卦)에서는 '가정을 익히면 후회가 없는 것이다. 가정을 익히면 뜻이 아직 변하지 않은 것이다'(閑有家면 悔ㅣ 亡하리라 閑有家는 志未變也라)라 하여, 가인괘(家人卦)의 이치를 익힌다고 하였다.

건괘(乾卦)에서는 '삿됨을 막아서 그 정성을 보존하는 것이다'(閑邪存其誠)라 하여, 사도(邪道)를 막는 것으로 밝히고 있다.

합할 합

天	천지합덕(天地合德), 신인합덕(神人合德), 합례(合禮), 보합(保合)
人	덕합(德合), 합심(合心), 합지(合志), 합리(合理)
地	합하다, 하나가 되다, 모이다, 합일(合一)

합할 합(合)은 사람 인(人)과 한 일(一) 그리고 입 구(口)로, 사람들이 하나가 되는 것이다. 천인(天人), 신인(神人)이 하나가 되는 것이다.

땅의 입장에서 합(合)은 합하다, 하나가 되다, 모이다, 합일(合一) 등의 의미이고, 사람의 입장에서는 마음이 하나가 되는 것으로, 덕합(德合), 합심(合心), 합지(合志), 합리(合理) 등이 있다.

하늘의 입장에서는 천지합덕(天地合德), 신인합덕(神人合德), 합례(合禮), 보합(保合)으로 사용하고 있다.

건괘(乾卦)에서는 '대저 대인(大人)은 천지와 더불어 그 덕에 합하고, 일월과 더불어 그 밝음에 합하고, 사시와 더불어 그 차례에 합하고, 귀신과 더불어 그 길흉에 합하여'(夫大人者는 與天地合其德하며 與日月合其明하며 與四時合其序하며 與鬼神合其吉凶하야)라 하여, 진리를 자각한 대인의 네 가지 합덕(合德)을 밝히고 있다.

또 '음양이 합덕하여'(陰陽이 合德하야), '아름다운 모임이 족히 예에 합덕하며'(嘉會ㅣ 足以合禮며), '덕에 합함이 경계가 없으며'(德合无疆), '상이 뜻을 합한다'(上ㅣ 合志也라) 등으로 논하고 있다.

行

다닐 행

天	천행(天行), 시행(時行), 중행(中行), 행귀신(行鬼神), 건행(乾行), 상행(上行), 대행(大行)
人	지행(志行), 덕행(德行), 언행(言行), 용행(庸行), 군자행(君子行)
地	다니다, 행하다, 흐르다, 실행하다, 행인(行人)

다닐 행(行)은 두인 변(彳)과 두 이(二) 그리고 갈고리 궐(亅)로, 두 사람이 음양의 이치에 따라 행하는 것이다. 변(彳)은 두 사람이고, 이(二)는 음양이다.

땅의 입장에서 행(行)은 다니다, 행하다, 흐르다, 실행하다, 행인(行人) 등의 의미이고, 사람의 입장에서는 마음이 행하는 것으로, 지행(志行), 덕행(德行), 언행(言行), 용행(庸行), 위행(危行), 유행(流行), 군자행(君子行) 등이 있다.

하늘의 입장에서는 하늘이 운행하는 것으로, 천행(天行), 시행(時行), 중행(中行), 행귀신(行鬼神), 건행(乾行), 상행(上行), 대행(大行)으로 사용하고 있다.

건괘(乾卦)에서는 '하늘의 운행이 강건하니'(天行이 健하니)라 하여, 천행(天行)을 밝히고 있다. 건괘의 천행(天行)에 대하여 다음과 같이 밝히고 있다.

복괘(復卦)에서는 '그 도를 반복하여 7일에 돌아옴은 하늘의 운행이고'(反復其道七日來復은 天行也오)라 하고, 박괘(剝卦)에서는 '순응하고 그치는 것은 상(象)을 보는 것이니, 군자가 소식(消息)과 영허(盈虛)를 숭상함이 하늘의 운행이다'(順而止之는 觀象也니 君子ㅣ 尙消息盈虛ㅣ 天行也라)라 하고, 고괘(蠱卦)에서는 '갑(甲) 앞의 3일과 갑(甲) 뒤의 3일은 마친 즉 시작이 있음이 하늘의 운행이다'(先甲三日後甲三日은 終則有始ㅣ 天行也라)라 하였다.

복괘의 7일은 이수(理數)로 하도와 낙서의 상수(象數)이고, 박괘(剝卦)의 관상(觀象)은 팔괘(八卦, 八卦圖)와 64괘의 괘상(卦象)이고, 고괘의 선갑(先甲)과 후갑(後甲)은 간지(干支)로 천간(天干)의 오행원리를 말씀한 것이다.

동인괘(同人卦)에서는 '들에서 한 사람이 되면 형통하고 대천을 건넘이 이로운 것은 건도의 운행이고'(同人于野亨利涉大川은 乾行也오)라 하여, 건행(乾行)을 밝히고, 곤괘(坤卦) 등에서는 '하늘을 이어서 시(時)를 행하다'(承天而時行), '하늘에 응하고 시(時)를 행하다'(應乎天而時行), '시(時)와 함께 행하는 것이다'(與時行也), '시(時)가 행하면 행하고'(時行則行)라 하여, 시행(時行)은 천시(天時)가 행하는 것임을 알 수 있다.

사괘(師卦) 등에서는 '장자(長子)가 무리를 거느리는 것은 중도로써 행하는 것이고'(長子帥師는 以中行也오), '중도를 행함에 숭상함을 얻는다'(得尙于中行), '중도를 행하되 홀로 돌아옴은 도를 쫓는 것이다'(中行獨復은 以從道也라), '중도를 행함에 믿음이 있다'(有孚中行)라 하여, 여러 곳에서 중행(中行)을 밝히고 있다.

예괘(豫卦) 등에서는 '말미암아 미리하는 것이라 크게 얻음이 있음은 뜻을 크게 행하는 것이다'(由豫大有得은 志大行라), '어찌 하늘의 네거리인가 진리가 크게 행하는 것이다'(何天之衢오 道ㅣ 大行也라), '천하에 크게 행하는 것이니'(天下에 大行也니)라 하여, 대행(大行) 등을 밝히고 있다.

검을 현

天	건도(乾道), 천현(天玄), 현황(玄黃)
人	오묘하다, 현묘하다, 현덕(玄德), 현의(玄義)
地	검다, 하늘, 깊다

검을 현(玄)은 돼지 머리 두(亠)와 작을 요(幺)로, 하늘의 작용이 작게 펼쳐지는 것이다. 검을 흑(黑)이 드러난 색이라면, 현(玄)은 형이상적 의미를 가지고 있다.

땅의 입장에서 현(玄)은 검다, 하늘, 깊다 등의 의미이고, 사람의 입장에서는 마음이 오묘하다, 현묘하다, 현덕(玄德), 현교(玄敎), 현의(玄義), 현오(玄悟) 등이 있다. 하늘의 입장에서는 가물가물하다, 건도(乾道), 천현(天玄), 현황(玄黃)으로 사용하고 있다.

곤괘(坤卦)에서는 '용이 들에서 싸우니 그 피가 검고 누른 것이다. 대저 검고 누른 것은 하늘과 땅이 섞인 것이니, 하늘은 검고 땅은 누런 것이다'(龍戰于野하니 其血이 玄黃이로다 夫玄黃者는 天地之雜也니 天玄而地黃하니라)라 하여, 현(玄)은 천도를 상징하고 있다.

피 혈

天	감괘(坎卦), 기혈(其血), 무혈(无血), 혈거(血去)
人	혈기(血氣), 혈심(血心), 읍혈(泣血)
地	피, 피를 바르다, 혈액(血液)

　피 혈(血)은 점 주(丶)와 그릇 명(皿)으로, 마음 그릇에 하늘이 떨어지는 것이다. 피는 물을 기본으로 하기 때문에 감괘(坎卦)의 뜻을 가지고 있다. 피는 물의 험난 보다 더 큰 고난이나 험난을 상징한다.

　땅의 입장에서 혈(血)은 피, 피를 바르다, 혈액(血液) 등의 의미이고, 사람의 입장에서는 혈기(血氣), 혈심(血心), 읍혈(泣血) 등이 있다. 하늘의 입장에서는 감괘(坎卦), 기혈(其血), 무혈(无血), 혈거(血去)로 사용하고 있다.

　「설괘」에서는 '감괘(坎卦)는 피의 괘가 되고'(坎은 爲血卦)라 하여, 혈(血)은 물의 진한 것으로 감괘(坎卦)를 상징하고 있다.

　곤괘(坤卦)에서는 '용이 들에서 싸우니 그 피가 검고 누른 것이다'(龍戰于野하니 其血이 玄黃이로다)라 하고, 또 '음이 양을 의심하면 반드시 싸우니 오히려 그 무리를 떠나지 않은 것이다. 그러므로 혈(血)이라 일컫는 것이니'(陰疑於陽하면 必戰하나니 … 猶未離其類也라 故로 稱血焉하니)라 하여, 혈(血)을 검고 누르다고 한 것은 감괘(坎卦)가 건도(乾道)와 곤도(坤道)를 함께 아우르는 뜻이다. 또 음양이 서로 싸우지만 그 무리를 떠나지 않는 것을 혈(血)이라 일컫는 것은 음양(陰陽)이 합덕하기 위해서는 피의 고난이 있어야 함을 의미한다.

형상 형

天	형이상(形而上)
人	형이하(形而下), 형기(形氣), 성형(成形), 유형(流形)
地	형상, 꼴, 용모, 형세, 형용(形容), 형체(形體)

　형상 형(形)은 한 일(一)과 스물 입(卄) 그리고 터럭 삼(彡)으로, 이십(二十)과 일(一)이 천·인·지(天人地) 삼재지도로 드러나는 것이다.

　땅의 입장에서 형(形)은 형상, 꼴, 용모, 형세, 형용(形容), 형체(形體) 등의 의미이고, 사람의 입장에서는 형이하(形而下), 형기(形氣), 성형(成形), 유형(流形) 등이 있다. 하늘의 입장에서는 형이상(形而上)으로 사용하고 있다.

　「계사상」에서는 '형상 이상의 것을 도(道)라 하고, 형상 이하의 것을 기(器)라 하고'(形而上者를 謂之道오 形而下者를 謂之器오)라 하고, '형상을 이에 기(器)라 하고'(形을 乃謂之器오)라 하여, 진리는 형이상자(形而上者)이고, 형이하자(形而下者)는 사람의 덕기(德器)임을 알 수 있다.

　사람의 덕기(德器)는 하늘과 땅을 동시에 가지고 있기 때문에 하늘에 대해서는 형이하자(形而下者)이고, 땅에 대해서는 형이상자(形而上者)가 된다.

　또 '품물(品物)이 흐르는 형상이 되고'(品物流形), '땅에 있어서는 형상이 이루어지고'(在地成形), '그 형용한 것에 비겨서'(擬諸其形容) 등으로 밝히고 있다.

될 화

天	진리가 드러나다, 변화(變化), 화신(化身)
人	교화하다, 덕화(德化), 감화(感化), 화성(化成), 화육(化育)
地	되다, 화하다, 바뀌다, 변천하다, 화생(化生), 화순(化醇)

될 화(化)는 사람 인(亻)과 비수 비(匕)로, 바로 선 사람과 거꾸로 선 사람이다. 두 사람이 서로 마주보고 있는 것이다.

땅의 입장에서 화(化)는 되다, 화하다, 바뀌다, 변천하다, 화생(化生), 화순(化醇) 등의 의미이고, 사람의 입장에서는 교화하다, 덕화(德化), 감화(感化), 화성(化成), 화육(化育) 등이 있다. 하늘의 입장에서는 진리가 드러나는 것으로, 변화(變化), 화신(化身)으로 사용하고 있다.

건괘(乾卦) 등에서는 '건도(乾道)가 변화함에'(乾道變化), '하늘과 땅이 변화하면'(天地變化), '화해서 마름질함을 변(變)이라 하고'(化而裁之를 謂之變이오)라 하여, 화(化)는 하늘의 변(變)과 짝이 된다.

비괘(賁卦) 등에서는 '인문(人文)을 보아서 세상을 화성(化成)하는 것이다'(觀乎人文하야 以化成天下하나니라), '거듭 밝음으로 정도(正道)에 걸려서 이에 세상을 화성(化成)하는 것이다'(重明으로 以麗乎正하야 乃化成天下하나니라), '성인이 그 도에 오래하고 세상이 화성(化成)되는 것이다'(聖人이 久於其道而天下ㅣ化成하나니)라 하여, 세상을 감화시켜 완성하는 것이 화(化)이다.

불 화

天	이괘(離卦), 오행(五行), 남방(南方), 여자(女子)
人	화나다, 심화(心火), 화기(火氣), 화병(火病), 화색(火色)
地	불, 불나다

불 화(火)는 사람 인(人)과 점 주(丶) 2개로, 하늘은 사람에게 은택도 주고 재앙도 주는 것이다.

땅의 입장에서 화(火)는 불, 불나다 등의 의미이고, 사람의 입장에서는 화나다, 심화(心火), 화기(火氣), 화병(火病), 화색(火色) 등이 있다. 하늘의 입장에서는 이괘(離卦), 오행(五行), 남방(南方), 여자(女子)의 의미를 가지고 있다.

「설괘」에서는 '이괘(離卦)는 불이 되고'(離는 爲火)라 하여, 불은 이괘(離卦)를 상징한다. 이괘(離卦)가 들어간 64괘에서는 '하늘과 불이 동인괘이니'(天與火ㅣ 同人이니), '바람이 불로부터 나옴이 가인괘(家人卦)이니'(風自火出이 家人이니) 등이라 하였다.

혁괘(革卦)에서는 '혁괘는 물과 불이 서로 식으며 두 여자가 함께 거처하대'(革은 水火相息하며 二女同居호대)라 하여, 태괘(兌卦) 소녀(少女)와 이괘(離卦) 중녀(中女)이기 때문에 불이 여자(女子)를 상징한다.

「홍범」에서는 오행의 화(火)에 대해 '이는 불이고, 불은 타고 위로 올라감이며'(二曰火, … 火曰炎上)라 하여, 뜨겁게 타는 염(炎)과 위로 올라가는 상(上)의 속성 내지 작용을 말하고 있다.

『정역』에서는 '화기는 타고 오르고'(火氣는 炎上하고)라 하여, 직접 화
(火)를 기운(氣運)으로 밝히고 있다.

또 '금(金)과 화(火)가 서로 바뀌는 것은 바뀌지 않는 정역(正易)이
니'(金火互易은 不易正易이니), '금(金)과 화(火)가 바르게 바뀌니'(金火正易하
니), '금(金)과 화(火)의 이치를 바르게 밝히니'(正明金火理하니)라 하여, 금
기(金氣)와 화기(火氣)가 서로 바뀌는 정역(正易)의 원리를 논하고 있다.
『정역』을 '금화정역'(金火正易)으로 부르는데, 오행에서 금(金)과 화(火)에
는 사람 인(人)이 있다.

누를 황

天	곤도(坤道), 현황(玄黃), 황우(黃牛), 황시(黃矢), 황이(黃耳)
人	본성 자리, 황중(黃中), 황혼(黃昏), 황금기
地	누렇다, 황금(黃金), 지황(地黃)

누를 황(黃)은 밑 스물 입(卄)과 한 일(一) 그리고 말미암을 유(由)와 여덟 팔(八)로, 땅은 이십(二十)과 일(一)에 근거하여 여덟으로 작용한다.

땅의 입장에서 황(黃)은 누렇다, 황금(黃金), 지황(地黃) 등의 의미이고, 사람의 입장에서는 본성이고, 황중(黃中), 황혼(黃昏) 등이 있다. 하늘의 입장에서는 곤도(坤道), 현황(玄黃), 황우(黃牛), 황시(黃矢), 황이(黃耳)로 사용하고 있다.

곤괘(坤卦)에서는 '누른 치마이면 근원적으로 길한 것이다'(黃裳이면 元吉이리라), '군자가 누른 중으로 이치에 통하여'(君子ㅣ 黃中通理하야), '대저 검고 누른 것은 하늘과 땅이 섞인 것이니, 하늘은 검고 땅은 누른 것이다'(夫玄黃者는 天地之雜也니 天玄而地黃하니라)라 하여, 황(黃)이 곤도(坤道)를 상징하고 있다.

또 '황금을 얻다'(得黃金), '누른 소를 잡아서 사용하다'(執用黃牛), '황금 화살을 얻다'(得黃矢), '솥이 누른 귀와 금의 솥 귀'(鼎黃耳金鉉) 등으로 모두 팔괘에서 곤괘(坤卦)의 의미를 담고 있다.

황금(黃金)에서 황(黃)은 곤괘, 금(金)은 건괘이니 지천태괘(地天泰卦)가 되고, 황우(黃牛)는 중지곤괘(重地坤卦)가 된다.

모일 회

天	회통(會通)
人	가회(嘉會), 회심(會心), 사회(社會)
地	모이다, 회합하다, 모임, 회의(會議)

모일 회(會)는 합할 합(合)과 점 주(丶) 2개, 그리고 가로 왈(曰)로, 사람이 하늘과 화합하는 것이다.

땅의 입장에서 회(會)는 모이다, 회합하다, 모임, 회의(會議) 등의 의미이고, 사람의 입장에서는 인격성이 드러나는 아름다운 모임으로, 가회(嘉會), 회심(會心), 사회(社會) 등이 있다. 하늘의 입장에서는 하늘과 사람의 만남으로, 회통(會通)으로 사용하고 있다.

건괘(乾卦)에서는 '형(亨)은 아름다움의 모임이고, …… 아름다운 모임은 족히 예에 합하며'(亨者는 嘉之會也오 …… 嘉會ㅣ足以合禮며)라 하여, 가회(嘉會)는 하늘의 작용을 본받은 것이다. 「계사상」에서는 '그 회통하는 것을 관찰하여'(觀其會通)라고 하였다.

육효 효

天	육효(六爻), 효상(爻象), 효자(爻者), 중효(中爻)
人	효사(爻辭), 언변(言變), 동효(動爻)
地	육효, 교착하다, 진리

　육효 효(爻)는 위와 아래가 모두 십(十)이 작용하는 오(乂)로, 위의 오(乂)는 건도(乾道)의 작용이고, 아래의 오(乂)는 곤도(坤道)의 작용이다.

　「계사하」에서는 '대저 건도(乾道)는 확연하니 보는 사람이 쉽고 곤도(坤道)는 물러나니 보는 사람이 간단하니 효(爻)라는 것은 이것을 본받은 것이고'(夫乾은 確然하니 示人易矣오 夫坤은 隤然하니 示人簡矣니 爻也者는 效此者也오)라 하여, 직접 효(爻)는 건곤(乾坤)의 진리를 표상하고 있다.

　땅의 입장에서 효(爻)는 육효, 교착하다, 진리 등의 의미이고, 사람의 입장에서는 효사(爻辭), 언변(言變), 동효(動爻) 등이 있다. 하늘의 입장에서는 육효(六爻), 효상(爻象), 효자(爻者), 중효(中爻)로 사용하고 있다.

　「계사상」에서는 '성인이 세상의 움직임을 보고, 그 회통(會通)하는 것을 관찰하여 떳떳한 예를 행하며 말씀을 매어서 길과 흉을 결단한 것이라 그러므로 효(爻)라고 하니'(聖人이 有以見天下之動하야 而觀其會通하야 以行其典禮하며 繫辭焉하야 以斷其吉凶이니라 是故謂之爻이니)라 하여, 효(爻)를 정의하고 있다.

　또 '효(爻)는 변화에서 말하는 것이고'(爻者는 言乎變者也오), '효(爻)라는 것은 세상의 움직임을 본받는 것이니'(爻也者는 效天下之動者也니), '도에는 변화와 움직임이 있는 것이라 그러므로 효(爻)라 하고'(道有變動이라

故曰爻오)라 하여, 변(變)·동(動)·회통(會通)·계사(繫辭)·길흉(吉凶)은 모두 효(爻)의 뜻을 드러낸 것이다.

「계사하」에서는 '팔괘(八卦)로 인하여 거듭하니 효(爻)가 그 가운데 있고'(因而重之하니 爻在其中矣오)라 하여, 효(爻)는 팔괘(八卦)가 거듭된 육효 중괘(六爻重卦)임을 알 수 있다.

또 '육효(六爻)가 발휘(發揮)함은 널리 뜻에 통하는 것이고'(六爻發揮는 旁通情也오), '육효의 움직임은 삼극의 도(道)이니'(六爻之動은 三極之道也니), '육효가 서로 섞이는 것은 오직 시물(時物)인 것이다'(六爻相雜은 唯其時物也라)라 하였다.

효도 효

天	효향(孝亨), 효경(孝經), 행도(行道)
人	양지(養志), 입신(立身)
地	효도, 효자, 양구체(養口體)

효도 효(孝)는 늙을 노(耂)와 자식 자(子)로, 자식이 늙은 부모님을 봉양하는 것이다. 노(耂)는 토(土)와 별(丿)로, 삶의 지혜로 땅의 이치를 다스리는 것이다.

땅의 입장에서 효(孝)는 효도, 효자, 양구체(養口體) 등의 의미이고, 사람의 입장에서는 양지(養志), 입신(立身) 등이 있다. 하늘의 입장에서는 효향(孝亨), 효경(孝經), 행도(行道)로 사용하고 있다.

췌괘(萃卦)에서는 '왕이 사당에 이르는 것은 효향(孝亨)을 올리는 것이고'(王假有廟는 致孝享也오)라 하여, 한 번 효(孝)를 밝히고 있다. 효향(孝亨)은 천지부모(天地父母)에게 올리는 향례(享禮)로, 효(孝)의 근본은 하늘에 있다.

『효경(孝經)』에서는 '신체와 터럭 피부는 부모로부터 받은 것이라 감히 헐거나 훼손하지 않음이 효도의 시작이고, 몸을 세워서 도를 행해 후세에 이름을 드날려 부모를 드러내는 것이 효도의 마침인 것이다'(身體髮膚를 受之父母라 不敢毁傷이 孝之始也요 立身行道하야 揚名於後世하야 以顯父母ㅣ 孝之終也니라)라 하여, 효의 시작과 마침을 밝히고 있다.

먼저 신체(身體)에서 몸 신(身)은 그냥 몸이 아니라 양심(良心)을 포함한 몸이기 때문에 하늘로부터 받은 양심을 헐거나 훼손하지 않는 것이 효도의 시작이다. 수신(修身)을 생각하면 된다. 또 효도의 마침에서 입신(立身)하면 도(진리)를 행하고, 또 이름을 드날리는 것은 후세(後世)에 하라는 것으로 출세주의가 절대로 아니다.

『논어』에서는 '효도와 공경은 사랑을 실천하는 근본이 된다'(孝弟也者는 其爲仁之本與인뎌)라 하고, 또 '지금의 효자는 능히 봉양하는 것을 말하니 개나 말에서도 모두 능히 기르는 것이니, 공경이 없으면 어찌 다르겠는가?'(子ㅣ 曰今之孝者는 是謂能養이니 至於犬馬하야도 皆能有養이니 不敬이면 何以別乎리오)라 하여, 효는 부모를 공경하고 사랑하는 것에서 출발하는 것이다.

『맹자』에서는 '이것은 입과 몸을 봉양하는 것이니, 만약 증자와 같으면 뜻을 받드는 것이다. 어버이를 섬기는 것은 증자가 옳은 것이다'(此ㅣ 所謂養口體者也니 若曾子則可謂養志也니라. 事親을 若曾子者ㅣ 可也니라)라 하여, 증자가 실천한 양지(養志)가 진정한 효도이고, 증원(曾元)이 실천한 양구체(養口體)는 껍데기 효도인 것이다.

또 맹자는 세상의 불효 5가지를 밝히고 있다. 첫째로 자신이 게을러서 부모의 봉양을 돌보지 않는 것이고, 둘째로 오락(장기, 바둑)과 술을 좋아해서 부모의 봉양을 돌보지 않는 것이고, 셋째로 돈을 좋아서 아내와 자식만 생각하고 부모의 봉양을 돌보지 않는 것이고, 넷째로 이목(耳目)의 욕망을 쫓아서 부모에게 욕됨이 미치게 하는 것이고, 다섯째로 싸움질하고 다녀 부모를 위태롭게 하는 것이다.

뒤 후

天	후천(後天)
人	후각(後覺), 후견(後見), 후래(後來)
地	뒤, 배면(背面), 뒤지다, 나중

뒤 후(後)는 두인 변(彳)과 작을 요(幺), 그리고 뒤쳐올 치(夊)로, 두 사람이 하늘의 뒤를 따르는 것이다. 척(彳)은 행(行)으로 음양이 합덕해서 행하는 것이고, 요(幺)는 하늘의 은미한 작용이고, 치(夊)는 뒤져서 오는 것이다.

땅의 입장에서 후(後)는 뒤, 배면(背面), 뒤지다, 나중 등의 의미이고, 사람의 입장에서는 사람의 일은 하늘 뒤에 있는 것이고, 후각(後覺), 후견(後見), 후래(後來) 등이 있다. 하늘의 입장에서는 하늘 보다 뒤라는 의미의 후천(後天)으로 사용하고 있다.

건괘(乾卦)에서는 '하늘보다 먼저 해도 하늘이 절대로 어기지 않고, 하늘보다 뒤에 해도 천시를 받드니'(先天而天弗違하며 後天而奉天時하나니)라 하여, 후천(後天)은 고유명사가 아니라 하늘보다 뒤에 한다는 의미이다.

곤괘(坤卦)에서도 '뒤에 하면 주임을 얻어 상도(常道)가 있으며'(後하면 得主而有常하며)라 하여, 하늘보다 뒤에 하는 것이다.

또 비괘(否卦) 등에서는 '먼저는 비색되고 뒤에는 기쁘도다'(先否코 後喜로다), '먼저는 엉엉 울고 뒤에는 웃는다'(先號咷而後笑), '먼저는 웃고 뒤에는 엉엉운다' (先笑後號咷) 등으로 선후(先後)를 밝히고 있다.

뒤 후

天	진리가 넉넉하다, 곤도(坤道), 곤후(坤厚), 후종(厚終)
人	마음이 넉넉하다, 후덕(厚德), 후사(厚事)
地	도탑다, 두꺼움, 깊다, 두터이 하다

두터울 후(厚)는 굴 바위 엄(厂)과 날 일(日) 그리고 자식 자(子)로, 어린 자식을 두텁게 보호하는 것이다.

땅의 입장에서 후(厚)는 도탑다, 두꺼움, 깊다, 두터이 하다 등의 의미이고, 사람의 입장에서는 마음이 넉넉한 것으로, 후덕(厚德), 후사(厚事), 후의(厚衣) 등이 있다. 하늘의 입장에서는 진리가 넉넉한 것이고, 곤도(坤道), 곤후(坤厚), 후종(厚終), 후하(厚下)로 사용하고 있다.

곤괘(坤卦)에서는 '곤괘의 두터움으로 만물을 실어 덕의 합함이 경계가 없으며'(坤厚載物이 德合无疆하며), '군자가 이로써 두터운 덕으로 만물을 싣는 것이다'(君子ㅣ以하야 厚德으로 載物하나니라)라 하여, 후(厚)는 곤도(坤道)의 작용 내지 속성이다.

또 「계사하」에서는 '공자께서 말씀하시기를 수고롭지만 자랑하지 않고 공이 있지만 덕이라 하지 않음이 두터움의 지극한 것이다'(子曰勞而不伐하며 有功而不德이 厚之至也니)라 하여, 인격적 덕이 넉넉한 것이다.

쉴 휴

天	휴명(休命), 휴복(休復), 휴비(休否)
人	편안하다, 휴덕(休德), 휴명(休明), 휴심(休心)
地	쉬다, 휴식(休息), 한가하다

쉴 휴(休)는 사람 인(亻)과 나무 목(木)으로, 사람이 목도(木道)에서 편 안하게 쉬는 것이다. 한 여름 나무 그늘 아래에서 쉬는 것은 진리에서 머무는 것을 의미한다.

땅의 입장에서 휴(休)는 쉬다, 휴식(休息), 한가하다 등의 의미이고, 사 람의 입장에서는 마음이 아름답고 편안한 것으로, 휴덕(休德), 휴명(休 明), 휴심(休心) 등이 있다. 하늘의 입장에서는 천명(天命)을 사용하는 것 으로, 휴명(休命), 휴복(休復), 휴비(休否)로 사용하고 있다.

대유괘(大有卦)에서는 '군자가 이로써 악을 막고 선을 드러내어서 하 늘에 순응하고 천명에 편안한 것이다'(君子ㅣ 以하야 遏惡揚善하야 順天休 命하나니라)라 하고, '비색에 편안하다'(休否), '편안한 복(復)이니'(休復) 등 으로 밝히고 있다.

제 2 부

한자와 사상철학

폐(肺), 비(脾), 간(肝), 신(腎), 이(耳), 목(目), 비(鼻), 구(口), 애(哀), 노(怒),

희(喜), 락(樂), 함(頷), 억(臆), 제(臍), 복(腹), 두(頭), 견(肩), 요(腰), 둔(臀)

허파 폐

天	폐달사무(肺達事務), 폐오악성(肺惡惡聲)
人	폐기(肺氣), 니해(膩海)의 청즙(淸汁)
地	폐장(肺臟), 숨을 내쉬다

허파 폐(肺)는 육달 월(月)과 돼지머리 두(亠) 그리고 수건 건(巾)으로, 하늘의 작용이 곧게 펼쳐지는 폐장(肺臟)이다.

상초(上焦)인 폐(肺)는 수곡의 온기(溫氣)가 흐르는 장부이고, 호흡(呼吸)에서 숨을 내쉬는 것을 주관하고 있다. 사상의학에서는 인체를 상초(上焦)·중상초(中上焦)·중하초(中下焦)·하초(下焦)로 나누고 있다.

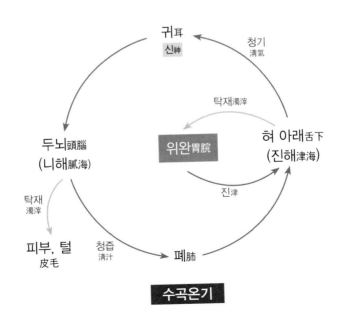

폐는 수곡온기에서 두뇌에 있는 니해(膩海)의 맑은 즙을 빨아들여서 원기를 보하고, 다시 혀 아래에 있는 진해(津海)를 옹호(擁護)한다.(옆 그림 참조)

사람의 입장에서 폐(肺)는 폐기(肺氣)로, 「사단론」에서 '폐기는 곧고 펴진다'(肺氣 直而伸)라 하여, 곧게 펴지는 기운이다. 폐기(肺氣)가 활발하면 정직하고 남에게 베푸는 마음이 넉넉한 것이다. 폐기(肺氣)의 직이신(直而伸)은 생리적인 기운의 의미보다는 마음의 기운으로 이해된다.

하늘의 입장에서는 「성명론」에서 '폐는 사무(事務)에 통달한다'(肺達事務)라 하여, 폐는 하늘의 일에 통달하는 것이다. 폐(肺)는 심관(心官)으로, 형이상학적 기능은 사무(事務)에 통하는 것에 있다. 사무(事務)는 일이라는 단순한 의미가 아니라 사람이 하늘의 뜻을 깨우쳐 행하는 일을 말한다. 사무는 사람의 본성인 신명성(神明性)에 근거한 종교적 삶과 연계된다.

또 폐는 나쁜 소리를 싫어하는데(肺惡惡聲), 나쁜 소리는 살벌한 소리가 아니고, 남을 헐뜯고 비난하는 소리이다.

비장 비

天	비합교우(脾合交遇), 비오악색(脾惡惡色)
人	비기(脾氣), 막해(膜海)의 청즙(淸汁)
地	비장(脾臟), 수곡을 받아들이다

비장 비(脾)는 육달 월(月)과 낮을 비(卑)로, 땅이 주는 생명을 받아들이는 비장(脾臟)이다. 비(卑)는 지비(地卑)로, 땅에 있는 생명성을 의미한다.

중상초(中上焦)인 비(脾)는 수곡의 열기(熱氣)가 흐르는 장부이고, 수곡을 받아들이는 것을 주관하고 있다.

비는 수곡열기에서 등에 있는 막해(膜海)의 맑은 즙을 빨아들여서 원

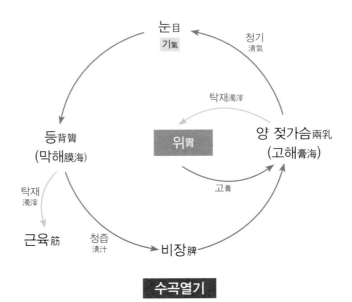

수곡열기

기를 보하고, 다시 양 젖가슴에 있는 고해(膏海)를 옹호(擁護)한다.(옆 그림 참조)

사람의 입장에서 비(脾)는 비기(脾氣)로, 「사단론」에서 '비기는 엄숙하고 감싼다'(脾氣 栗而包)라 하여, 엄숙하고 감싸는 기운이다. 비기(脾氣)가 활발하면 엄숙하면서 다른 사람을 포용하는 마음이 된다.

하늘의 입장에서는 「성명론」에서 '비는 교우(交遇)에 합한다'(脾合交遇)라 하여, 비는 사람과 사람의 공식적인 만남에 합하는 것이다. 비(肺)는 심관(心官)으로, 형이상학적 기능은 교우(交遇)에 합하는 것이다. 교우는 예(禮)에 근거하여, 하늘과 사람의 만남, 사람과 사람의 인격적 만남으로, 이성적(공공적) 삶과 연계된다.

또 비장은 나쁜 색을 싫어하는데(脾惡惡色), 나쁜 색은 누추하고 더러운 색이 아니고, 어지럽히고 어그러지게 하는 색이다.

간장 간

天	간립당여(肝立黨與), 간오악취(肝惡惡臭)
人	간기(肝氣), 혈해(血海)의 청즙(淸汁)
地	간장(肝臟), 숨을 들이쉬다

간장 간(肝)은 육달 월(月)과 한 일(一) 그리고 열 십(十)으로, 일(一)에서 십(十)의 진리로 몸의 독을 결단하는 간장(肝臟)이다. 방패 간(干)은 십일(十一)의 진리가 드러남이다.

중하초(中下焦)인 간(肝)은 수곡의 량기(凉氣)가 흐르는 장부이고, 호흡에서 숨을 들이 쉬는 것을 주관하고 있다.

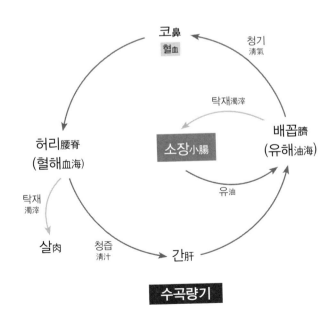

간은 수곡량기에서 허리에 있는 혈해(血海)의 맑은 즙을 빨아들여서 원기를 보하고, 다시 배꼽에 있는 유해(油海)를 옹호(擁護)한다.(옆 그림 참조)

사람의 입장에서 간(肝)은 간기(肝氣)로, 「사단론」에서 '간기는 너그럽고 느슨하다'(肝氣 寬而緩)라 하여, 관대하고 완만한 기운이다. 간기(肝氣)가 활발하면 사람들에게 관대해지고 일을 서두르지 않는 마음이 된다.

하늘의 입장에서는 「성명론」에서 '간은 당여(黨與)에 세운다'(肝立黨與)라 하여, 간은 사람과 사람의 정서적인 만남을 세우는 것이다. 간(肝)은 심관(心官)으로, 형이상학적 기능은 당여(黨與)를 세우는 것에 있다. 당여는 의(義)에 근거를 하여, 사람과 사람이 만나는 것에서 사람이 사물을 다스리는 것으로 확장되며, 감정적(정서적) 삶과 연계된다.

또 간은 나쁜 냄새를 싫어하는데(肝惡惡臭), 나쁜 냄새는 썩은 냄새가 아니고, 남을 음흉하게 해치는 냄새이다.

콩팥 신

天	신정거처(腎定居處), 신오악미(腎惡惡味)
人	신기(腎氣), 정해(精海)의 청즙(淸汁)
地	신장(腎臟), 수곡을 내보내다

콩팥 신(腎)은 신하 신(臣)과 또 우(又), 그리고 육달 월(月)로, 어진 신하를 잡고 있는 신장(腎臟)이다. 월(月)이 아래에 있는 것은 신장이 아래에 있다는 의미이다.

하초(下焦)인 신(腎)은 수곡의 한기(寒氣)가 흐르는 장부이고, 수곡을 내보내는 것을 주관하고 있다.

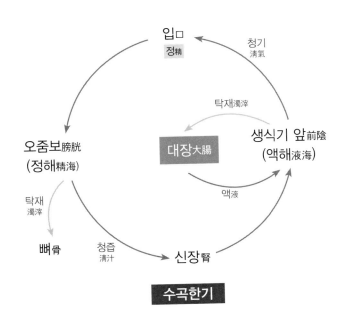

신은 수곡한기에서 방광에 있는 정해(精海)의 맑은 즙을 빨아들여서 원기를 보하고, 다시 생식기 앞에 있는 액해(液海)를 옹호(擁護)한다.(옆 그림 참조)

　사람의 입장에서 신(腎)은 신기(腎氣)로, 「사단론」에서 '신기는 온화하면서 쌓는다'(腎氣 溫而畜)라 하여, 따뜻하고 쌓아가는 기운이다. 신기(腎氣)가 활발하면 성품이 온화하고 잘 축적해가는 마음이 된다.

　하늘의 입장에서는 「성명론」에서 '신장은 거처를 정한다'(腎定居處)라 하여, 신장은 자신이 거처하는 곳을 안정되게 하는 것이다. 신(腎)은 심관(心官)으로, 형이상학적 기능은 거처를 안정되게 함에 있다. 거처는 인격성의 근본이자 생명의 근원인 인(仁)에 근거하여 사람이 안정감을 갖고 머무르는 이치를 뜻한다. 거처의 본질적 의미를 담고 있는 곳은 가정으로, 사람의 운명적(運命的) 삶과 연계된다.

　또 신장은 나쁜 맛을 싫어하는데(腎惡惡味), 나쁜 맛은 맵고 신 맛이 아니고, 사람의 마음을 훔치는 도둑의 맛이다.

귀 이

天	이청천시(耳聽天時), 이호선성(耳好善聲)
人	진해(津海)의 청기(淸氣), 신(神)
地	귀

　귀 이(耳)는 일(一)과 곤(丨) 그리고 이(二)와 십(十)으로, 십일(十一)의 원리가 음양(陰陽)으로 드러나는 것이다.

　사람의 입장에서는 이(耳)는 수곡온기(水穀溫氣)에서 혀 아래에 있는 진해(津海)의 청기(淸氣)를 제출해서 상초(上焦)를 충만하게 하여 신(神)이 되게 하고, 다시 두뇌로 물대어서 니해(膩海)를 쌓이게 한다.

　하늘의 입장에서는 「성명론」에서 '귀는 천시(天時)를 듣는 것이다'(耳聽天時)라 하여, 귀가 세상의 소리를 듣는 것에 머무는 것이 아니라 하늘의 소리를 듣는다고 하였다. 귀의 형이상학적 기능은 상초의 신(神)을 충만하게 하여 천시(天時)를 듣는 것이다. 천시는 하늘이 스스로 자신의 뜻을 세상에 드러낸다는 의미이다. 하늘이 드러내는 뜻을 사람이 자각하게 되는 것이 '시'(時)이다.

　또 귀는 좋은 소리를 듣고 싶어 하는데(耳好善聲), 사상철학에서 좋은 소리는 맑고 우아한 소리가 아니고, 마음이 정성스럽고 후덕한 소리이다.

눈 목

天	목시세회(目視世會), 목호선색(目好善色)
人	고해(膏海)의 청기(淸氣), 기(氣)
地	눈

눈 목(目)은 입 구(口)와 두 이(二)로, 땅에서 음양이 작용하는 것이다.

사람의 입장에서는 목(目)은 수곡열기에서 양 젖가슴에 있는 고해(膏海)의 청기(淸氣)를 제출해서 중상초를 충만하게 하여 기(氣)가 되게 하고, 다시 등으로 물대어서 막해(膜海)를 쌓이게 한다.

하늘의 입장에서는 「성명론」에서 '눈은 세회(世會)를 보는 것이다'(目視世會)라 하여, 눈이 세상의 색을 보는 것에 머무는 것이 아니라 세상의 아름다운 모임을 보는 것이다. 눈의 형이상학적 기능은 중상초의 기(氣)를 충만하게 하여 세회(世會)를 보는 것이다. 세회는 세상의 인격적 모임으로 사람과 사람, 사람과 만물의 관계를 이롭게 맺어주는 원리이다. 세(世)는 사람만을 의미하는 세계가 아니라 만물을 포함한 세계를 의미한다.

또 눈은 좋은 색을 보고 싶어 하는데(目好善色), 사상철학에서 좋은 색은 화려한 색이 아니고, 부지런하고 검소한 색이다.

코 비

天	비후인륜(鼻嗅人倫), 비호선취(鼻好善臭)
人	유해(油海)의 청기(淸氣), 혈(血)
地	코

　코 비(鼻)는 스스로 자(自)와 밭 전(田), 그리고 밑 스물 입(卄)으로, 마음의 밭에서 자연히 이십(二十)이 작용하는 것이다.

　사람의 입장에서 비(鼻)는 수곡량기에서 배꼽에 있는 유해(油海)의 청기(淸氣)를 제출해서 중하초를 충만하게 하여 혈(血)이 되게 하고, 다시 허리로 물대어서 혈해(血海)를 쌓이게 한다.

　하늘의 입장에서는 「성명론」에서 '코는 인륜(人倫)을 냄새 맡는 것이다'(鼻嗅人倫)라 하여, 코가 세상의 냄새를 맡는 것에 머무는 것이 아니라 사람이 살아가는 윤리를 냄새 맡는 것이다. 코는 심관(心官)으로, 형이상학적 기능은 중하초의 혈(血)를 충만하게 하여 인륜(人倫)을 냄새 맡는 것이다. 인륜은 사람과 사람이 하나로 묶여지는 것으로, 하늘이 내려준 사람과 사람의 관계 맺음의 원리이다. 인륜이 사람의 관계를 아름답게 맺어주는 이치이지만, 그 속에는 하늘과 사람의 관계 맺음이 들어 있다.

　또 코는 좋은 냄새를 맡고 싶어 하는데(鼻好善臭), 사상철학에서 좋은 냄새는 향기로운 냄새가 아니고, 사람의 믿음직하고 착실한 냄새이다.

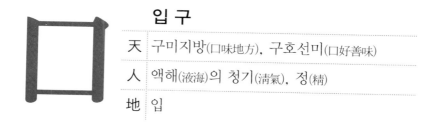

입 구

天	구미지방(口味地方), 구호선미(口好善味)
人	액해(液海)의 청기(淸氣), 정(精)
地	입

입 구(口)는 하늘과 땅의 이치를 받아들이고, 형이상의 말을 하는 것이다.

사람의 입장에서 구(口)는 수곡한기에서 생식기 앞에 있는 액해(液海)의 청기(淸氣)를 제출해서 하초를 충만하게 하여 정(精)이 되게 하고, 다시 방광으로 물대어서 정해(精海)를 쌓이게 한다.

하늘의 입장에서는 「성명론」에서 '입은 지방을 맛보는 것이다'(口味地方)라 하여, 입이 먹는 것에 머무는 것이 아니라 각 지방의 사람들이 살아가는 맛을 보는 것이다. 입은 심관(心官)으로, 형이상학적 기능은 하초의 정(精)을 충만하게 하여 지방(地方)을 맛보는 것이다. 지방(地方)은 땅이 가진 인격적 뜻을 의미하는데, 방(方)은 방정(方正)하다는 것을 의미하기 때문에 하늘이 품부한 땅에서 살아가는 인간의 도덕적 기준과 만물이 존재하는 이치를 의미한다.

또 입은 좋은 맛을 먹고 싶어 하는데(口好善味), 사상철학에서 좋은 맛은 아름다운 맛이 아니고, 어진 마음으로 사랑하는 맛이다.

슬플 애

人	애심(哀心)
	애기(哀氣)
地	슬픔

　슬플 애(哀)는 옷 의(衣)와 입 구(口)로, 나를 감싸고 있는 옷이다. 옷은 예를 갖추는 것으로 다른 사람의 잘못을 통해 자신을 돌아보는 마음이다.

　사람의 입장에서 애(哀)는 애기(哀氣)로, 「사단론」에서 '애기(哀氣)는 곧게 올라가고'(哀氣는 直升이오), '애성(哀性)은 멀리 흩어진다'(哀性이 遠散)라 하여, 멀리 흩어지고, 곧게 올라가는 기운을 말한다.

　「확충론」에서 애성기(哀性氣)는 '항상 나아가려고 하고 물러나고자 하지 않고'(恒欲進而不欲退), 애정기(哀情氣)는 '항상 밖으로 이기려고 하고 안으로 지키고자 하지 않고'(恒欲外勝而不欲內守)라 하여, 애(哀)는 밖으로 나아가 이기려하고 한 발짝 뒤로 물러서거나 안을 지키지 못하는 마음이다.

　또 『동무유고』에서는 '애심(哀心)은 올라가고'(哀心은 升하고)라 하여, 애심(哀心)은 애성(哀性)과 애정(哀情)을 종합하고 있다. 애(哀)는 분산과 소통으로, 진솔하고 퍼져 나가는 마음을 말한다.

怒

성낼 로

人 | 노심(怒心)
　 | 노기(怒氣)
地 | 성냄

　성낼 로(怒)는 계집 녀(女)와 또 우(又), 그리고 마음 심(心)으로, 십일(十一)의 진리를 잡고 있는 마음이다.

　군자의 성냄은 자신이 화를 이기지 못해 폭발하는 것이 아니라, 다른 사람의 잘못을 바로 잡아주는 마음이다. 『맹자』에서는 '무왕이 또한 한 번 성냄으로써 세상의 백성이 안정된 것이다'(以武王亦一怒而安天下之民)라 하였다.

　사람의 입장에서 노(怒)는 노기(怒氣)로, 「사단론」에서 '노기는 옆으로 올라가고'(怒氣는 橫升이오), '노성(怒性)은 크게 감싼다'(怒性이 宏抱)라 하여, 크게 감싸고, 횡으로 올라가는 기운을 말한다.

　「확충론」에서 노성기(怒性氣)는 '항상 들려고 하고 가만 두려고 하지 않고'(恒欲擧而不欲措), 노정기(怒情氣)는 '항상 수컷이 되고자 하고 암컷이 되고자 하지 않고'(恒欲爲雄而不欲爲雌)라 하여, 노(怒)는 일을 벌리기만 하고 가만히 두지 못하며, 수컷이 되고자 하는 마음이다.

　또 『동무유고』에서는 '노심(怒心)은 엄숙하고'(怒心은 栗하고)라 하여, 노심(怒心)은 비기(脾氣)의 기운과 서로 통하고 있다. 노(怒)는 개방과 강함으로, 공정한 마음을 말한다.

기쁠 희

人	희심(喜心)
	희기(喜氣)
地	기쁨

기쁠 희(喜)는 길할 길(吉)과 여덟 팔(八), 그리고 한 일(一)과 입 구(口)로, 선비의 입은 팔괘(八卦)의 진리를 하나로 말하니 기쁜 것이다.

사람의 입장에서 희(喜)는 희기(喜氣)로, 「사단론」에서 '희기는 빠져서 내려가고'(喜氣는 放降이오), '희성(喜性)은 널리 베풀고'(喜性이 廣張)라 하여, 널리 베풀고, 빠져서 내려가는 기운을 말한다.

「확충론」에서 희성기(喜性氣)는 '항상 고요하려고 하고 움직이고자 하지 않고'(恒欲靜而不欲動), 희정기(喜情氣)는 '항상 암컷이 되고자 하고 수컷이 되고자 하지 않고'(恒欲爲雌而不欲爲雄)라 하여, 희(喜)는 고요하게 있어서 움직이지 않고, 안을 지키는 암컷이 되고자 하는 마음이다.

또 『동무유고』에서는 '희심(喜心)은 너그럽고'(喜心은 寬하고)라 하여, 희심(喜心)은 간기(肝氣)와 서로 통하는 것이다. 희(喜)는 포용과 관대함으로, 같은 편에 대한 지지와 동의의 마음을 말한다.

즐거울 락

人	락심(樂心)
	락기(樂氣)
地	즐거움

즐거울 락(樂)은 작을 요(幺) 2개와 흰 백(白), 그리고 나무 목(木)으로, 손괘(巽卦)의 신도(神道)가 드러남을 즐기는 것이다. 백(白)과 목(木)은 모두 손괘(巽卦)를 상징한다.

사람의 입장에서 락(樂)은 락기(樂氣)로, 「사단론」에서 '락기는 빠져서 내려가고'(樂氣는 陷降이니라), '락성(樂性)은 깊고 확고하다'(樂性이 深確)라 하여, 깊고 확고하며, 빠져서 내려가는 기운을 말한다.

「확충론」에서는 락성기(樂性氣)는 '항상 거처하고 나가고자 하지 않고'(恒欲處而不欲出), 락정기(樂情氣)는 '항상 안을 지키고자 하고 밖으로 이기고자 하지 않고'(恒欲內守而不欲外勝)라 하여, 락(樂)은 안에서만 거처하여 밖으로 나가지 않고 자기의 것을 지키고자 하는 마음이다.

또 『동무유고』에서는 '락심(樂心)은 내려가고'(樂心은 降하고)라 하여, 락심(樂心)은 락성(樂性)과 락정(樂情)을 종합하고 있다. 락(樂)은 깊음과 신중으로, 편안하게 안정감을 추구하는 마음을 말한다.

領

턱 함

人 | 주책(籌策), 교심(驕心)

地 | 턱, 아랫턱

　턱 함(頷)은 머금을 함(含)과 머리 혈(頁)로, 음식을 머금어서 씹어 먹는 것이다. 하늘의 진리를 헤아리는 곳이 턱이다. 로뎅의 생각하는 사람을 그려보면 된다.

　땅의 입장에서 함(頷)은 턱, 아랫턱이고, 사람의 입장에서는 주책(籌策)과 교심(驕心)이 턱에 있다.

　「성명론」에서는 '턱에는 주책(籌策)이 있고, …… 턱에는 교심(驕心)이 있고'(頷有籌策 …… 頷有驕心)라 하여, 턱이 얼굴의 한 부분이지만, 주책과 교심의 뜻을 가지고 있다.

　주책(籌策)은 하늘의 뜻인 천시(天時)를 헤아리는 마음이고, 교심(驕心)은 공손하지 못하고 무례한 마음이다. 교심은 태음인(太陰人)이 가장 경계해야 할 마음이다. 태음인의 턱에 만약 교심이 없다면, 세상에 뛰어난 주책이 있게 된다.

가슴 억

人 ┃ 경륜(經綸), 긍심(矜心)

地 ┃ 가슴, 가슴 뼈

　가슴 억(臆)은 육달 월(月)과 뜻 의(意)로, 뜻을 담고 있는 살이다. 어떤 일이나 문제가 풀어지지 않고 막히게 되면, 가슴이 답답해지는 것이다.

　땅의 입장에서 억(臆)은 가슴, 가슴 뼈이고, 사람의 입장에서는 경륜(經綸)과 긍심(矜心)이 가슴에 있다.

　「성명론」에서는 '가슴에는 경륜이 있고, …… 가슴에는 긍심이 있고'(臆有經綸 …… 臆有矜心)라 하여, 가슴은 몸의 의미를 넘어서 경륜과 긍심의 뜻을 가지고 있다.

　경륜(經綸)은 하늘이 내려준 세상의 질서인 세회(世會)를 실천하는 마음이고, 긍심은 자신의 재능을 사납게 자랑하는 마음이다. 긍심은 소음인(少陰人)이 가장 경계해야 할 마음이다. 소음인의 가슴에 만약 긍심이 없다면, 세상에 뛰어난 경륜이 있게 된다.

배꼽 제

人	행검(行檢), 벌심(伐心)
地	배꼽

배꼽 제(臍)는 육달 월(月)과 가지런할 제(齊)로, 몸을 가지런하게 하는 부위이다. 몸의 기운이 바르지 못하면 배꼽의 위치가 틀어지게 된다.

땅의 입장에서 제(臍)는 배꼽이고, 사람의 입장에서는 행검(行檢)과 벌심(伐心)이 배꼽에 있다.

「성명론」에서는 '배꼽에는 행검이 있고, …… 배꼽에는 벌심이 있고'(臍有行檢 …… 臍有伐心)라 하여, 배꼽은 몸의 부위를 넘어서 행검과 벌심의 뜻을 가지고 있다. 행검은 사람의 행동을 단속하여 사람답게 살아가게 하는 인륜(人倫)을 실천하는 마음이고, 벌심은 자신을 떠벌리면서 자랑하는 마음이다.

행검(行檢)을 대표하인 직업이 검사(檢事)이다. 벌심은 태양인(太陽人)이 가장 경계해야 할 마음이다. 태양인의 배꼽에 만약 벌심이 없다면, 세상에 뛰어난 행검이 있게 된다.

배 복

人	도량(度量), 과심(夸心)
地	배, 창자

　배 복(腹)은 육달 월(月)과 갈 복(复)으로, 아래로 내려가는 아랫배이다. 아랫배에는 소장과 대장이 있어서 항문으로 내보내는 것이다.

　땅의 입장에서 복(腹)은 배, 창자이고, 사람의 입장에서는 도량(度量)과 과심(夸心)이 배에 있다.

　「성명론」에서는 '배에는 도량이 있고, …… 배에는 과심이 있고'(腹有度量 …… 腹有夸心)라 하여, 배는 아랫배의 의미를 넘어서 도량과 과심의 뜻을 가지고 있다.

　도량(度量)은 땅에서 전개되는 지방(地方)을 실천하는 마음이고, 과심은 어떠한 세력을 믿고 의지하면서 자랑하는 마음이다. 과심은 소양인(少陽人)이 가장 경계해야 할 마음이다. 소양인의 배에 만약 과심이 없다면, 세상에 뛰어난 도량이 있게 된다.

頭

머리 두

人 | 식견(識見), 탈심(奪心)

地 | 머리, 두뇌

머리 두(頭)는 콩 두(豆)와 머리 혈(頁)로, 사람의 형상에서 머리 뒷부분이다. 일명 뒤통수로 불리는 머리 부분이다.

땅의 입장에서 두(頭)는 머리, 두뇌이고, 사람의 입장에서는 식견(識見)과 탈심(奪心)이 머리에 있다.

「성명론」에서는 '머리에는 식견이 있고, …… 머리에는 천심(奪心)이 있고'(頭有識見 …… 頭有擅心)라 하여, 머리의 뒷부분에는 식견과 천심의 뜻을 가지고 있다.

식견(識見)은 하늘의 지혜인 사무(事務)를 알아서 헤아리는 마음이고, 천심(탈심)은 자기 멋대로 하늘의 뜻을 헤아려서 왜곡하는 마음이다. 탈심은 소음인이 가장 경계해야 할 마음이다. 소음인의 머리에 만약 탈심이 없다면, 위대한 사람의 식견이 있게 된다.

어깨 견

人	위의(威儀), 치심(侈心)
地	어깨

어깨 견(肩)은 지게 호(戶)와 육달 월(月)로, 외짝 문의 형상을 가진 살이다.

땅의 입장에서 견(肩)은 어깨이고, 사람의 입장에서는 위의(威儀)와 치심(侈心)이 어깨에 있다.

「성명론」에서는 '어깨에는 위의가 있고, …… 어깨에는 치심이 있고'(肩有威儀 …… 肩有侈心)라 하여, 어깨에는 위의와 치심의 뜻을 가지고 있다.

위의(威儀)는 사람과 하늘, 사람과 사람이 만나는 원리인 교우(交遇)를 실천하는 마음이고, 치심은 스스로를 높이고 다른 사람을 비하하는 마음이다. 치심은 태음인이 가장 경계해야 할 마음이다. 태음인의 어깨에 만약 치심이 없다면, 위대한 사람의 위의가 있게 된다.

腰

허리 요

人 | 재간(材幹), 나심(懶心)

地 | 허리

　허리 요(腰)는 육달 월(月)과 구할 요(要)로, 위와 아래를 연결하는 긴 요한 부분이다.

　땅의 입장에서 요(要)는 허리이고, 사람의 입장에서는 재간(材幹)과 나심(懶心)이 허리에 있다.

　「성명론」에서는 '허리에는 재간이 있고, …… 허리에는 나심이 있고'(腰有材幹 …… 腰有懶心)라 하여, 허리에는 재간과 나심의 뜻을 가지고 있다.

　재간(材幹)은 사람들과 함께 어울리고 사물을 다스리는 당여(黨與)를 실천하는 마음이고, 나심은 나는 할 수 없다고 스스로를 비하하여 다른 사람에게 의지하는 마음이다. 나심은 소양인이 가장 경계해야 할 마음이다. 소양인의 허리에 만약 나심이 없다면, 위대한 사람의 재간이 있게 된다.

 **볼기 둔**

人 | 방략(方略), 욕심(慾心)

地 | 볼기, 엉덩이

　볼기 둔(臀)은 큰집 전(殿)과 육달 월(月)로, 집 같이 편안하게 하는 살이다.

　땅의 입장에서 전(殿)은 볼기, 엉덩이이고, 사람의 입장에서는 방략(方略)과 욕심(慾心)이 엉덩이에 있다.

　「성명론」에서는 '엉덩이에는 방략이 있고, …… 엉덩이에는 욕심이 있고'(臀有方略 …… 臀有慾心)라 하여, 엉덩이에는 방략과 욕심의 뜻을 가지고 있다.

　방략(方略)은 사람들이 안정감을 가지고 머무는 거처(居處)를 실천하는 마음이고, 욕심은 땅의 이로움을 훔치는 마음이다. 욕심은 태양인이 가장 경계해야 할 마음이다. 태양인의 엉덩이에 만약 욕심이 없다면, 위대한 사람의 방략이 있게 된다.

┃ 찾아보기 ┃

| 저자 소개 |

저자는 2005년 충남대 대학원에서 「易學의 河圖洛書原理에 관한 연구」로 철학박사를 취득하고, 현재 원광대 동양학대학원에서 『周易』철학 · 正易哲學 · 四象哲學 · 圓佛敎學 · 마음학을 연구 · 강의하고 있다.

〈저서〉

『역학과 하도낙서』((주)한국학술정보, 2008)

『一夫傳記와 正易哲學』(도서출판 硏經院, 2013, 공저)

『치유와 성숙을 위한 인성보감』(도서출판 예다학, 2016, 공저)

『하늘을 품은 한자, 주역으로 풀다』(골든북스, 2016)

『동의수세보원, 주역으로 풀다』(골든북스, 2017)

『중용, 주역으로 풀다』(도서출판 동남풍, 2018)

『임병학 교수의 周易강의』((주)하이브, 2018)

『꽃차, 사상의학으로 만나다』(도서출판 中道, 2021, 공저)

『꽃차, 사상의학으로 만나다 Ⅱ』(도서출판 中道, 2022, 공저)

〈논문〉

■ **周易 · 正易哲學**

「「계사상」 제8장과 言 · 行의 역철학적 의미」(『인문학연구』, 2022)

「「洪範」 五行의 본질적 의미」(『퇴계학보』, 2021)

「「계사상」 제4장과 『주역』의 학문체계 고찰」(『동서철학연구』, 2021)

「「正易」의 易道 표상체계 고찰」(『민족문화』, 2020)

「『주역』의 河圖洛書論에 근거한 卜筮와 往來ㆍ順逆의 의미 고찰」
(『인문학연구』, 2019)

「『주역』의 易有太極절과 선신유학의 마음론 고찰」(『유학연구』, 2018)

「『주역』의 河圖洛書論과 계사상 제9장 고찰」(『동서철학연구』, 2017)

「『주역』의 河圖洛書論과 『正易』의 八卦圖 상관성 고찰」(『원불교사상과
종교문화』, 2016)

「『주역』의 時에 대한 고찰」(『인문학연구』, 2016) 등 30여편

■ 四象哲學

「『大學』과 四象哲學의 마음론 고찰」(『인문논총』, 2022)

「『동의수세보원』의 장리ㆍ장국과 사상인 고찰」(『한국민족문화』, 2021)

「『동의수세보원』의 마음론과 『맹자』의 상관성 고찰」(『사상체질의학회
지』, 2019)

「『동의수세보원』「廣濟說」의 酒色財權과 사상인 고찰」(『양명학』, 2018)

「『동의수세보원』의 마음론과 사상인 변별 고찰」(『한국학논집』, 2018)

「『동의수세보원』에서 氣와 사상인의 마음작용 고찰」(『인문과학』, 2018)

「『확충론』의 속임ㆍ모욕ㆍ도움ㆍ보호(欺ㆍ侮ㆍ助ㆍ保)와 사상인의 마
음작용」(『국학연구』, 2017)

「文王八卦圖에 근거한 哀怒喜樂과 四象人臟局의 大小형성에 관한
고찰 - 『동의수세보원』「사단론」을 중심으로」(『동서철학연구』, 2015)

「朱子의 『역학계몽』에 근거한 동무의 易學的 사유의 특징」(『한국문화』,
2014)

「사상철학의 마음연구(2) 文王八卦圖에 근거한 四象人의 마음작용

고찰」(『대동문화연구』, 2015) 등 30여편

■ 圓佛教學

「『대종경』과 『맹자』의 인과사상 고찰」(『유학연구』, 2021)

「원불교 '법인(法認)기도'의 제천(祭天)의례 성격과 '팔괘기(八卦旗)'의 역학적 이해」(『신종교연구』, 2019)

「一圓哲學의 마음론과 四象人의 마음공부(1)」(『동서철학연구』, 2018)

「『周易』에서 본 少太山의 발심 呪文과 大覺 직후 해석된 두 구절의 교리적 함의」(『원불교사상과 종교문화』, 2017)

「원불교 四恩의 주역 연원에 대한 고찰」(『원불교사상과 종교문화』, 2016) 등 10여편

■ 기타 연구

「천문사상(天文思想)과 대전의 산세 고찰」(『인문학연구』, 2021)

「천문(天文)사상과 풍수(風水)의 상관성 고찰」(『용봉인문논총』, 2021)

「인성교육 8대 핵심가치 덕목의 先秦儒學的 의미」(『인문학연구』, 2020)

「『周易』으로 해석한 고구려의 祭天儀禮와 三足烏」(『원불교사상과 종교문화』, 2018)

「黎貴惇(레뀌돈)의 『書經衍義』에 나타난 實事求是的 『周易』 사상」(『퇴계학보』, 2017)

「이제마의 사상철학과 사상인(四象人)의 인성교육」(『유학연구』, 2017) 등 20여편

周易 마음학 ❶

한자,
주역으로 풀다 2

2022년 11월 4일 초판 인쇄
2022년 11월 11일 초판 발행

지 은 이 임병학
펴 낸 이 신원식
펴 낸 곳 도서출판 중도
　　　　　서울 종로구 삼봉로81 두산위브파빌리온 921호
등　　록 2007. 2. 7. 제2-4556호
전　　화 02-2278-2240
© 2022 임병학

값 : 20,000원

ISBN 979-11-85175-51-5 03150